www.ingramcontent.com/pod-product-compliance
Lightning Source LLC
Chambersburg PA
CBHW072100220326
41599CB00030BA/5762

التقرير العالمي للملكية الفكرية 2017

رأس المال غير الملموس في سلاسل القيمة العالمية

WIPO

المنظمة العالمية
للملكية الفكرية

الاستشهاد المقترح: الويبو (2017). *التقرير العالمي للملكية الفكرية 2017: رأس المال غير الملموس في سلاسل القيمة العالمية*. جنيف: المنظمة العالمية للملكية الفكرية.

وينبغي ألاّ تحمل أي تكييفات/ترجمات/مشتقات الشعارَ الرسمي للويبو إلا إذا كانت الويبو قد أقرتها وصادقت عليها. ويرجى الاتصال بنا من خلال الموقع الإلكتروني للويبو للحصول على الموافقة.

وبالنسبة لأي عمل مشتق، يرجى إضافة التنبيه التالي: "لا تتحمل أمانة الويبو أي التزام أو مسؤولية بشأن تحويل المحتوى الأصلي أو ترجمته".

وفي حال نُسب المحتوى الذي نشرته الويبو مثل الصور أو الرسومات البيانية أو العلامات التجارية أو الشعارات إلى طرف آخر، فإن مستخدم هذا المحتوى يتحمل وحده مسؤولية الحصول على الحقوق المرتبطة بتلك المواد من صاحب أو أصحاب الحقوق.

ولا تعبر التعيينات المستخدمة ولا عرض المادة في هذا الإصدار بأكمله عن أي رأي كان من جهة الويبو بشأن الوضع القانوني لأي بلد أو إقليم أو منطقة أو سلطاتها أو بشأن تعيين حدودها أو تخومها.

ولا يعكس هذا الإصدار آراء الدول الأعضاء أو أمانة الويبو.

ولا يعني ذكر شركات أو منتجات صناعية محددة أن الويبو تؤيدها أو توصي بها على حساب شركات أو منتجات أخرى ذات طبيعة مماثلة وغير مذكورة.

© الويبو، 2017

المنظمة العالمية للملكية الفكرية
34, chemin des Colombettes, P.O. Box 18
CH-1211 Geneva 20, Switzerland

الرقم الدولي المعياري للكتاب:
978-92-805-2898-5

المنظمات الحكومية الدولية

مرجع الصور:
monsitj/Getty Images/iStockphoto
alexsl/Getty Images

طبع في سويسرا

قائمة المحتويات

تمهيد

أحدثت الابتكارات التكنولوجية والانفتاح التجاري الذي رافقها تغييرا عميقا في صورة الإنتاج العالمي. فقد أصبح تحويل المواد الخام إلى أجزاء ومكونات، وتجميع المنتجات النهائية وتسليمها لأيدي المستهلك النهائي، مكوّنا من سلاسل توريد تمتد على رقعة متزايدة من اقتصادات العالم.

وأثمر ظهور ما يسمى بسلاسل القيمة العالمية عن قوة دافعة نافعة: فقد سهلت هذه السلاسل شراء مجموعة كبيرة من المنتجات الاستهلاكية وحفزت النمو الاقتصادي وعززت إدماج البلدان النامية في الاقتصاد العالمي، بما يتيح فرص التنمية الاقتصادية ويخفف من وطأة الفقر.

ويتغلغل رأس المال غير الملموس - ولا سيما في صيغة التكنولوجيا والتصاميم والعلامات التجارية – في ثنايا سلاسل القيمة العالمية تغلغلا هاما. فهو جزء كبير مما يدفعه المستهلكون مقابل المنتج، وهو مقياس نجاح الشركات في السوق. وهو أيضا في صميم تنظيم سلاسل القيمة العالمية: إذ ترتبط القرارات المتعلقة بتحديد مكان تنفيذ مهام الإنتاج المختلفة والشراكات التي ستعقد ارتباطا وثيقا بكيفية إدارة الشركات لرأس المال غير الملموس.

وقد نشر عدد كبير من التقارير البحثية عن أسباب صعود سلاسل القيمة العالمية وعواقبه، وأقرّ كثير منها بالدور الرئيسي لرأس المال غير الملموس. ولكن المعلومات المتاحة عن الماهية والسبب والكمّ نادرة. ونأمل أن يساعد *التقرير العالمي للملكية الفكرية لعام 2017* في فك رموز لغز رأس المال غير الملموس، ولا سيما بإلقاء الضوء على دور الملكية الفكرية فيه.

ويفتتح التقرير فصوله باستعراض نشأة سلاسل القيمة العالمية وطريقة تنظيمها. ويكشف التقرير، على ضوء تلك المعلومات عن تقديرات جديدة لمساهمة الاقتصاد الكلي لرأس المال غير الملموس في سلاسل القيمة العالمية. وتبيّن هذه التقديرات أنّ الأصول غير الملموسة تمثل نحو ثلث قيمة الإنتاج - فقد بلغت نحو 5.9 تريليون دولار أمريكي عام 2014 - في 19 قطاعا تصنيعيا.

واتباعا لنهج تقرير عام 2015، ستستكمل هذه المنظورات الاقتصادية الشاملة مع دراسات حالة لسلاسل قيمة عالمية محددة - وهي البن والخلايا الفولطاضوئية والهواتف الذكية. وتسلط هذه الحالات الثلاث الضوء على مزيج مختلف من الأصول غير الملموسة الموجودة في منتجات استهلاكية متنوعة، وتقدّم نظرة ملموسة عن دور أشكال الملكية الفكرية المختلفة في توليد عائدات الاستثمار في الابتكار والعلامات التجارية.

وإضافة إلى ذلك، يستطلع التقرير كيف نجحت الاقتصادات النامية - ولا سيما الصين - في المشاركة في سلاسل القيمة العالمية من خلال بناء الأصول غير الملموسة، ويستعرض الفرص المتاحة لاتباع استراتيجيات مماثلة في المستقبل.

وكان لتطور سلاسل القيمة العالمية أثر جذري، فقد أدّى إلى ازدهار بعض الشركات وتحطّم بعضها. وقد سرّع عملية التحول البنيوي للاقتصادات، ففقد بعض العمال وظائفهم، بينما حصل آخرون على مكافآت أفضل مقابل مهاراتهم. وتواصل التكنولوجيا تحويل الأنماط العالمية للإنتاج، ومن المحتّم أن تؤدي إلى مزيد من الاضطراب. فعلى سبيل المثال، قد يدفع التقدم في الطباعة ثلاثية الأبعاد والروبوتات والتصنيع الآلي الشركات إلى نقل بعض مهام الإنتاج إلى أقرب مكان من المستهلك النهائي. وإضافة إلى ذلك، يخلّف النمو السريع للاقتصادات الناشئة تحولات في جغرافية سلاسل القيمة العالمية.

ويتعين على صناع السياسات أن يواجهوا قوى المارد الذي أطلقه الإنتاج المعولم. فسلاسل القيمة العالمية صنيعة الإنسان ويمكن عكس آثارها، ولكن في ذلك مخاطرة بوقوع كوارث أكبر. ولذلك فإن تشكيلها بطريقة تعود بالفائدة على المجتمعات ككل هو ضرورة وأولوية سياساتية.

ولا مناص من أن يترك تقرير من هذا النوع أسئلة هامة مفتوحة. ولكن، رغم أنّ التقرير يقدم - للمرة الأولى - تقديرات ملموسة عن حجم الدخل الذي تولّده الأصول غير الملموسة في سلسلة القيمة العالمية، فلا يزال يتعيّن تحديد الطرف الذي يستفيد من هذا الدخل في نهاية المطاف. فعلى مستوى البلدان، تعسّر الملكية العابرة للحدود للأصول غير الملموسة وتقاسمها ربط الأصول والأرباح بموقع قطري معين. وعلى مستوى الأرباح الفردية، لا يتوافر دليل منهجي وافٍ عن كيفية تأثير الأصول غير الملموسة على أجور العمال بمختلف مستويات مهاراتهم. وستحظى البحوث المستقبلية التي تقدم إرشادات عملية بشأن هذه الأسئلة، على أهمية كبيرة.

وتأمل المنظمة أن تسترشد المناقشات بشأن الطبيعة المتطورة لسلاسل القيمة العالمية التي تجري في مختلف منتديات السياسات بهذا التقرير، وتتطلع إلى كشف الحوار الجاري مع الدول الأعضاء عن إسهامات نظام الملكية الفكرية في سلاسل القيمة العالمية.

فرانسس غري
المدير العام

شكر وتقدير

أعدّ هذا التقرير وفقا للتوجيهات العامة للسيد فرانسيس غري (المدير العام). وأشرف على إعداده وتنسيقه فريق عمل بقيادة كارستن فينك (كبير الخبراء الاقتصاديين) وعضوية إنتان حمدان - ليفرامنتو (خبير اقتصادي) وخوليو رافو (خبير اقتصادي أول) وساشا ونش- فينسنت (خبير اقتصادي أول)، وجميعهم من العاملين في شعبة الويبو للشؤون الاقتصادية والإحصاءات. وقدّمت لورينا ريفيرا ليون (مستشارة) وجوليا فالاكي (زميلة) بحوثا مرجعية مفيدة.

ويستند التقرير في فصوله الأربعة إلى البحوث المرجعية التي أعدت خصيصا لأغراض التقرير. فقد أعدّ وون تشين وريتز غوما وبارت لوس ومارسيل تيمر (جامعة غرونينغن) بحث "تقديرات حجم عائدات الأصول غير الملموسة في سلاسل القيمة العالمية" الوارد في الفصل 1. وقدّمت كارول كورادو (The Conference Board) تعليقات كتابية على بحثهم. وقدّم توني كلايتون (إمبريال كوليدج، لندن) وتوم نيوبيغ (Tax Sage Network) وديلان راسيير (مكتب التحليل الاقتصادي الأمريكي) مدخلات موضوعية إضافية عن قياس حجم تدفقات الأصول غير الملموسة.

وأعدّ لويس سامبر (4.0 Brands) ودانيلي جيوفانوتشي (لجنة تقييم الاستدامة) تقرير معلومات أساسية عن دراسة الحالة بشأن القهوة، الواردة في الفصل 2. وقدّمت لوسيانا ماركيس فييرا (جامعة فالي دو ريو دوس سينوس) تعليقات خطية على التقرير. ولم يبخل ليونتينو ريزندي تافيرا (الاتحاد الدولي لحماية الأصناف النباتية الجديدة) بإدلاء مشورة قيمة أثناء إعداد دراسة الحالة المذكورة. ووفّرت شركة بريميوم كواليتي للاستشارات بيانات سوق القهوة التي استخدمت في الفصل 2.

واعتمدت دراسة الحالة بشأن الخلايا الفولطاضوئية، الواردة في الفصل 3، على البحوث المرجعية التي أجراها كلّ من: ماريا كارفالهو (كلية لندن للاقتصاد) وأنطوان ديشيزلبريتر (كلية لندن للاقتصاد) وماثيو غلاشانت (المدرسة الوطنية العليا للمناجم في باريس). وقدّمت شركة (ENF Solar) البيانات المستخدمة.

وأمّا دراسة حالة الهواتف الذكية، الواردة في الفصل 4، فاستندت إلى تقرير معلومات أساسية أعدّه جايسون ديدريك (جامعة سيراكيوز) وكين كريمر (جامعة كاليفورنيا، إيرفين). وكتب روبن ستيتزينغ (نوكيا) تعليقات خطية على التقرير. وقدّم كريستيان هيلمرز (جامعة سانتا كلارا) مدخلات بحثية لرسم خرائط العلامات التجارية والتصاميم الصناعية. ووردت بيانات من دائرة الخبراء الاقتصاديين في مكتب الاتحاد الأوروبي للملكية الفكرية وشركة كلاريفيت أناليتيكس والمكتب الألماني للبراءات والعلامات التجارية وشركة آي إتش إس ماركيت وشركة أيبيليتيكس ومكتب الملكية الفكرية في المملكة المتحدة.

واستفاد فريق إعداد التقرير عظيم الاستفادة من الاستعراضات الخارجية لمشروع فصول التقرير التي أعدها باتريك لو. وقدمت مدخلات وتعليقات وبيانات إضافية من جانيس أندرسون ومحسن بونكداربور وروجر بيرت وسيونغ جون تشن وروبرت كلاين وأليكا دالي وجين فيغيروا ومارينا فوشي وتيم فرين وكيرتي غوبتا وكريستوفر هاريسون وفاشهاران كانيساراجاه وميشال كازيميرتشا وريتشارد لامبرت وسيسيليا جونا - لاسينيو وموشيه ليمبرغ وروبرت ليمبرل ولوتز ميلاندر وكيث ماسكوس وريموند ماتالوني وسيباستيان ميرودوت وديفيد مولس وأماندا مايرز وجيوفاني نابوليتانو وتيم بوهلمان وماري بول ريزو وبيكا ساسكيلاتي وناثان ويسمان وباميلا ويلي وإيرين وونغ وبريان يورك.

وأشرف على تقديم الدعم الإداري القيّم كل من ساميا دو كارمو فيغيريدو وكاترينا فاليس غالميس.

وختاما، نتوجه بعظيم الامتنان لزملائنا في شعبة الاتصالات لدورهم في تحرير التقرير وتصميمه وإخراجه، ونخص بالذكر توبي بويد لعمله التحريري. وقسم الطباعة والنشر لما قدّموه من خدمات في طباعة التقرير. وقد قدمت مكتبة الويبو دعمًا بحثيًا مفيدًا طوال فترة إعداد التقرير وقدمت وحدة الطباعة خدمات طباعة عالية الجودة. وجميعهم عمل بجد للوفاء بالمواعيد النهائية رغم ضيق الوقت.

تنبيه

تتحمل أمانة الويبو وحدها المسؤولية عن هذا التقرير وأية آراء ترد فيه. ولا تعبر تلك الأخيرة عن آراء الدول الأعضاء في الويبو ولا عن مواقفها. ويخلي المؤلفون الرئيسيون لهذا التقرير كل من ساهم في التقرير أو علق عليه من المسؤولية عن أي خطأ أو حذف. ويجوز لأي طرف استخدام المعلومات الواردة في هذا التقرير، ولكن يرجى ذكر الويبو كمصدر لها.

ملخص عملي

تشتري مستهلكة هاتفا ذكيا جديدا. فما الذي تدفع ثمنه بالضبط؟

يتكوّن الهاتف من أجزاء ومكونات عديدة مصنعة في جميع أنحاء العالم، ويغطي السعر تلك التكاليف. وتدفع المستهلكة أيضا أجور من عملوا لتصنيع المكونات وتجميع المنتج النهائي، وثمن خدمات مثل النقل وتجارة التجزئة للمنتج في متجر أو على الإنترنت. ولكن الجزء الأهم هو ما تدفعه لقاء رأس المال غير الملموس – أي التكنولوجيا التي تشغّل الهاتف الذكي وتصميمه وعلامته التجارية.

وبما أنّ الإنتاج عالمي في يومنا هذا، تنفذ الشركات مراحل الإنتاج المختلفة في مواقع مختلفة حول العالم. وفي كل مرحلة من سلسلة التوريد أو سلسلة القيمة العالمية لكل منتج، يولّد العمال قيمةً من خلال آلات الإنتاج وكذلك، على نحو متزايد، من خلال رأس المال غير الملموس – أي لا يمكن للمرء لمسه، ولكنّه عامل حاسم في شكل المنتج ومظهره ووظائفه وجاذبيته للمستهلكين. ويؤدي رأس المال غير الملموس دورا بالغ الأهمية في تحديد مستوى النجاح في السوق – أي تمييز الشركات الناجحة عن الفاشلة.

أيمكن تحديد أهمية رأس المال غير الملموس؟ وما هي أشكاله الأكثر قيمة في مراحل الإنتاج المختلفة وفي المنتجات الاستهلاكية المتنوعة؟ وكيف تدير الشركات أصولها غير الملموسة في سلاسل القيمة العالمية، وما دور الملكية الفكرية في تحقيق عائدات من هذه الأصول؟

ورغم وجود العديد من الدراسات بشأن بروز سلاسل القيمة العالمية، تقلّ الأدلة المتوافرة للإجابة على الأسئلة السابقة. ويسعى هذا التقرير إلى سد هذه الفجوة. ويحاول ذلك على مستوى الاقتصاد الكلي، بتقديم التقديرات الأصلية للدخل الناجم عن الأصول غير الملموسة في 19 سلسلة من سلاسل القيمة العالمية للتصنيع، ويدرس أيضا دور الأصول غير الملموسة بتفصيل وتعمّق عبر دراسات حالة لسلاسل قيمة محددة هي الهواتف الذكية والبن والخلايا الشمسية.

إنّ التبصّر في دور الأصول غير الملموسة في سلاسل القيمة العالمية هامّ من منظور وضع السياسات. إذ تعتبر الاستثمارات في رأس المال غير الملموس مصدرا رئيسيا للنمو الاقتصادي، ويمكن للفهم الأعمق لكيفية توليد هذه الأصول واستغلالها في السوق المعولمة أن يساعد واضعي السياسات على تحسين البيئة المواتية لهذه الاستثمارات. وبالمثل، فإنّ حيازة هذه الأصول حتمية أساسية لواضعي السياسات في الاقتصادات النامية الساعية إلى دعم الشركات المحلية التي تبذل قصارى جهدها في تحديث قدراتها الإنتاجية في سلاسل القيمة العالمية.

بروز سلاسل القيمة العالمية

لقد فككت عمليات الإنتاج ونثرت في جميع أصقاع الأرض...

إنّ نمو سلاسل القيمة العالمية هو سمة مميزة رئيسية لما سمّي بالموجة الثانية من العولمة، التي انطلقت في النصف الثاني من القرن العشرين. بعد أن دفع اختراع المحرك البخاري في القرن الثامن عشر موجة العولمة الأولى، التي بلغت ذروتها في أوائل القرن العشرين. وفي الموجة الأولى كانت التجارة الدولية في معظمها هي تجارة في السلع الأساسية والسلع المصنعة تصنيعا كاملا. أمّا في موجة العولمة الثانية، فتميّزت التجارة الدولية بتفكيك عمليات الإنتاج وتوزيع مراحل الإنتاج المختلفة على مواقع متعددة في جميع أنحاء العالم. ولذلك، تحولت الأنماط التجارية في صناعات معينة إلى تجارة متعددة الاتجاهات في السلع الوسيطة.

وقد أيّدت عدة قوى هذا التحول في تنظيم الإنتاج العالمي:

- جعل انخفاض تكاليف التجارة الدولية توزيع الإنتاج على عدد من المواقع مجديا من حيث التكلفة. وقد حفّز تدني أسعار النقل وارتفاع سرعته التجارة الدولية خلال مرحلة العولمة الأولى. وأدى ظهور النقل الجوي وحاويات النقل وغيرها من الابتكارات إلى خفض تكاليف النقل أكثر فأكثر.
- وساعد الانتشار التدريجي لسياسات تجارية أكثر تحررا بعد الحرب العالمية الثانية - بعد انتشار سياسات حمائية في فترة ما بين الحربين - على خفض تكاليف شحن البضائع من بلد إلى آخر.
- وأدت ثورة تكنولوجيا المعلومات والاتصالات الحديثة دورا حاسما في تسهيل الإنتاج الموزّع. فقد سمح انخفاض تكاليف الاتصالات واستمرار تطور تكنولوجيا الحوسبة للشركات بتنسيق عمليات الإنتاج المعقدة التي تشمل العديد من المواقع في جميع أنحاء العالم.

...وأطلق العنان للنمو السريع في التجارة العالمية، ليتجاوز نمو الإنتاج العالمي

وازدهرت التجارة الدولية نتيجة لذلك. ولأنّ الأجزاء والمكونات تنقل عبر الحدود عدة مرات قبل تجميع المنتج النهائي – الذي يصدّر مرة أخرى على الأغلب - فقد تخطى نمو التجارة العالمية حجم الإنتاج العالمي. وفاقت نسبة التجارة العالمية الناتج المحلي الإجمالي بأكثر من الضعف خلال النصف الأخير من القرن الماضي (الشكل 1).

الشكل 1

نمو التجارة العالمية يتخطى حجم الإنتاج العالمي

النسبة المئوية للتجارة من الناتج المحلي الإجمالي

70
20
0

انظر الشكل 2.1.

لقد علت أهمية رأس المال غير الملموس في نتاج سلسلة القيمة العالمية

يتميز نتاج سلسلة القيمة العالمية في القرن الواحد والعشرين بما يسمى منحنى الابتسامة - الذي اقترحه الرئيس التنفيذي لشركة Acer للحواسيب في أوائل التسعينات. ويقرّ منحنى الابتسامة، كما يوضح الشكل 2، بالأهمية المتزايدة لمراحل ما قبل التصنيع وما بعده ويفترض أنّها تمثل حصصا أعلى من القيمة الإجمالية للإنتاج. ويظهر منحنى الابتسامة المتنامي المبين في الشكل 2 أن رأس المال غير الملموس – من التكنولوجيا والتصاميم وقيمة العلامات التجارية ومهارات العمال والدراية الإدارية - أصبح يكتسي أهمية حاسمة في الأسواق النشطة تنافسيا. وتستثمر الشركات باستمرار في رأس المال غير الملموس لتبقى متفوقة على منافسيها.

ونتيجة ازدياد ثراء الاقتصادات، توجّهت تفضيلات المستهلكين إلى السلع التي تستجيب للأذواق المتمايزة وتقدم "تجربة العلامة التجارية".

الشكل 2

الإنتاج في القرن الحادي والعشرين - ابتسامة متنامية

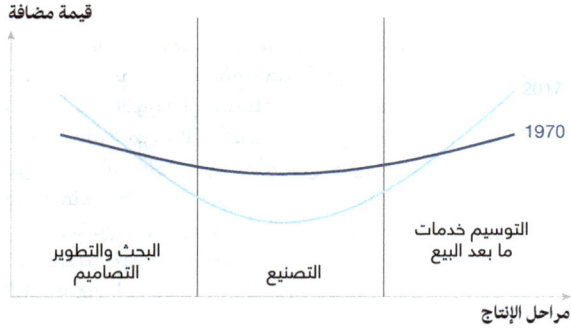

قيمة مضافة
2017
1970
البحث والتطوير
التصاميم
التصنيع
التوسيم خدمات
ما بعد البيع
مراحل الإنتاج

انظر الشكل 4.1.

ما العائد الناتج عن الأصول غير الملموسة؟

إنّ مفهوم منحنى الابتسامة، رغم جاذبيته وبداهته، مفهوم محدود. فهو يبرز بشكل معقول توزيع القيمة المضافة على الشركات التي تنفذ جميع مراحل الإنتاج. ولكن يصعب تطبيقه على مستوى الاقتصاد ككل، حيث تتقاطع سلاسل قيمة الشركات وتتداخل. ولا يعطي المفهوم فكرة دقيقة عن المصدر المولّد للقيمة المضافة في مراحل الإنتاج المختلفة. فعلى سبيل المثال، لا تعني "القيمة المضافة الأعلى" بالضرورة أنّ الأنشطة الأساسية هي أكثر ربحية، ولا تعني أجورا أعلى للوظائف ولا "جاذبية أكبر".

ويمكن للمرء أن يطّلع بشكل أفضل على المصدر المولّد للقيمة المضافة في سلاسل القيمة العالمية عن طريق تحديد مقدار الدخل المتراكم للعمالة ورأس المال الملموس ورأس المال غير الملموس المستخدم في إنتاج سلسلة القيمة العالمية. وفي البحث لأغراض إعداد هذا التقرير، أجرى الاقتصاديون ون تشن وريتز غوما وبارت لوس ومارسيل تيمر تحليلا من النوع المذكور (انظر الفصل الأول). واتبعوا نهجا من خطوتين. فأولا، جمعوا بيانات الاقتصاد الكلي عن حصص القيمة المضافة في 19 مجموعة من منتجات الصناعات التحويلية التي شملت 43 اقتصادا مقارنة بمنطقة واحدة تجمع بقية أنحاء العالم استحوذت معا على نحو ربع الناتج العالمي. وثانيا، أجروا تحليلا للقيمة المضافة في كل مرحلة إلى الدخل المتراكم للعمالة ورأس المال الملموس ورأس المال غير الملموس - كما هو مبين في الشكل 3.

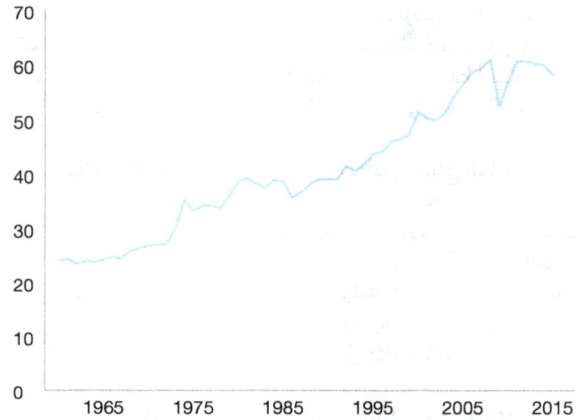

الشكل 3

تفكيك سلاسل القيمة العالمية

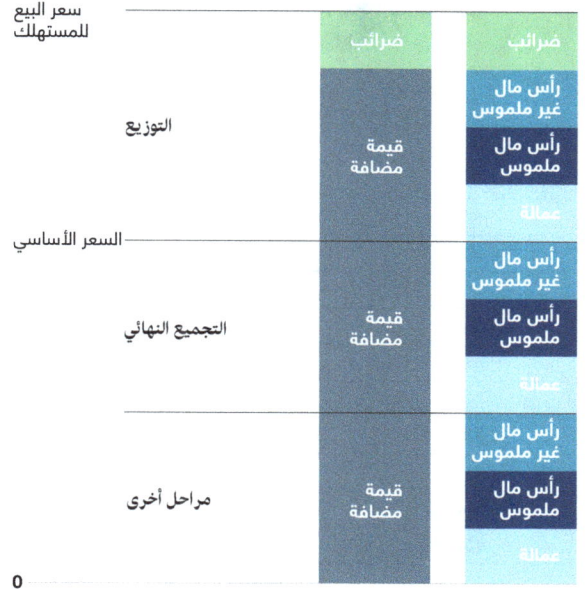

انظر الشكل 6.1.

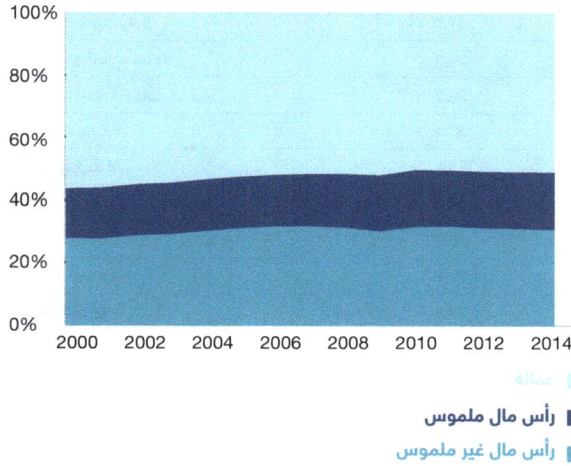

يمثل رأس المال غير الملموس نحو ثلث قيمة الإنتاج...

يبيّن الشكل 4 حصيلة الدخل الناجمة عن عوامل الإنتاج الثلاثة لجميع المنتجات المصنعة والمباعة في جميع أنحاء العالم من عام 2000 إلى عام 2014. وقد بلغ متوسط حصة الأصول غير الملموسة 30.4 في المائة خلال هذه الفترة، أي ما يقرب من ضعف نصيب الأصول الملموسة. ومن المثير للانتباه، أن هذه الحصة ارتفعت من 27.8 في المائة في عام 2000 إلى 31.9 في المائة عام 2007، ولكنها ركدت بعد ذلك. وارتفعت إيرادات الأصول غير الملموسة في القيمة الحقيقية، في 19 صناعة تحويلية، بنسبة 75 في المائة من عام 2000 إلى عام 2014، حيث بلغت 5.9 تريليون دولار أمريكي عام 2014.

...وبلغت حصة المنتجات الغذائية والسيارات والمنسوجات حوالي نصف الدخل الناجم عن الأصول غير الملموسة

ما هي سلاسل القيمة العالمية التي تستخدم رأس المال غير الملموس بشكل مكثف؟ يعرض الجدول 1 حصص الإيرادات بحسب العوامل لعام 2014 فيما يخص 19 مجموعة من المنتجات المصنّعة بالترتيب التنازلي لحجم إنتاجها العالمي. وفي جميع هذه المجموعات، يستحوذ رأس المال غير الملموس على حصة قيمة مضافة أعلى من رأس المال الملموس.

وتكون حصة رأس المال غير الملموس مرتفعة بشكل خاص – أي أكثر من ضعف حصة رأس المال الملموس – في المنتجات الصيدلانية والكيميائية والبترولية. وتكون مرتفعة نسبيا بالنسبة للمنتجات الغذائية والحاسوبية والإلكترونية والبصرية. ومن حيث العائدات المطلقة، تمثل أكبر ثلاث مجموعات من المنتجات - المنتجات الغذائية والسيارات والمنسوجات - ما يقرب من 50 في المائة من مجموع الإيرادات المتولدة عن رأس المال غير الملموس في سلاسل القيمة العالمية للتصنيع البالغ عددها 19 سلسلة.

الشكل 4

رأس المال غير الملموس يستحوذ قيمة أكبر من رأس المال الملموس

النسبة المائوية للقيمة المضافة من القيمة الإجمالية لجميع المنتجات المصنعة والمباعة في العالم

انظر الشكل 7.1.

وتقدّم هذه الأرقام، وغيرها من الأرقام الواردة في التقرير، للمرة الأولى تقديرا لعائدات استثمارات الأصول غير الملموسة في سلسلة القيمة العالمية، تلك العائدات التي نجت من القياس والكيل لفترة طويلة. ولكن الأرقام المذكورة تطرح عدداً من الأسئلة، وتثير عددا من التحفظات المنهجية. فعلى سبيل المثال، من هي الاقتصادات التي تحصد العائدات من رأس المال غير الملموس؟ السؤال سهل، لكن الجواب ممتنع. والسبب هو التسعير التحويلي والممارسات المماثلة التي تمكّن الشركات من تحويل الأرباح بسهولة من مكان إلى آخر. وهكذا، فقد ينشأ أصل غير ملموس في اقتصاد معيّن، وتظهر معظم عوائده في اقتصاد آخر. والأهمّ مما سبق هو أن تزايد حالات تملّك أصول غير ملموسة وتقاسمها العابرين للحدود، يقوض مفهوم الأصول والأرباح المرتبطة بالموقع.

الجدول 1

حصص الإيرادات بحسب مجموعات المنتجات المصنّعة، 2014

اسم مجموعة المنتج	حصة إيرادات رأس المال غير الملموس (%)	حصة إيرادات رأس المال الملموس (%)	حصة العمالة (%)	الناتج العالمي (بمليارات الدولارات الأمريكية)
المنتجات الغذائية والمشروبات ومنتجات التبغ	31.0	16.4	52.6	4,926
السيارات والمقطورات	29.7	19.0	51.3	2,559
المنسوجات والملابس والمنتجات الجلدية	29.9	17.7	52.4	1,974
أجهزة ومعدات أخرى	27.2	18.8	53.9	1,834
المنتجات الحاسوبية والإلكترونية والبصرية	31.3	18.6	50.0	1,452
الأثاث والمواد المصنعة الأخرى	30.1	16.3	53.7	1,094
المنتجات البترولية	42.1	20.0	37.9	1,024
معدات النقل الأخرى	26.3	18.5	55.2	852
المعدات الكهربائية	29.5	20.0	50.6	838
المنتجات الكيمائية	37.5	17.5	44.9	745
المنتجات الصيدلانية	34.7	16.5	48.8	520
المنتجات الفلزية المصنعة	24.0	20.8	55.2	435
المنتجات المطاطية والبلاستيكية	29.2	19.7	51.1	244
المعادن الأساسية	31.4	25.6	43.0	179
تصليح وتركيب الأجهزة	23.6	13.2	63.2	150
المنتجات الورقية	28.0	20.9	51.1	140
المنتجات المعدنية الأخرى غير الفلزية	29.7	21.5	48.9	136
المنتجات الخشبية	27.5	20.0	52.5	90
منتجات الطباعة	27.1	21.2	51.7	64

المصدر: Chen ومؤلفون آخرون (2017)

وتختلف الطبيعة الدقيقة لرأس المال غير الملموس وكيفية تأثيره على نماذج أعمال المشاركين في سلسلة القيمة العالمية، اختلافا واسعا بحسب الصناعات. وتقدم دراسات الحالة عن القهوة والخلايا الفولطاضوئية والهواتف الذكية في هذا التقرير نظرات متعمّقة عن طبيعة رأس المال غير الملموس واستراتيجيات الأعمال السائدة.

حالة القهوة

القهوة هي إحدى أهمّ السلع الزراعية المتداولة. وهي مصدر دخل لما يقرب من 26 مليون مزارع في أكثر من 50 بلدا ناميا، رغم أنّ 70 في المائة من الطلب على القهوة يأتي من البلدان المرتفعة الدخل. وتأتي معظم القيمة المضافة من القهوة التي تباع في البلدان المرتفعة الدخل. ويفسّر ما سبق، جزئيا، قصر فترة صلاحية البن المحمص، مما يعني أن معظم التحميص يكون بالقرب من مكان بيع القهوة. ويعكس ذلك أيضا الأهمية الاقتصادية للأنشطة النهائية في سلسلة القيمة العالمية.

إنّ المكوّنين الأساسيين لرأس المال غير الملموس في سلسلة إمداد القهوة هما الابتكارات التكنولوجية والتوسيم

تبرز دراسة الحالة عن القهوة شكلين رئيسيين لرأس المال غير الملموس في سلسلة القيمة العالمية (انظر الفصل 2)، وهما:

- التكنولوجيا المرتبطة بزراعة القهوة وتحويلها إلى منتج استهلاكي عالي الجودة وجذاب للمستهلك. وتشير بيانات البراءات إلى أنّ أعلى مراحل سلسلة القيمة ابتكارا هي أقربها إلى المستهلك، ومنها تحضير حبوب البن والتوزيع النهائي لمنتجات القهوة (الشكل 5). وتشمل المرحلة الأخيرة آلات الإسبريسو الحديثة وكبسولات القهوة المنتشرة في المنازل والمكاتب.

- وسمعة العلامة التجارية وصورتها التي تعطي لشركات المنتجات الاستهلاكية فرصة تمييز عروضها عن عروض منافسيها. وتحظى العلامة التجارية بدور هام في جميع قطاعات سوق القهوة، بما في ذلك منتجات القهوة القابلة للذوبان والبن المحمص التي تباع في محلات البقالة ومنتجات قهوة الإسبريسو ومحلات بيع القهوة بالتجزئة.

الشكل 5

تحدث معظم الابتكارات في مجال القهوة في أقرب الأنشطة إلى المستهلك

حصة الشركات وطلبات البراءات المتعلقة بالقهوة في كل مرحلة من مراحل سلسلة القيمة

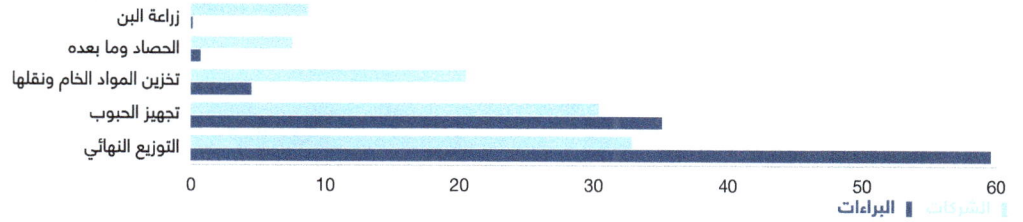

انظر الشكل 5.2.

وإضافة إلى أصول التكنولوجيا والتوسيم، تعوّل الشركات الرائدة في سلسلة القيمة العالمية للقهوة على علاقاتها طويلة المدى مع الموزعين النهائيين. ولذلك السبب، فإنّ سلسلة القيمة العالمية للقهوة هي سلسلة موجّهة نحو المستهلك، وتهيمن عليها ثلّة من الشركات المتعددة الجنسيات التي تقع مقراتها في بلدان مستهلكة للقهوة بكثرة.

موجات متعددة من استهلاك القهوة...

ترافق التحوّل في تفضيلات المستهلكين بثلاث موجات من استهلاك القهوة غيّرت سلسلة القيمة العالمية تدريجيا:

- ركّزت الموجة الأولى على المستهلكين الذين يشربون القهوة في المنزل. فأتت المنتجات - من حبوب البن المحمص المعبأة أو القهوة القابلة للذوبان أو الكبسولات مؤخرا – بأشكال موحّدة مع فروق في الأسعار نتيجة اختلاف نوعية خلطات القهوة.
- وظهرت الموجة الثانية لإرضاء المستهلكين الذين يفضلون شرب القهوة في محيط اجتماعي. وكانت المنتجات في هذا القطاع تتراوح من الإسبريسو الايطالية التقليدية إلى مشروبات القهوة الأكثر تعقيدا والتي تضاف إليها رغوة الحليب. وإضافة إلى القهوة، تتميز معظم المقاهي في هذا القطاع من السوق بأجواء تجذب المستهلكين. وتستخدم في الموجة الثانية حبوب قهوة تفوق جودتها النوعية المستخدمة في الموجة الأولى. وقد أدخلت الموجة الثانية معايير الاستدامة الطوعية (VSSs) لاطلاع المستهلكين على أصل البن والأجر العادل الذي يحصل عليه المزارعون.
- وأمّا الموجة الثالثة، فاستهدفت المستهلكين من ذواقي القهوة المميزين المستعدين لدفع أسعار أعلى لقاء قهوة ممتازة. ويهتم هؤلاء بمعرفة منشأ حبوب البن وكيفية زراعتها وأفضل السبل لتحضيرها كي يتلذذوا بمذاقها الكامل وكثافتها وعطرها وكلّ خصائصها. وتكون حبوب البن أعلى جودة من تلك التي تستخدم في قطاعي السوق الآخرين.

...تعيد تشكيل سلسلة القيمة العالمية للقهوة...

تبلغ حصّة الموجة الأولى ما بين 65 إلى 80 في المائة من الكمية الإجمالية للقهوة المستهلكة، ولكنّها تمثل 45 في المائة فقط من القيمة السوقية العالمية. ويدلّ ذلك على ارتفاع أسعار منتجات الموجتين الثانية والثالثة (انظر الشكل 6). وتعيد الموجتان الثانية - ومؤخرا - الثالثة تشكيل إدارة سلسلة القيمة العالمية للقهوة. إذ كان مصدر القهوة في الموجة الأولى تقليديا وقائما على السوق ومزج المشترين لأنواع مختلفة من القهوة من أجزاء مختلفة من العالم. وقد أدّى إدخال معايير الاستدامة الطوعية في الموجة الثانية إلى تأسيس روابط مباشرة بين مزارعي القهوة والمشترين النهائي في سلسلة القيمة. واكتسبت هذه الروابط أهمية أكبر في الموجة الثالثة، فقد قلصت في الواقع سلسلة القيمة باستغنائها عن الوسطاء في تجارة القهوة.

...وتطلق الموجة الثالثة فرصا لزيادة مشاركة مزارعي القهوة

أتاح تحول تفضيلات المستهلكين في الموجتين الثانية - وبشكل أكبر - الثالثة فرصا لزيادة مشاركة مزارعي القهوة في البلدان المصدّرة. ويركز هذا الجزء من السوق على النكهة بنهج يشبه نهج صناعة النبيذ، التي تعتم بمحل زراعة العنب ونوعه والحِرفيّة المبذولة لإنتاج النبيذ.

وقد أصبحت المعلومات عن منشأ حبوب القهوة ونوعها وكيفية زراعتها وتحضيرها، وكذلك دفع تعويض عادل للمزارعين، جزءا لا يتجزأ من بيع القهوة. وقد يؤدي التواصل المباشر لمزارعي القهوة مع المشترين إلى تبادل التكنولوجيا والدراية الفنية، مما يساعد على تحسين مزارع القهوة وتجهيزاتها. ويبيّن الشكل 6 ارتباط ارتفاع الأسعار في الموجة الثالثة مع تحسّن أجور مزارعي القهوة.

الشكل 6

الموجة الثالثة للقهوة تحصد أعلى الأسعار وتعود على المزارعين بأجور أفضل

توزيع الإيرادات بحسب قطاعات السوق
(بالدولار الأمريكي/رطل)

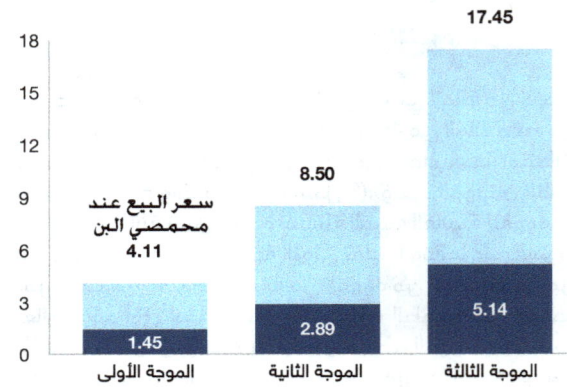

انظر الشكل 3.2.

واستجابة للطلب على القهوة في الموجة الثالثة، يستثمر المزيد من مزارعي القهوة في الجهود الرامية إلى تمييز منتجهم عن غيره واعتماد استراتيجياتهم التجارية الخاصة. وتسعى بعض البلدان المنتجة للقهوة إلى توسيم القهوة التي تزرع في بلدانها في الأسواق الخارجية، وتحاول جمعيات مزارعي القهوة والكيانات الأخرى الحصول على حقوق الملكية الفكرية لحماية أصول علامتها التجارية في الأسواق الاستهلاكية الرئيسية - مثل علامة خوان فالديز، من كولومبيا، أو علامة بلو ماونتن، من جمايكا.

حالة الخلايا الفولطاضوئية

ازداد الطلب على الأنظمة الفولطاضوئية بشكل كبير منذ أوائل العقد الأول من القرن الحادي والعشرين بفضل السياسات العامة الداعمة. وأثمر التقدم التكنولوجي السريع إلى انخفاض هائل في أسعار الألواح الفولطاضوئية الشمسية – إذ انخفضت الأسعار بين عامي 2008 و2015 فقط، بنسبة تقدر بنحو 80 في المائة.

أوجدت الابتكارات التي خفضت التكلفة حالة تنافسية في سلسلة القيمة الفولطاضوئية

تصف دراسة الحالة بشأن سلسلة القيمة الفولطاضوئية نشأة الأنظمة الفولطاضوئية البلورية باعتبارها التكنولوجيا الفولطاضوئية المهيمنة (انظر الفصل 3). ويتألف إنتاج هذه الأنظمة على خمس مراحل رئيسية، وهي: تنقية السيليكون؛ وتصنيع السبائك والرقائق؛ وإنتاج الخلايا الفولطاضوئية؛ وتجميع الوحدات؛ وإدماجها في الأنظمة الفولطاضوئية. والتكنولوجيا المتقدمة هي أكبر جزء من الأصول غير الملموسة للمشاركين، لا سيما في المراحل الأولى، في سلسلة القيمة هذه. فكثيرا ما تتطلب هذه التكنولوجيا دراية خاصة تحتفظ الشركات بسريتها، رغم النمو السريع لعدد البراءات في هذا المجال، وخاصة منذ عام 2005 (انظر الشكل 7).

وحازت الشركات في الولايات المتحدة وألمانيا واليابان وأستراليا، تقليديا، الجزء الأكبر من ابتكار المنتجات في هذه الصناعة. ولكن مع مرور الوقت، تحوّلت الخلايا الفولطاضوئية وأنظمتها إلى سلع – وكان العامل التنافسي الرئيسي هو مقدار الكهرباء التي يمكن انتاجها مقابل كل دولار مستثمر. ونتيجة لذلك، سيطرت استراتيجيات الحد من تكاليف الإنتاج على توجّهات هذه الصناعة وخط سيرها. وتمكّن المشاركون الناجحون في السوق من خفض التكاليف الإنتاج عبر الاستثمار في معدات إنتاج أفضل، وتحقيق الكفاءة من خلال الابتكارات العملية التكميلية والإنتاج الواسع النطاق.

ويبقى الابتكار محصور النطاق جغرافيا

يظل الابتكار في التكنولوجيا الفولطاضوئية مركزا جغرافيا في مناطق محدد. إذ تودع الغالبية العظمى من البراءات في هذا المجال في الصين وألمانيا واليابان وجمهورية كوريا والولايات المتحدة، مع بروز المبتكرين الصينيين كأكبر المودعين منذ عام 2010 فصاعدا (انظر الشكل 7). ويلاحظ أن توزيع نشاط البراءات يختلف بشكل ملحوظ بحسب منشأ تكنولوجيا الخلايا، فعلى سبيل المثال، تركز الكيانات الصينية أكثر على تكنولوجيا الوحدات الشمسية وأقل على تكنولوجيا الخلية من (انظر الشكل 8).

الشكل 7

هيمنة بعض البلدان على معظم نشاط البراءات في مجال الخلايا الفولطاضوئية

أول إيداعات البراءات المتعلقة بتكنولوجيا الخلايا الفولطاضوئية بحسب المنشأ، 2000-2015

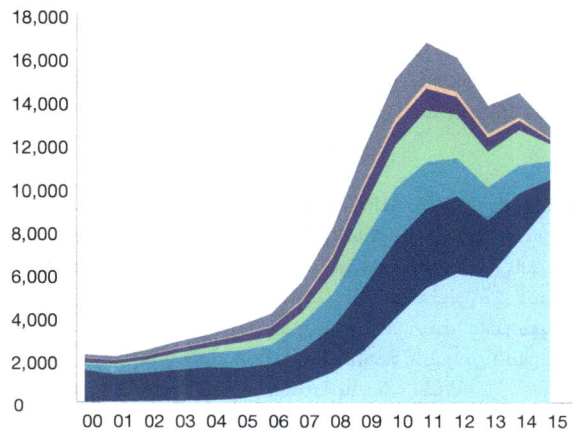

انظر الشكل 8.3.

الشكل 8

تفاوت تركيز نشاط تسجيل البراءات بحسب بلد المنشأ

التوزيع النسبي لإيداعات البراءات الأولى بحسب المنشأ وقطاع سلسلة القيمة، 2011-2015

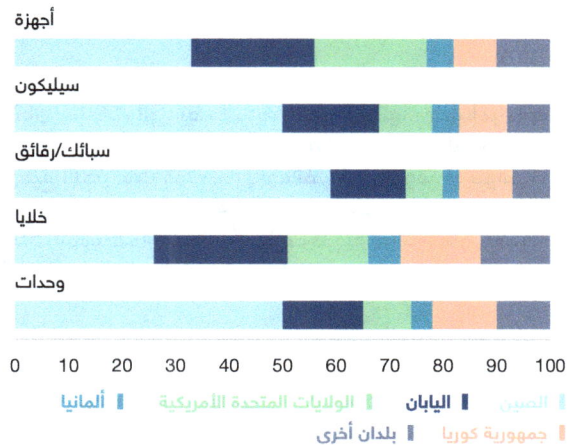

انظر الشكل 10.3.

برزت الصين كقوة مهيمنة في سلسلة القيمة العالمية الفولطاضوئية...

لقد تغيرت سبل المشاركة في سلسلة القيمة العالمية الفولطاضوئية بصورة ملحوظة خلال العقد الماضي، ولا سيما مع نقل أنشطة الإنتاج في مراحله التمهيدية والوسطى إلى الصين. فلم تعد المنتجات الفولطاضوئية، التي اخترعت بداية في البلدان ذات الدخل المرتفع منذ عقود، محمية ببراءات، وقد نجحت الشركات الصينية في اكتساب الدراية اللازمة لتصنيع المكونات الفولطاضوئية بكفاءة على طول سلسلة القيمة. ويعزى النجاح إلى اعتماد الشركات الصينية على قناتين رئيسيتين:

- استحواذها على التكنولوجيا الفولطاضوئية عن طريق شراء معدات إنتاج حديثة من الموردين الدوليين.
- واستفادتها من وصول مهندسين مهرة ومديرين تنفيذيين أجانب، عندما دخلت في هذه الصناعة عام 2000، الذين جلبوا معهم المعرفة التكنولوجية ورأس المال والشبكات المهنية للصين.

...إعادة تنظيم المشهد العالمي للابتكارات الفولطاضوئية

وضع التحول في سلسلة القيمة العالمية – إضافة إلى الانخفاض الحاد في الأسعار - العديد من المصنعين التقليديين للخلايا الفولطاضوئية في الولايات المتحدة وأوروبا وأماكن أخرى تحت ضغط تنافسي، مما أدى إلى إفلاس بعضهم والاستحواذ على البعض الأخر. وهو ما يفسر جزئيا انخفاض إيداعات البراءات في هذا المجال في جميع أنحاء العالم بعد عام 2011، لأن معظمها كان يسجل في بلدان المنشأ التقليدية للابتكار في مجال الطاقة الفولطاضوئية (انظر الشكل 7). وكانت الصين المصدر الرئيسي الوحيد للبراءات الذي شهد نموا مطردا في عدد البراءات بعد عام 2011.

إلّا أنّ المشهد أكثر تعقيدا. فبفضل السوق المشبعة للطاقة الشمسية الفولطاضوئية وانخفاض الأسعار، التي تدع هوامش ربح ضئيلة، عززت الشركات الصامدة من استثماراتها في مجال البحث والتطوير لابتكار تكنولوجيا فولطاضوئية جديدة ذات قدرة تنافسية عالية. وتكشف نظرة عن كثب في بيانات البراءات أنّ عدد طلبات البراءات لكل مودع واصل النمو في بلدان المنشأ التقليدية منذ عام 2011، مما يشير إلى زيادة في تسجيل البراءات بين الشركات التي استمر نشاطها. وتشير البيانات إلى أن إيداعات البراءات في هذه الشركات تنمو بوتيرة أسرع من نفقات البحث والتطوير، أي أن حقوق البراءات قد تصبح أكثر أهمية في تأمين عوائد مستقبلية للبحث والتطوير.

وكان رد المصنّعين الثاني نتيجة إشباع السوق وهوامش الربح الضئيلة هو تفاعلهم مع المستهلك النهائي من خلال المشاركة في تطوير المشاريع وبناء سمعة طيبة عن طريق أنشطة التوسيم. وقد تساعد هذه الاستراتيجية الشركات على توليد الطلب على منتجاتها الأولية وزيادة هوامش الربح، وخاصة في أسواق الخدمات المحلية والأسواق ذات التنافسية المنخفضة.

حالة الهواتف الذكية

يهيمن عدد صغير من الشركات الرائدة على سلسلة قيمة الهواتف الذكية

يهيمن على سلاسل قيمة الهواتف الذكية عدد قليل نسبيا من الشركات الرائدة التي تعمل تحت علامات تجارية كبيرة وتستثمر بكثافة في التكنولوجيا وتصميم المنتجات. وتنظر دراسة الحالة في ثلاث شركات رائدة هي أبل وسامسونج وهواوي، وفي نماذج الهواتف الذكية المحددة التي تنتجها (انظر الفصل 4). ومن الملامح الرئيسية لسلسلة قيمة الهواتف الذكية:

- تحصل الشركات الرائدة على مكونات وتكنولوجيا هواتفها الذكية من تقنياتها الخاصة بها ومن أطراف ثالثة مبتكرة أحيانا. وبعض المكونات - مثل لوحات التشغيل والبطاريات - معقدة للغاية، ولها سلاسل توريد عالمية خاصة.

- وتحتاج الشركات الرائدة إلى الاطّلاع على التكنولوجيا المستخدمة في معايير قابلية التشغيل البيني والمعايير التوصيلية، من قبيل المعيار الخلوي للتطور طويل الأجل (LTE) من الجيل الرابع (4G). وتضع شركات مثل نوكيا وإريكسون وكوالكوم وإنترديجيتال وهواوي وسامسونج و(NTT DoCoMo) و(ZTE) تقنيات محميّة ببراءة لتطوير هذه المعايير التي تحددها منظمات وضع المعايير. وينطوي الحصول على هذه التكنولوجيات عادة على دفع رسوم ترخيص.

- ويتطلب تفعيل الهواتف الذكية نظام تشغيل وتطبيقات برمجية مخصصة أخرى، تنتجها أطراف ثالثة في كثير من الأحيان. فمثلا، تستخدم هواتف سامسونج وهواوي وغيرها نظام التشغيل أندرويد (Android) الذي طورته شركة جوجل، في حين تنتج أبل نظام التشغيل (iOS) الخاص بأجهزتها.

- وفي حالة أبل، يجري تجميع المنتج النهائي من قبل مصنعي التصميم الأصلي أو المصنعين المتعاقدين. أمّا سامسونج فتنفذ معظم عملية التجميع في مصانعها، وتستخدم هواوي طريقتي التجميع الداخلي والخارجي.

- وتعتمد الشركات الرائدة على مخازنها الخاصة وتجار التجزئة من الغير لتوزيع منتجاتها على المستهلكين، رغم أنّ أبل تعتمد أكثر على متاجرها الخاصة.

تظهر تقديرات تحصيل القيمة أنّ الشركات الرائدة تحقق عائدا كبيرا من رؤوس أموالها غير الملموسة - ولا سيما شركة أبل...

تقدّم دراسة الحالة، بغية جمع نظرة ثاقبة عن عوائد رأس المال غير الملموس في الهواتف الذكية، تقديرا لحصص تحصيل القيمة للشركات الثلاثة الرائدة. وتتشابه هذه الحصص مع عوائد الاقتصاد الكلي لرأس المال غير الملموس المذكور أعلاه، رغم اختلافات منهجية هامة تبيّن توافر البيانات الأساسية.

ويبيّن الشكل 9 حصص تحصيل القيمة لثلاثة نماذج من الهواتف الذكية. وتحصّل شركة آبل نسبة 42 بالمائة من كل جهاز أيفون 7 تبيعه بحوالي 809 دولار أمريكي. وتتقارب حصص تحصيل القيمة لشركتي هواوي وسامسونج، وتحصّل أبل حصّة أعلى في القيمة المطلقة من منافستيها، لأن جهاز أيفون أغلى سعرا وأكثر مبيعا. وتؤكّد هذه الأرقام ارتفاع العائدات المتراكمة على رأس المال غير الملموس في هذه الصناعة، وخاصة بالنسبة لشركة أبل.

...وتستفيد الشركات الأخرى أيضا

لا يمكن القول بأن الشركات الرائدة هي وحدها التي تولّد عائدات من رأس المال غير الملموس. فبعض موردي المكونات، من الولايات المتحدة وآسيا، الذين يقدمون تكنولوجيا طوروها بأنفسهم يحققون هوامش عائدات كبيرة، وكذلك مورّدوا التكنولوجيا من أمثال كوالكوم، أمّا المصنعون المتعاقدون للتجميع النهائي فيحققون هوامش منخفضة نسبيا، مما يبيّن الأهمية الثانوية لرأس المال غير الملموس في هذه المرحلة. ولكن يستفيد هؤلاء من حجم نشاط كبير.

يعتمد المشاركون في سلسلة قيمة للهواتف الذكية اعتمادا كبيرا على الملكية الفكرية لتحقيق عائد على رأس المال غير الملموس

سعت دراسة الحالة إلى وضع خرائط لإيداعات الملكية الفكرية بشأن منتجات الهواتف الذكية وتكنولوجياتها. وهو أمر صعب للغاية. إذ لا توفر مخططات تصنيف البراءات القائمة فئات لجميع الاختراعات المتعلقة بالهواتف الذكية. وقد لا يتوافر كثير من الاختراعات الجوهرية لتشغيل وظائف الهاتف الذكي في فئات التصنيف المرتبطة بالهواتف الذكية مباشرة مثل "محطات الاتصالات المحمولة" و"أجهزة الهاتف".

الشكل 9

شركات الهواتف الذكية الرائدة تحصّل حصّة كبيرة من القيمة

42% أبل
22% تكلفة المواد
15% التوزيع والبيع بالتجزئة
5% تراخيص الملكية الفكرية
5% مواد غير محددة
3% مواد أخرى مصدرها الولايات المتحدة
3% تايوان (مقاطعة صينية)
2% عمالة غير محددة
1% عمالة (الصين)
1% جمهورية كوريا
1% اليابان

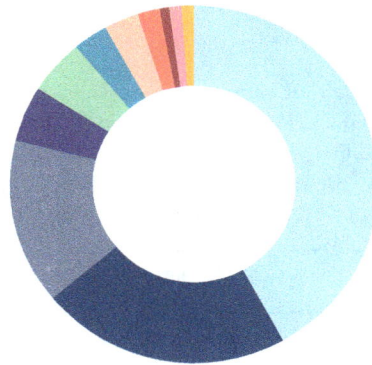

أبل أيفون 7

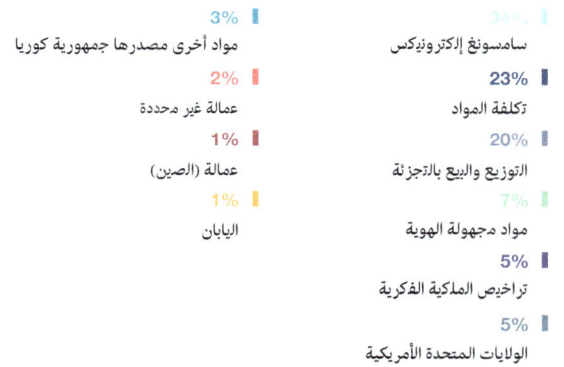

34% سامسونغ إلكترونيكس
23% تكلفة المواد
20% التوزيع والبيع بالتجزئة
7% مواد مجهولة الهوية
5% تراخيص الملكية الفكرية
5% الولايات المتحدة الأمريكية
3% مواد أخرى مصدرها جمهورية كوريا
2% عمالة غير محددة
1% عمالة (الصين)
1% اليابان

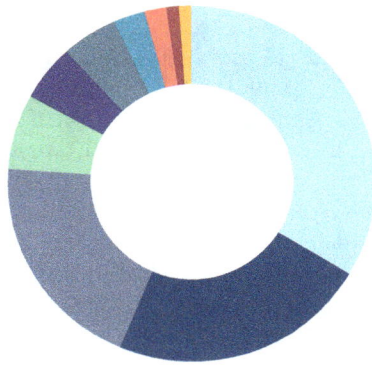

سامسونغ غالاكسي إس 7

42% هواوي
20% تكلفة المواد
15% التوزيع والبيع بالتجزئة
9% مواد غير محددة
5% تراخيص الملكية الفكرية
3% مواد أخرى مصدرها الصين
2% جمهورية كوريا
2% عمالة غير محددة
1% عمالة (الصين)
1% تايوان (مقاطعة صينية)
1% الولايات المتحدة الأمريكية

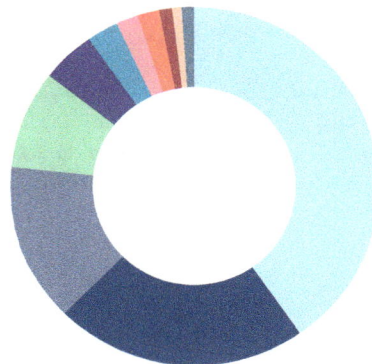

هواوي بي 9

انظر الشكل 4.4.

وقد لا يكون كثير من الاختراعات محصورا على الهواتف الذكية، أو قد يشك في صلته بالهواتف الذكية عند إيداع البراءة، مثل تكنولوجيا نظام تحديد المواقع العالمي (GPS). ويشير النهج الأوسع لرسم الخرائط إلى أنّ قرابة 35 في المائة من جميع الإيداعات الأولى للبراءات في جميع أنحاء العالم تتعلق بالهواتف الذكية.

وتبرز صعوبات مماثلة في تحديد إيداعات التصاميم الصناعية والعلامات التجارية المرتبطة بمنتجات الهواتف الذكية. وتظهر إحصاءات الإيداع المتاحة أن أبل وهواوي وسامسونج تعتمد اعتمادا كبيرا على أشكال الملكية الفكرية هذه، ولكن لا يعني ذلك أن كل إيداعاتها تتعلق بالضرورة بالهواتف الذكية. ومن مجالات التصاميم الصناعية التي تشهد نموا سريعا في نشاط الإيداع مسألة واجهات المستخدم المصورة (GUIs). فقد أودعت شركة آبل لدى مكتب الاتحاد الأوروبي للملكية الفكرية 222 طلب تسجيل تصميم صناعي لواجهات مستخدم مصورة بين عامي 2009 و2014، وأودعت سامسونج 379 طلبا في ذات الفترة.

ينحصر تحصيل القيمة بمناطق جغرافية محددة، لكنّه ينتقل بمرور الوقت

استحوذ عدد قليل من البلدان، وخاصة الولايات المتحدة وبضعة بلدان في آسيا، على الجزء الأكبر من قيمة إنتاج الهواتف الذكية في الآونة الأخيرة (انظر الشكل 9). غير أنّ سلسلة قيمة الهواتف الذكية تتطور بشكل ديناميكي مع التكنولوجيا الجديدة وتغيّر أذواق المستهلكين، فيستفيد البعض ويعاني الآخرون من صعوبات:

- لقد رفع المشاركون من الصين قدراتهم التكنولوجية بسرعة. فتطورت شركة هواوي، على سبيل المثال، من مورد لمعدات الاتصالات والهواتف المحمولة المنخفضة السعر إلى مورد رائد للهواتف الذكية الراقية، وتستثمر الشركة بكثافة في مجال البحث والتطوير وبناء علامة تجارية عالمية. واحتل موردون صينيون آخرون - مثل زياومي وأوبو وفيفو – مراتب في المراكز العشرة الأولى من حيث المبيعات العالمية.

- وابتكرت الشركات التي ارتبط اسمها تقليديا بعمليات التجميع، مثل فوكسكون، أدواتها التكنولوجية الخاصة، بعد أن أنفقت مبالغ كبيرة على البحث والتطوير وبناء محافظ براءات كبيرة.

- ويشهد تجميع الهواتف الذكية تحولات مستمرة، إذ تكافح الشركات الرائدة في بعض الأحيان لتلبية الطلب المرتفع، مما يدفعها إلى تجربة شركات مصنعة جديدة أو مواقع تجميع جديدة، مثل الهند في حالة أبل وفييت نام بالنسبة لسامسونج.

- وتشهد المشاركة في تجمعات البراءات بشأن المعايير التكنولوجية الحديثة، مثل المعيار (LTE)، مشاركة كثيفة نسبيا من قبل شركات الإنترنت مثل جوجل وشركات من الصين وجمهورية كوريا، ولا سيما هواوي وسامسونج و(ZTE).

مستقبل سلاسل القيمة العالمية

برزت سلاسل القيمة العالمية كوجه للتجارة الدولية في القرن الحادي والعشرين. فربطت الاقتصادات الوطنية ببعضها على نحو لم يسبق له مثيل، وساعدت على إدماج العديد من البلدان النامية في الاقتصاد العالمي. فكيف ستتطور هذه السلاسل مستقبلا، وما دور السياسات العامة في ضمان دعم هذه السلاسل للنمو الاقتصادي ورفع مستويات المعيشة في جميع أنحاء العالم؟

ويبيّن الشكل 1 أن نسبة التجارة إلى الناتج المحلي الإجمالي في العالم ارتفعت بأكثر من الضعف خلال السنوات الخمسين الماضية، ولكنها لم تشهد أي زيادة منذ اندلاع الأزمة المالية العالمية عام 2008. وتشير البحوث إلى أنّ ركود نسبة التجارة مقارنة بالناتج المحلي الإجمالي قد يدلّ على تضاءل فرص توسّع سلاسل القيمة العالمية (انظر الفصل 1). وقد يشير هذا التطور إلى أن زيادة تقاسم الإنتاج العالمي لن توفر مستقبلا قوة دفع مماثلة لما تحقق في العقود السابقة للأزمة المالية. وستستمر الابتكارات التكنولوجية والتجارية، فضلا عن تحوّل تفضيلات المستهلكين، في تغيير شكل الإنتاج العالمي. وكذلك، فإن التطورات في الطباعة ثلاثية الأبعاد والروبوتات والتصنيع الآلي، أعادت تشكيل سلاسل الإمداد في عدد من الصناعات، وسيدفع إحراز المزيد من التقدم في هذه المجالات إلى تغيير أعمق. وقد تؤدي هذه التطورات إلى "إعادة توطين" بعض المهام الإنتاجية، مما يعني أن تجارة أقل. ولكن، قد يساعد نشر هذه التكنولوجيات في حفز النمو الاقتصادي.

ولا شكّ في أن التحولات في سلاسل القيمة العالمية، أيّاً كان سببها، تعطّل أنماط الإنتاج السائدة – وهو ما ينبغي أن يكون الشاغل الرئيسي لصانعي السياسات. فقد ينجم عن نقل مهام الإنتاج إلى الخارج فقدان العمال المتضررين لوظائفهم أو انخفاض أجورهم. ولا تؤمّن الحماية التجارية وقاية من هذا الاضطراب. وقد يؤدي إلغاء الأسواق المفتوحة إلى تعطيل كبير في حد ذاته. وعوضا عن ذلك، ينبغي لصانعي السياسات أن يسعوا إلى توفير شبكة أمان اجتماعي تخفف الآثار السلبية للبطالة، وأن يتخذوا تدابير لتيسير إعادة تدريب العمال المتضررين.

ولا تختلف سياسات التصدي للخلل الناجم عن التحولات في سلاسل القيمة العالمية، من حيث المبدأ، عن السياسات الساعية إلى معالجة الخلل الطبيعي الناشئ في أي اقتصاد يشهد تغييرات هيكلية كجزء من عملية النمو الاقتصادي.

وثمة سؤال رئيسي يطرح على صانعي السياسات في الاقتصادات ذات الدخل المنخفض والمتوسط، ألا وهو كيفية دعم وتطوير كفاءات الشركات المحلية في إنتاج سلاسل القيمة. وتشير الخبرات المكتسبة من الارتقاء الناجح في بلدان شرق آسيا إلى أن وضع سياسات مواتية للاستثمار في الأصول غير الملموسة - بما في ذلك سياسات ملكية فكرية متوازنة - ينبغي أن يكون أولوية حتمية. ويمكن للحكومات أن تضطلع بدور بناء في تحديد القدرات الصناعية القائمة - على مستوى المناطق الفرعية غالبا - والاستفادة منها بإزالة القيود المفروضة على أنشطة ريادة الأعمال. ومن المهم اعتماد منظور عالمي لسلسلة القيمة لأن الفرص المتاحة لأصحاب المشاريع المحليين والتحديات التي تواجههم تتغير بتغير توجهات السوق العالمية.

والنجاح في تحسين سلسلة القيمة العالمية لا يثمر بالضرورة عن محصلة صفرية، أي مكاسب وخسائر متساوية، بين الاقتصادات الوطنية. فقد يؤدي إلى انتقال بعض المشاركين في سلسلة القيمة العالمية، ولكنّه ظاهرة ديناميكية بطبيعتها. ويدفع التغير التكنولوجي ودورات المنتجات الجديدة إلى إعادة تشكيل مستمر لسلاسل القيمة العالمية، التي تتيح فرصا لدخول بعض الشركات وتخرج أخرى من المعادلة. ويولّد النجاح في تحسين سلسلة القيمة العالمية نموا اقتصاديا يفسح سوقا أوسع لنواتج سلسلة القيمة العالمية ككل.

الملكية الفكرية والأصول الأخرى غير الملموسة تضيف ضعف القيمة التي يضيفها رأس المال الملموس إلى المنتجات

العمالة
الأجور والتعويضات الأخرى للعاملين
رأس المال الملموس
العناصر التي تدخل في عملية الإنتاج مثل الآلات والمباني والمخازن والمركبات التي تنقل السلع
رأس المال غير الملموس
التكنولوجيا وقيمة التصاميم والعلامات ومهارات العاملين والدراية الإدارية
1/3
ثلث قيمة المنتجات التي تشترى متأتية من الأصول غير الملموسة مثل التكنولوجيا والتوسيم.

منتج
توزيع
تجميع
تصنيع الأجزاء
بحث وتطوير

قيمة مضافة = الفرق بين المخرجات والمدخلات في كل مرحلة من مراحل سلسلة الإنتاج العالمية.

المصدر: التقرير العالمي للملكية الفكرية 2017

الفصل الأول
سلاسل القيمة العالمية: عنوان التجارة الدولية في القرن الحادي والعشرين

أحدثت التكنولوجيا والابتكارات في مجال الأعمال وتراجع تكاليف التجارة تحولا عميقا في أساليب تنظيم الإنتاج العالمي. فلم تعد عملية الإنتاج مجمَّعة في موطن واحد، بل توزعت مختلف مراحلها على أماكن متفرقة. وبرزت سلاسل توريد دولية معقدة – يشار إليها أيضا بسلاسل القيمة العالمية –تقوم من خلالها الشركات بشحن السلع الوسيطة عبر أنحاء العالم لزيادة معالجتها ثم تجميعها نهائيا في آخر المطاف. وكان من أبرز التغييرات الأعمق أثرا التي ولدها نمو سلاسل القيمة العالمية إدماج نخبة من الاقتصادات النامية في الاقتصاد العالمي وتزامن ذلك مع تسارع النمو الاقتصادي في تلك الاقتصادات. ووصف أحد العلماء المرموقين هذا التطور بأنه "قد يكون أهم تغيير اقتصادي عالمي شهده القرن الماضي".[1]

وتزامن صعود سلاسل القيمة العالمية مع تزايد أهمية الأصول غير الملموسة في النشاط الاقتصادي. وقد وثقت الطبعات السابقة من التقرير العالمي للملكية الفكرية تسارع نمو الاستثمارات في التكنولوجيا والتصميم والتوسيم – بوتيرة تجاوزت وتيرة نمو الاستثمارات التقليدية الملموسة.[2] والواقع أن كلا التوجهين مترابطين ترابطا مباشرا. إذ تؤثر الأصول غير الملموسة في تشكيل سلاسل القيمة العالمية بطريقتين هامتين. أولا، يستلزم أسلوب تنظيم سلاسل التوريد الدولية – ولا سيما ترحيل مهام التصنيع التي تتطلب يدا عاملة كثيفة إلى الاقتصادات ذات الأجور المتدنية– نقل معارف التكنولوجيا والأعمال من مكان إلى آخر. وتخضع هذه المعارف في معظم الأحيان إلى أشكال متنوعة من الملكية الفكرية، بما فيها الملكية الفكرية المسجلة، مثل البراءات والتصاميم الصناعية، والملكية الفكرية غير المسجلة مثل حق المؤلف والأسرار التجارية. ثانيا، تحدد التكنولوجيا والتصميم والتوسيم مدى النجاح في السوق وتؤثر من ثمّ على أسلوب توزيع القيمة ضمن سلاسل القيمة العالمية.

ورغم كثرة الدراسات التي تناولت تجارة سلاسل القيمة العالمية، لا يُعرف سوى القليل نسبيا عن أساليب إدارة الشركات لأصولها غير الملموسة لدى ترحيل إنتاجها إلى الخارج، ومقدار قيمة الإنتاج المتأتية من هذه الأصول. ويسعى هذا التقرير إلى المساعدة على سد هذه الثغرة في المعرفة. ويقوم بذلك في جزأين. أولا، يقدم عصارة من المعلومات المفيدة التي خلصت إليها الدراسات الحالية عن سلسلة القيمة العالمية ويكشف بحوثا غير مسبوقة عن مساهمة الأصول غير الملموسة على مستوى الاقتصاد الكلي في القيمة المضافة. ثانيا، يبحث دور الأصول غير الملموسة على مستوى الاقتصاد الجزئي في حالة ثلاث صناعات – القهوة والألواح الفولطاضوئية والهواتف الذكية. وستعرض دراسات الحالات الثلاث في الفصول الثاني والثالث والرابع تباعا.

ويسعى هذا الفصل الافتتاحي إلى تمهيد السبيل باستعراض نشأة سلاسل القيمة العالمية، واستعراض البحوث الاقتصادية عن أساليب انتظامها وتقديم أدلة جديدة على مساهمة الأصول غير الملموسة. ويقدم القسم 1.1 بوجه خاص نبذة مختصرة عن نمو سلاسل القيمة العالمية على مدى العقود الأخيرة، بينما يقدم القسم 2.1 مدخلا عن المفاهيم الرئيسية المحيطة بأساليب انتظام وإدارة سلاسل القيمة العالمية. ومن هذا المنطلق، يقدم القسم 3.1 تقديرات أصلية عن الإيرادات الناتجة عن الأصول غير الملموسة في إنتاج سلسلة القيمة العالمية. ثم يتناول القسم 4.1 بنظرة فاحصة الكيفية التي تدير بها الشركات المشاركة في سلاسل القيمة العالمية أصولها غير الملموسة، وكيفية حصول الشركات في الاقتصادات التي توجد التنمية الصناعية فيها في مراحل أولية على هذه الأصول. وتبين هذه المناقشة سياق دراسات الحالة الثلاث في الفصول الثاني والثالث والرابع. وأخيرا، يعرض القسم 5.1 بعض الأفكار بشأن تطور سلاسل القيمة العالمية للاستفادة منها في وضع السياسات.

1.1 – تحديد سمات نمو سلاسل القيمة العالمية

نمو سلاسل القيمة العالمية هو السمة الرئيسية المميزة لما يسمى بالموجة الثانية من العولمة التي بدأت في وقت غير معروف من النصف الثاني من القرن العشرين. وكان اختراع المحرك البخاري في القرن الثامن عشر قد آذن ببدء الموجة الأولى من العولمة، التي بلغت أوجها في مطلع القرن العشرين. وخلال هذه الموجة الأولى، كانت التجارة الدولية تقتصر في معظمها على البضائع والسلع المصنعة المكتملة التجميع. وكانت أنماط صادرات وواردات البلدان آنذاك تبين إلى حد كبير ما لقطاعات هذه البلدان من مزايا تنافسية وما لها من نواقص.[3] وكان تزايد *التخصص الرأسي* من أبرز مظاهر التجارة الدولية في الموجة الثانية من العولمة – أي أن البلدان كانت تركز على مراحل معينة من الإنتاج. ونتيجة لذلك، تحولت أنماط التجارة نحو تجارة متعددة الوجهات في السلع والخدمات الوسيطة في صناعات معينة.[4]

وساهمت العديد من العوامل في تزايد التخصص الرأسي. فبفضل تراجع تكاليف التجارة الدولية، أصبح اللجوء إلى توزيع مراحل الإنتاج على عدد من المواقع خيارا فعالا من حيث التكلفة. وخلال المرحلة الأولى من العولمة، ساهم انخفاض أسعار وسائل النقل وازدياد سرعتها في تحفيز التجارة الدولية. واستمر انخفاض تكاليف النقل بفضل ظهور النقل الجوي وانتشار النقل بالحاويات وابتكارات أخرى. وساعد تحرر سياسات التجارة الذي ازداد تدريجيا بعد الحرب العالمية الثانية – إثر انتشار السياسات الحمائية في فترة ما بين الحربين – في خفض تكاليف شحن السلع من بلد إلى آخر. ويجدر التنويه إلى أن تراجع تكاليف التجارة وإن بمستويات ضعيفة – سواء بسبب انخفاض تكلفة النقل أو التحرر من حماية الواردات – ربما أثر أيضا تأثيرا قويا في تشكيل سلسلة القيمة العالمية، لأن هذه التكاليف تنشأ كلما عبرت مختلف القطع والمكونات الحدود الوطنية قبل تجميعها النهائي.[5]

وبنفس القدر من الأهمية، ساهمت تكنولوجيات المعلومات والاتصالات الحديثة مساهمة حاسمة في تيسير الإنتاج الموزع على أماكن متفرقة. وكما سيبين أدناه بمزيد من الشروح، فإن اتخاذ قرار بشأن توزيع الإنتاج على مواقع جغرافية أو الإحجام عن مثل هذا القرار يستند إلى مفاضلة بين انخفاض تكاليف الإنتاج في الإنتاج الموزع على أماكن متفرقة وارتفاع تكاليف التنسيق المرتبطة بتوزيع الإنتاج على مناطق جغرافية متفرقة. وقد رجحت في هذه المفاضلة كفة الإنتاج الموزع على مناطق جغرافية بفضل تسارع لانخفاض تكاليف الاتصالات وتطور تكنولوجيا الحواسيب.[6]

الشكل 1.1

ارتفاع الصادرات الإجمالية عن كل دولار من القيمة المضافة للصادرات

حصة القيمة المضافة للصادرات في الصادرات الإجمالية، المجموع العالمي

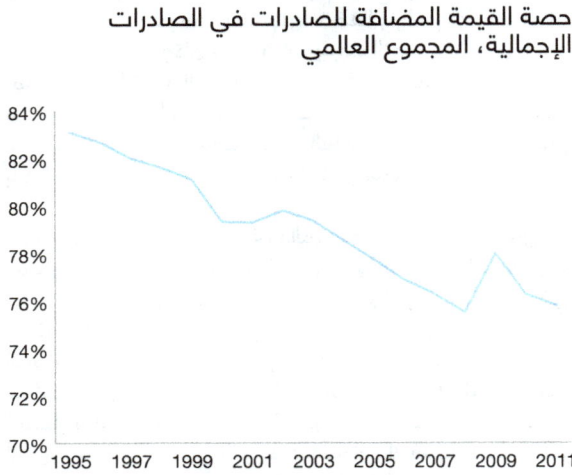

ملاحظة: تشير القيمة المضافة للصادرات إلى القيمة المضافة المحلية في الصادرات الإجمالية للبلدان.

المصدر: التجارة في قاعدة بيانات القيمة المضافة، منظمة التعاون والتنمية في الميدان الاقتصادي.

ويمكن إثبات تنامي سلاسل القيمة العالمية من خلال حساب حصة القيمة المضافة للصادرات من مجموع الصادرات الإجمالية. فإذا كانت قطع ومكونات المنتجات تعبر الحدود الوطنية مرات عديدة قبل أن تصل إلى المستهلكين، فإن قيم التصدير الإجمالية المرتبطة بهذه المواد ستتجاوز القيمة المضافة للصادرات في كل موقع من مواقع الإنتاج. ولذلك فإن تنامي تجارة سلسلة القيمة العالمية أدى إلى تراجع حصة القيمة المضافة للصادرات في الصادرات الإجمالية؛ ويبين الشكل 1.1 أن هذا هو ما حدث بالفعل – إذ إن هذه الحصة انخفضت في العالم بسبع نقاط مئوية في الفترة من عام 1995 إلى عام 2011.

وبسبب التعقيد الذي يتسم به تحديد القيمة المضافة في إحصاءات التجارة، لم تكن بيانات القيمة المضافة للصادرات للأسف متاحة قبل عام 1995 وبعد عام 2011. وعلى المنظور الأبعد مدى والمنظور الأحدث، يبين الشكل 2.1 تطور نسبة التجارة إلى الناتج المحلي الإجمالي في العالم. وقد ارتفعت حصة التجارة في الناتج المحلي الإجمالي بنسبة ناهزت 240% في الفترة الممتدة بين عامي 1960 و2015. وتجدر الإشارة إلى أنه لا يمكن المقارنة بين قيمة التجارة وقيمة الناتج المحلي الإجمالي: فالتجارة تمثل الإنتاج المتاجر به على أساس الإيرادات بينما يقيس الناتج المحلي الإجمالي مجموع الإنتاج على أساس القيمة المضافة. ومع ذلك، فإن الزيادة الحادة التي شهدها نصف القرن الماضي تعكس على الأرجح تنامي سلاسل القيمة العالمية – أي أنها تؤكد مرة أخرى زيادة إجمالي التجارة لكل دولار من الإنتاج.

الشكل 2.1

نمو التجارة العالمية يتخطى حجم الإنتاج العالمي

النسبة المئوية للتجارة من الناتج المحلي الإجمالي

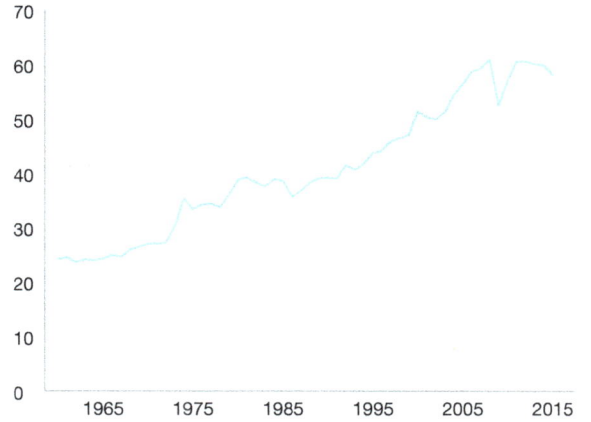

ملاحظة: تعرّف التجارة بأنها مجموع الصادرات والواردات.

المصدر: البنك الدولي، مؤشرات التنمية العالمية.

ويظهر الشكل 2.1 أيضا أن نسبة التجارة إلى الناتج المحلي الإجمالي بلغت ذروتها في عام 2008، ثم انخفضت انخفاضا حادا أثناء الأزمة المالية العالمية، واستقرت منذ ذلك الحين. ولا يزال من المبكر جدا تحديد ما إن كان الأمر يتعلق بظاهرة ظرفية مرتبطة بضعف التعافي الاقتصادي من الأزمة المالية أو أنها ظاهرة هيكلية دائمة. بيد أن بعض الدلائل تشير إلى أن التخصص الرأسي ربما يكون قد استنفد بالفعل أقصى مداه وأن سلاسل القيمة العالمية ربما لم تعد تواصل انتشارها كما فعلت على مدى العقود القليلة الماضية.[7]

وبالرغم من الأثر العميق لسلاسل القيمة العالمية في التجارة العالمية، يجدر التساؤل إن كان لسلاسل القيمة العالمية حضور عالمي حقيقي. ويعرض الشكل 3.1 وجهة نظر بشأن هذه المسألة، إذ يبين حصة القيمة المضافة المحلية والأجنبية في إجمالي الصادرات في عينة من الاقتصادات ذات الدخل المتوسط. وتبين القيمة المضافة الأجنبية واردات السلع والخدمات الوسيطة المستخدمة في إنتاج السلع الموجهة للتصدير. ويعرض الشكل أيضا توزيع القيمة المضافة الأجنبية بحسب بلد المنشأ.

الشكل 3.1

لسلاسل القيمة العالمية طابع إقليمي

حصة القيمة المضافة من الصادرات، بالنسبة المئوية

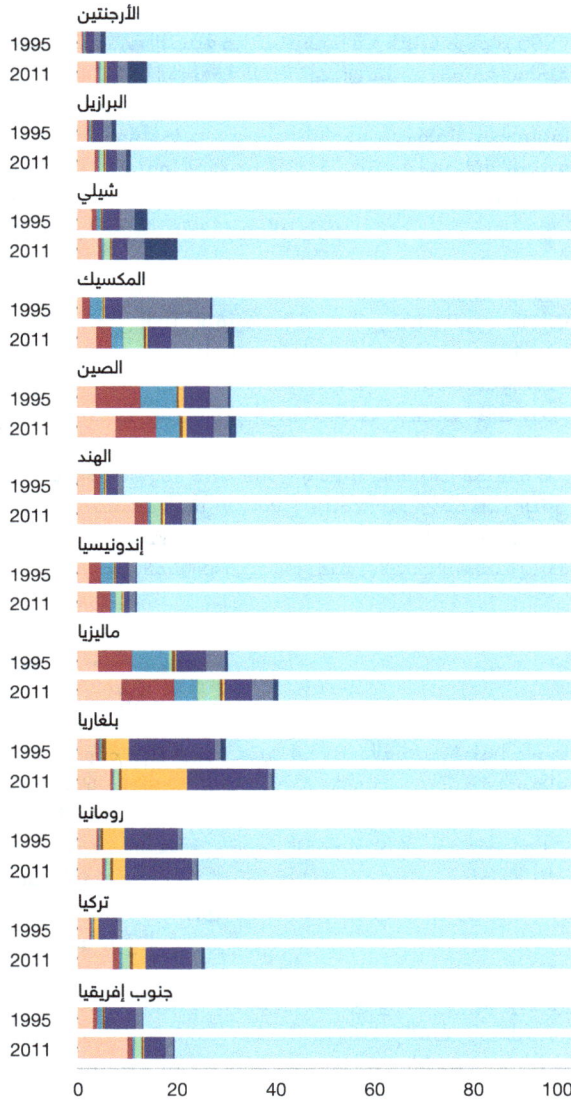

ملاحظة: الحصص (الأجنبية) المبينة هي ما يعرف بحصص المشاركة في سلسلة القيمة العالمية، وهي تقابل النسبة بين محتوى القيمة المضافة للصادرات من بلد المنشأ وإجمالي صادرات البلد المصدّر.

المصدر: التجارة في قاعدة بيانات القيمة المضافة، منظمة التعاون والتنمية في الميدان الاقتصادي.

وتُستشف من الشكل 3.1 معلومتان قيمتان على الأقل. أولاهما أنه في الوقت الذي سجلت فيه جميع الاقتصادات تقريبا ارتفاعا في حصة القيمة المضافة الأجنبية، فإن بعض الاقتصادات مندمجة في شبكات الإنتاج الرأسي أكثر من غيرها. فمثلا، يتبين أن حصص القيمة المضافة الأجنبية في الأرجنتين والبرازيل وإندونيسيا جاءت أقل بكثير من حصص القيمة المضافة الأجنبية في بلغاريا والصين وماليزيا والمكسيك. وسجلت الهند وتركيا أكبر الزيادات في حصة القيمة المضافة الأجنبية في صادراتهما في الفترة من عام 1995 إلى عام 2011 أما المعلومة الثانية فهي أن سلاسل القيمة العالمية تتسم بطابع إقليمي: إذ تمثل الولايات المتحدة الحصة الأكبر من القيمة المضافة الأجنبية في صادرات المكسيك، وتمثل بلدان شرق آسيا وجنوب شرقها الحصص الأكبر في القيمة المضافة الأجنبية في الصين وإندونيسيا وماليزيا؛ وتمثل البلدان الأوروبية الحصص الأكبر في صادرات بلغاريا ورومانيا وتركيا.

وبوجه أعم، بينت الدراسات أن أقاليم شرق آسيا وأوروبا وأمريكا الشمالية تمثل الكتل الإقليمية الثلاث التي تضم أقوى علاقات سلسلة التوريد. ومرد ذلك ببساطة أنه في كل كتلة من هذه الكتل، تصدّر اقتصادات "المقر" ذات الدخل المرتفع سلعا وخدمات وسيطة تعتمد بشدة على التكنولوجيا إلى اقتصادات "المصانع" ذات الدخل المتوسط، ثم تقوم هذه الاقتصادات بتصدير السلع المجمّعة داخل الإقليم وخارجه. وقد حلّت اليابان وألمانيا والولايات المتحدة في صدارة اقتصادات المقر في الكتل الثلاث.[8] بيد أن شبكات الإنتاج الرأسي شهدت تطورا ملحوظا بمرور الوقت، إذ أن الصين، بوجه خاص، تثابر على المشاركة في مراحل ما قبل الإنتاج المعتمدة بشدة على التكنولوجيا.

2.1 – كيف تنتظم سلاسل القيمة العالمية وكيف تدار؟

شهد مفهوم الإنتاج في القرن الحادي والعشرين تطورا واسعا تجاوز المفاهيم الأولى للإنتاج الكثيف التي كانت سائدة في مطلع القرن العشرين. وكمثال على ذلك، كان التركيز في خطوط تركيب سيارات فورد منصبا على تحويل المواد الخام إلى قطع ومكونات تصنَّع فيما بعد وتُحوّل إلى منتجات نهائية. وكانت مراحل الإنتاج قليلة نسبيا وكانت تُجرى في محيط جغرافي قريب، بل ربما تحت سقف المصنع الواحد.

ويشيع وصف الإنتاج في القرن الحادي والعشرين بما يسمى بمنحنى الابتسامة – الذي استحدثه في مطلع التسعينات الرئيس التنفيذي لشركة Acer. وكما هو مبين في الشكل 4.1، يشير منحنى الابتسامة إلى تزايد أهمية مراحل ما قبل التصنيع وما بعده ويثبت أن هذه المراحل تمثل أكبر الحصص من قيمة الإنتاج الإجمالي.

الشكل 4.1

الإنتاج في القرن الحادي والعشرين - ابتسامة متنامية

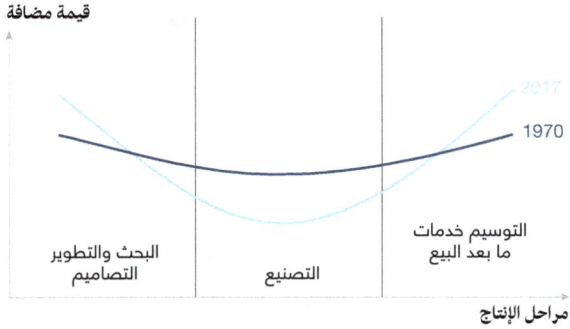

ملاحظة: يظهر التوسيم في مرحلة إنتاج ما بعد التصنيع، وإن كانت بعض أنشطة التوسيم قد تنفذ في مراحل مبكرة تسبق التصنيع.

ويبين مفهوم الابتسامة البسيط تحولين هيكليين هامين:

- أولهما أن وتيرة التقدم التكنولوجي في التصنيع كانت أسرع بكثير من وتيرته في الخدمات. وكما نوقش في تقرير الويبو (2015)، فإن هذا الاتجاه فرض انتقالا في اليد العاملة ورأس المال من التصنيع إلى الخدمات ومن ثم ازدادت حصة الخدمات في الإنتاج الاقتصادي. وفيما يتعلق بالشكل 4.1، فقد شهدت حصة التصنيع في التكاليف الإجمالية للشركات انخفاضا تدريجيا.

- وثانيهما أن الأصول غير الملموسة – في شكل التكنولوجيا والتصميم وقيمة العلامات ومهارات العاملين والخبرات الإدارية – أصبح يكتسي أهمية حاسمة في أسواق تحتد فيها المنافسة. وتواصل الشركات الاستثمار في رأس المال غير الملموس لكي تظل متقدمة على منافسيها. وبعد أن ازدادت الاقتصادات غنى، أصبح المستهلكون يفضلون السلع التي تستجيب لمختلف الأذواق وتتيح لهم على نطاق أوسع أن يخوضوا "تجربة علامة" متميزة.[9]

وبعد ظهور منحنيات الابتسامة في القرن الحادي والعشرين، كيف نظمت الشركات الإنتاج على امتداد مراحل سلسلة القيمة؟ يتوقف الجواب جزئيا على طبيعة المنتج النهائي والتكنولوجيا المستخدمة في تصنيعه. وفي هذا الصدد، يمكن إجمالا التمييز بين شكلين رئيسيين لسلسلة التوريد، كما هو مبين في الشكل 5.1. فمن جهة، هناك "الشكل الشبيه بالأفعى"، حيث ينتقل الإنتاج تدريجيا من مرحلة ما قبل الإنتاج إلى مرحلة ما بعد الإنتاج، وتضاف قيمة في كل مرحلة – على خلاف مثال فورد التقليدي.

ومن جهة أخرى، هناك أشكال "شبيهة بالعناكب" وفيها تُجمع قطع ومكونات من أجل تركيب المنتج النهائي.[10] فمثلا، وكما سيناقش بالتفصيل في الفصول 2 و3 و4، تكاد تشبه سلاسل توريد تصنيع القهوة والألواح الفولطاضوئية شكل أفعى، بينما تظهر سلسلة توريد تصنيع الهواتف الذكية أشبه بشكل عنكبوت. بيد أن معظم سلاسل التوريد هي مزيج معقد من هذين الشكلين القطبيين.

وفي كلا الشكلين، تواجه الشركات سؤالين حاسمي الأهمية: هل ينبغي لهذه الشركات أن تتولى بنفسها تنفيذ مختلف مهام الإنتاج أم ترحل هذه المهام إلى شركات أخرى؟ وأين ينبغي تنفيذ هذه المهام؟

فيما يتعلق بالسؤال الأول، يستفاد من نظرية الاقتصاد أن الشركات ترحل بعض مهام الإنتاج كلما كانت تكلفة صفقة توريد خدمات أو سلع معينة عبر السوق أقل من تكاليف التنسيق ضمن مؤسسة واحدة.[11] وفي الواقع، يرجَّح أن تدمج الشركة مختلف المهام كلما أدى ذلك إلى ظهور أوجه تآزر قوية - مثلا من خلال الجمع بين تطوير المنتج وتصنيعه. وبالإضافة إلى ذلك، قد تؤدي الخشية من تسريب الخبرة في التكنولوجيا والأعمال إلى المنافسين إلى ترجيح خيار الاندماج الرأسي (انظر القسم 4.1). غير أن زيادة تعقد الإنتاج وتزايد أهمية مراحل ما قبل وما بعد الإنتاج وتوحيد بعض عمليات التصنيع وتحسن تكنولوجيا المعلومات والاتصالات أدت جميعها مع مرور الزمن إلى ترجيح الشركات لخيار زيادة التخصص.

وفيما يتعلق بالسؤال عن الأماكن التي ينبغي أن تُنقل إليها مختلف مهام الإنتاج، فإن بعض هذه المهام، لا سيما في قطاعي الزراعة والمعادن – تتوقف بشكل وثيق على مواقع الموارد الطبيعية. وتراعى في الحالات الأخرى مفاضلات شتى. فمن جهة يقلص تجميع المهام في مكان واحد من متطلبات التنسيق وتكاليف التجارة. ومن جهة أخرى يتيح توزيع هذه المهام على مواقع مختلفة – سواء في البلد الواحد أو خارجه –للشركات أن تستفيد من المزايا التي يمكن أن توفرها مختلف المواقع. وقد تشمل هذه المزايا الحصول على المهارات المتخصصة أو البنيات المنخفضة التكلفة أو القرب من أسواق المستهلكين النهائيين.[12] ومع مرور الزمن، أفضى التقدم التكنولوجي والابتكارات في مجال الأعمال وانخفاض التكاليف إلى تفكيك مراحل عملية الإنتاج تدريجيا وتوزيعها على مناطق جغرافية متفرقة.[13]

الشكل 5.1

شكل سلسلة التوريد: شكل الأفاعي مقابل شكل العناكب

(أ) شكل الأفعى
المواد الخام
السلعة 1 الوسيطة المعالجة
السلعة 2 الوسيطة المعالجة
السلعة المعروضة على المستهلك النهائي
(ب) شكل العنكبوت
القطعة 1
القطعة 2
القطعة 3
القطعة 4
القطعة 5
القطعة 6
القطعة 7
القطعة 8
السلعة المعروضة على المستهلك النهائي

وكانت أبرز نتائج ذلك ترحيل مراحل التصنيع التي تتطلب يدا عاملة كثيفة إلى الاقتصادات النامية التي يوجد بها عرض وافر نسبيا من العاملين وبالتالي تكاليف أجور منخفضة. وفي المقابل، أدى تنامي التخصص الرأسي بين الاقتصادات إلى زيادة تقعر منحنى الابتسامة إلى الأسفل – كما هو مبين في الشكل 4.1.[14]

وتجدر الإشارة إلى أن التخصص الرأسي قد يحدث داخل الشركات وفيما بينها. ففي بعض الحالات، قامت الشركات بترحيل التصنيع بإنشاء فرع لها في بلد أجنبي. وفي حالات أخرى، قامت بمناولة وترحيل التصنيع إلى شركات مستقلة. ويختلف الشكل الدقيق لسلاسل القيمة العالمية – عدد الشركات المشاركة فيها وعلاقتها ببعضها البعض – اختلافا جوهريا فيما بين الصناعات. بيد أنه من الممكن التمييز بين مختلف نماذج إدارة سلاسل القيمة العالمية. وبوجه خاص، ميزت البحوث الأكاديمية السلاسل الموجهة للمشترين في مقابل السلاسل الموجهة للمنتجين.[15] ففي السلاسل الموجهة للمشترين، يقود كبار التجار ومسوقو العلامات التجارية سلاسل القيمة ويضعون معايير للإنتاج والجودة يُلزم الموردون المستقلون بالتقيد بها. وفي السلاسل الموجهة للموردين، تملك الشركات الرئيسية القدرات التكنولوجية المتطورة ويزداد اندماجها الرأسي ، بيد أنها تعتمد على موردين مستقلين لتوفير مدخلات متخصصة.

الجدول 1.1
مختلف أنواع إدارة سلسلة القيمة العالمية

نوع الإدارة	مدى تعقيد الصفقات	القدرة على تدوين الصفقات	قدرات شركات التوريد	الوصف
السوق	منخفض	عالية	عالية	يستجيب المشترون للمواصفات والأسعار التي حددها الموردون، تتطلب الصفقات قليلا من التنسيق الصريح؛ ويسهل استبدال الموردين
سلاسل القيمة النسقية	عالٍ	عالية	عالية	يحيل المشترون معلومات معقدة لكنها مدونة ، مثل ملفات التصاميم، إلى الموردين فيقوم هؤلاء بتكييفها بمرونة وفق الاحتياجات؛ ويبقى التنسيق في مستوى متدن مع إمكانية استبدال الشركاء.
سلاسل القيمة العلاقاتية	عالٍ	منخفض	عالية	يجب تبادل المعارف الضمنية بين المشترين والموردين حتى يتسنى إبرام الصفقات؛ وقد تعتمد العلاقة بين المشتري والبائع على السمعة والقرب الاجتماعي والمكاني وما شابه ذلك؛ وبسبب مستويات التنسيق العالية، يكون من المكلف استبدال الشركاء.
سلاسل القيمة المقيدة	عالٍ	عالية	منخفض	يستلزم ضعف قدرات المورد تدخلا ومراقبة مكثفين من الشركة الرئيسية، مما يشجع هذه الأخيرة على "تقييد" الموردين من أجل الاستئثار بمكاسب القدرات المتزايدة.
التراتبية	عالٍ	منخفض	منخفض	يفرض المستوى العالي من التعقيد وضعف القدرة على التدوين وضعف قدرة الموردين على الشركة الرئيسية أن تتولى بنفسها تنفيذ مهام سلسلة التوريد.

المصدر: Gereffi ومؤلفون آخرون (2005).

وقد وضع Gereffi ومؤلفون آخرون (2005) نظرية تتناول بمزيد من التفصيل إدارة سلاسل القيمة العالمية استنادا إلى الكيفية التي تتفاعل بها الشركات الرئيسية مع سائر الشركات في سلسلة القيمة. و بحثوا ثلاثة أبعاد من هذه التفاعلات: مدى *التعقد* في نقل المعلومات والمعارف المطلوبة للصفقات في سلسلة القيمة؛ ومدى إمكانية وضع تدوين هذه المعلومات والمعارف ومن ثمّ نقلها بفعالية؛ *وقدرات* الشركات فيما يتعلق بصفقات سلسلة القيمة. واستنادا إلى هذه الأبعاد الثلاثة، حددوا خمسة أنواع من سلسلة القيمة، كما هي مبينة في الجدول 1.1.

في طرف من هذا الطيف، لا تستلزم نماذج الإدارة القائمة على السوق سوى القليل من التنسيق بين الموردين والمشترين الذين تجمعهم علاقة في مرحلة معينة من سلسلة القيمة، ويمكن لكليهما استبدال الشركاء بسهولة نسبيا. وكلما ازداد تعقيد الصفقات، انخفضت القدرة على تدوين المعلومات والمعارف ذات الصلة وتناقصت قدرة شركات التوريد، وتكون مستويات عالية من التنسيق مطلوبة، وتزداد تدريجيا صعوبة استبدال الشركاء. وفي الطرف الآخر، تصبح العلاقات المستقلة بين الشركات المترابطة في مرحلة من مراحل سلسلة القيمة مستحيلة ويتعين على الشركات الرئيسية أن تنفذ مهام سلسلة التوريد داخل وحداتها.

3.1 – الإيرادات الناتجة عن الأصول غير الملموسة

رغم أن منحنى الابتسامة مفهوم جاذب ويسهل فهمه، فإن له عيوبه. فقد يبين باعتدال توزيع القيمة المضافة فيما يخص بعض الشركات الرئيسية في سلاسل القيمة العالمية، بيد أن من الصعب تطبيقه على مستوى الاقتصاد برمته حيث تتقاطع وتتداخل سلاسل قيمة الشركات.[16] والأهم من ذلك أن هذا المفهوم لا يتيح أي معلومة تفيد في فهم مصدر توليد القيمة المضافة في مختلف مراحل الإنتاج. وبوجه خاص، لا يتزامن ارتفاع القيمة المضافة بالضرورة مع ارتفاع أرباح أنشطتها المرتبطة بمناصب عمل برواتب أفضل، أو تكون عموما "مرغوبة" أكثر من غيرها. فمثلا، قد تكون الأنشطة التي تولد أعلى قيمة مضافة معتمدة كثيرا على رأس المال، ولا يكون من الواضح في هذه الحالة إن كان العمال المشاركون في هذه الأنشطة يتقاضون رواتب أعلى مقارنة مع الأنشطة التي تولد قيمة مضافة منخفضة.[17] وبالمثل، لا تكشف أرقام القيمة المضافة لوحدها عن مقدار مساهمة رأس المال غير الملموس في إنتاج سلسلة القيمة – أي محور تركيز هذا التقرير – لأن القيمة المضافة تشير إلى إيرادات جميع المدخلات في الإنتاج.

ويقتضي تحديد مصدر توليد القيمة في سلاسل القيمة العالمية بدقة تحليل مقدار الدخل المتأتي مما يستخدم في إنتاج سلسلة القيمة العالمية من العمل ورأس المال الملموس ورأس المال غير الملموس. وهذا التحليل هو تحديدا ما قام به علماء الاقتصاد Wen Chen وBart Los وMarcel Timmer في البحث الذي أنجزوه لأغراض هذا التقرير. واشتمل النهج الذي اتبعوه على مرحلتين.

الإطار 1.1
تجميع سلاسل القيمة العالمية وتفكيكها

لا تتاح في المتناول بيانات الاقتصاد الكلي عن إنتاج سلسلة القيمة العالمية. وترد بعض المعلومات في البيانات الوطنية وفي إحصاءات التجارة؛ رغم أن كلتاهما لا تقدم صورة كاملة. وتتيح إحصاءات الحسابات الوطنية معلومات عن القيمة المضافة للإنتاج لكنها مصنفة حسب النشاط الصناعي. فمثلا، تبين القيمة المضافة في صناعة السيارات تصنيع قطع ومكونات السيارات والتركيب النهائي للسيارات، لكنها لا تبين مرحلة إنتاج المواد التي تسبق إنتاج السيارات وخدمات الأعمال الداعمة للإنتاج ولا توزيع لسيارات على المستهلك النهائي في مرحلة ما بعد الإنتاج. ومما يزيد الأمر تعقيدا أن كثيرا من القطع والمكونات تُستقدم من الخارج – وهذا تحديدا ما يجعل سلاسل القيمة ذات طابع عالمي. وتتيح إحصاءات التجارة معلومات عن السلع الوسيطة المستوردة، غير أنها مصنفة حسب المنتجات لا حسب النشاط الصناعي.

ولجمع حسابات القيمة المضافة في سلاسل القيمة العالمية، استند Chen ومؤلفون آخرون (2017) إلى البحوث السابقة التي سعت إلى تتبع مسار المنتجات بين الصناعات والبلدان. واعتمادا على حالات التطابق بين إحصاءات الصناعة والتجارة، جمعوا جداول المدخلات – المخرجات مع بيانات التجارة العالمية لوضع جدول عالمي للمدخلات – المخرجات (WIOT). ويتضمن هذا الجدول بيانات عن 55 صناعة – 19 منها قطاعات تصنيع – في 43 اقتصادا بالإضافة إلى اقتصادات أخرى تتوفر بيانات بشأنها، وتثمل مجتمعة أكثر من 85% من الناتج المحلي الإجمالي العالمي. ويمكن تشبيه جدول WIOT بمصفوفة كبيرة تبين توزيع القيمة المضافة حسب كل صناعة في كل بلد إما إلى مدخلات وسيطة تتدفق إلى القطاعات الأخرى (سواء داخل البلد الواحد أو في بلد آخر) أو إلى منتجات نهائية موجهة للاستهلاك النهائي (سواء داخل البلد الواحد أو في بلد آخر).

ويتمثل أحد العوامل التي تعقد هذه المهمة في حساب القيمة المضافة في مرحلة التوزيع. وتبين جداول المدخلات – المخرجات قطاع التوزيع باعتباره ما يسمى بقطاع الهامش، ويقصد به أن المنتجات النهائية التي يشتريها باعة الجملة وباعة التقسيط لا تُعامل كمدخلات وسيطة. وللتوصل إلى حساب القيمة المضافة للتوزيع، قام Chen ومؤلفون آخرون بحساب هامش التوزيع باعتباره نسبة السعر الذي يدفعه المستهلكون النهائيون (دون احتساب الضرائب على المنتج) إلى السعر الذي يحصله المنتجون، ثم طبقوا الهامش الناتج على مجموع مبيعات المنتج.

وفي مرحلة لاحقة، تم تقسيم الإحصاءات المجمعة عن القيمة المضافة بحسب الإيرادات الناتجة عن عوامل الإنتاج. وتم في البداية حساب إيرادات العمل لكل قطاع في كل بلد، استنادا إلى الاستقصاءات الوطنية عن القوى العاملة ومصادر البيانات الإضافية ثم قدر Chen ومؤلفون آخرون إيرادات رأس المال الملموس بتطبيق سعر إيجار يقابل رأس المال هذا على بيانات الحسابات الوطنية المتعلقة بمخزون رأس المال في كل صناعة وكل بلد. وشمل سعر الإيجار معدل تناقص القيمة بحسب كل صناعة زائد معدل إيرادات حقيقي مفترض حُدد في 4%. وجدير بالملاحظة أن Chen ومؤلفين آخرين استبعدوا من مخزونات رأس المال أصولا منتقاة من رأس المال غير الملموس – لا سيما البحوث والتطوير، والبرمجيات الحاسوبية، وقواعد البيانات، والأصول الفنية – كلما وردت هذه الأصول في إحصاءات الحسابات الوطنية. ثم حُسبت إيرادات رأس المال غير الملموس بخصم إيرادات العمل وإيرادات رأس المال الملموس من القيمة المضافة.

وفي مرحلة أخيرة، وبالاستعانة بعلاقات مسار عمليات الصناعة كما وردت في الجدول العالمي للمدخلات – المخرجات وتمييز عوامل القيمة المضافة في كل صناعة وكل بلد، تسنى حساب مساهمة العمل ورأس المال الملموس ورأس المال غير الملموس على مستوى سلاسل القيمة العالمية للمنتج.

ففي المرحلة الأولى، جمعوا بيانات الاقتصاد الكلي بشأن حصص القيمة المضافة في 19 مجموعة لتصنيع المنتجات تتوزع على 43 اقتصادا بالإضافة إلى اقتصادات أخرى تتوفر بيانات بشأنها ويعادل الإنتاج فيها مجتمعة زهاء ربع الإنتاج العالمي. وأتاحت لهم هذه البيانات تقسيم إنتاج سلاسل القيمة العالمية إلى ثلاث مراحل: التوزيع والتجميع النهائي وجميع المراحل الأخرى. وعلى سبيل المثال، أظهرت قاعدة البيانات المجمعة القيمة المضافة لمرحلة التوزيع في أسعار مبيعات السيارات التي جرى تركيبها النهائي في ألمانيا.

وفي مرحلة ثانية، Chenومؤلفون آخرون (2017) قسموا القيمة المضافة في كل مرحلة وفي كل بلد إلى إيرادات العمل وإيرادات رأس المال الملموس وإيرادات رأس المال غير الملموس – كما هو مبين في الشكل 6.1. وللقيام بذلك، استبعدوا في البداية إيرادات العمل وتقديرات إيرادات رأس المال الملموس من معدل العائد المفترض على رأس المال المحدد في 4%. واستنتجوا بذلك أن القيمة المتبقية تمثل الإيرادات المتأتية من رأس المال غير الملموس.

واستند المنطق الذي اتبعوه في النهج إلى الإقرار بأن رأس المال غير الملموس يرتبط بطبيعة كل شركة على حدة ويختلف عن سائر عوامل المدخلات، لأنه لا يمكن للشركات أن تطلبه أو توظفه بحرية. وبعبارة أخرى، فإن رأس المال غير الملموس هو "الخميرة" التي تولد القيمة من العمل والاستثمار في الأصول عن طريق السوق.[18] ويقدم الإطار 1.1 لمحة أوفى عن خطوات التحليل الذي أجراه Chen ومؤلفون آخرون؛ وترد في ورقة بحثهم شروح تقنية بمزيد من التفصيل.

وقد توصل البحث الذي قام به Chen ومؤلفون آخرون (2017) إلى اكتشافات غير مسبوقة من ناحيتين على الأقل. فقد أتاح للمرة الأولى تقديرا للعائد على استثمارات رأس المال غير الملموس في إنتاج سلسلة القيمة العالمية. ورغم الآفاق التي تبشر بها هذه الجهود في حساب هذه الاستثمارات، فإن حساب قيمتها في الاقتصاد الكلي لا يزال حتى الآن بعيد المنال.[19] ثانيا، يدرج البحث مرحلة التوزيع في التحليل، وهي مرحلة هامة لأن سلاسل القيمة العالمية التي تشمل باعة التقسيط الرئيسيين، مثل شركة Nike، الذين لا يستبعد أن يحققوا عائدات على الأصول غير الملموسة في هذه المرحلة.[20]

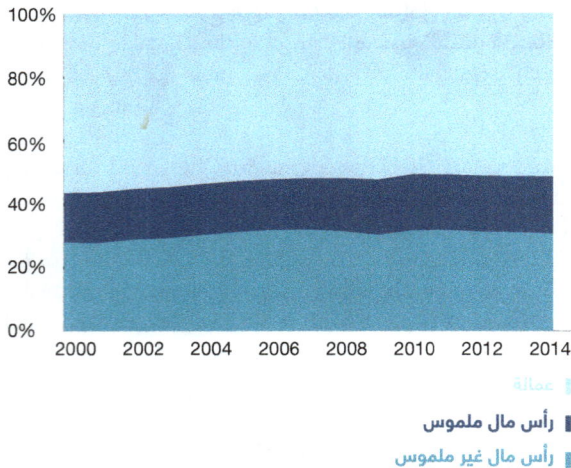

الشكل 6.1

تفكيك سلاسل القيمة العالمية

المصدر: Chen ومؤلفون آخرون (2017)

وبالانتقال إلى تناول نتائج البحث، يبين الشكل 7.1 حصص الدخل المتأتية من عوامل الإنتاج الثلاثة لجميع منتجات التصنيع في الفترة من عام 2000 إلى عام 2014. وقد بلغ متوسط حصة الأصول غير الملموسة 30.4% على مدى هذه الفترة، أي قرابة ضعفي حصة الأصول غير الملموسة. ومما يثير الاهتمام أن هذه الحصة ارتفعت من 27.8% في عام 2000 إلى 31.9% في عام 2007، لكنها ظلت مستقرة منذ ذلك الحين. وإجمالا، ارتفع الدخل المتأتي من الأصول غير الملموسة في 19 قطاعا من قطاعات التصنيع بنسبة 75% في الفترة من عام 2000 إلى عام 2014 بالأرقام الحقيقية. وبلغ 5.9 تريليون دولار أمريكي في عام 2014.[21]

وقد يفسَّر ارتفاع حصة الأصول غير الملموسة باستفادة شركات التصنيع العالمية من تزايد فرص ترحيل الأنشطة التي تتطلب يدا عاملة كثيفة إلى الاقتصادات ذات الأجور المتدنية. ويفهم بداهة أن وفورات تكاليف الأجور، في الأسواق التنافسية، تخفض أسعار الإنتاج النهائي؛ أما إذا ظلت تكاليف رأس المال على حالها، فلا بد أن ترتفع حصة الأصول غير الملموسة بحكم تعريفها كقيم متبقية – ستشكل الأصول غير الملموسة الحصة الأكبر من مجموعة أصغر. بيد أنه يبدو أن هذا الاتجاه قد بلغ ذروته في عام 2007 – قبيل الأزمة المالية العالمية. وتبدو هذه الخلاصة متسقة مع الركود الذي شهدته نسبة التجارة إلى الناتج الإجمالي المحلي، كما هو مبين في الشكل 2.1، ومع الدراسات التجريبية التي تشير إلى أن التخصص الرأسي ربما بلغ حدوده القصوى.[22]

أي سلاسل القيمة العالمية للمنتجات تستخدم الأصول غير الملموسة أكثر من غيرها؟ يبين الجدول 2.1 عامل حصص الدخل في عام 2014 فيما يخص 19 مجموعة من مجموعات منتجات التصنيع مرتبة ترتيبا تنازليا بحسب حجم إنتاجها العالمي. وفيما يخص جميع مجموعات المنتجات، يمثل رأس المال غير الملموس من القيمة المضافة حصة تتجاوز حصة رأس المال الملموس. وحصة الأصول غير الملموسة مرتفعة بوجه خاص – بل قد تتجاوز ضعفي حصة الأصول الملموسة – في المنتجات الصيدلانية والكيميائية والبترولية. وهذه الحصة مرتفعة نسبيا في المنتجات الغذائية ومنتجات الحواسيب والإلكترونيات والبصريات. ومن حيث الإيرادات بأرقام مطلقة، تمثل ثلاثة أكبر مجموعات المنتجات – المنتجات الغذائية والسيارات والمنسوجات – زهاء 50% من مجموع الدخل الذي ولده رأس المال غير الملموس في 19 سلسلة من سلاسل القيمة العالمية للتصنيع.

ولئن ازدادت حصة الأصول غير الملموسة في جميع مجموعات المنتجات التسعة عشر تقريبا خلال الفترة 2000-2014، فقد شهدت زيادة ملحوظة في بعض هذه المجموعات أكثر من غيرها. ويبين الشكل 8.1 الاتجاه الذي أخذته أربعة من كبريات مجموعات المنتجات. وكما هو مبين في الشكل، فإن حصة الأصول غير الملموسة لم تسجل سوى ارتفاع طفيف في المنتجات الغذائية والمنسوجات، لكنها ارتفعت ارتفاعا ملحوظا في منتجات السيارات والإلكترونيات.

الشكل 7.1

رأس المال غير الملموس يستحوذ قيمة أكبر من رأس المال الملموس

النسبة المائوية للقيمة المضافة من القيمة الإجمالية لجميع المنتجات المصنعة والمباعة في العالم

المصدر: Chen ومؤلفون آخرون (2017).

الجدول 2.1

حصص الإيرادات بحسب مجموعات المنتجات المصنّعة، 2014

اسم مجموعة المنتج	حصة إيرادات رأس المال غير الملموس (%)	حصة إيرادات رأس المال الملموس (%)	حصة العمالة (%)	الناتج العالمي (بمليارات الدولارات الأمريكية)
المنتجات الغذائية والمشروبات ومنتجات التبغ	31.0	16.4	52.6	4,926
السيارات والمقطورات	29.7	19.0	51.3	2,559
المنسوجات والملابس والمنتجات الجلدية	29.9	17.7	52.4	1,974
أجهزة ومعدات أخرى	27.2	18.8	53.9	1,834
المنتجات الحاسوبية والإلكترونية والبصرية	31.3	18.6	50.0	1,452
الأثاث والمواد المصنعة الأخرى	30.1	16.3	53.7	1,094
المنتجات البترولية	42.1	20.0	37.9	1,024
معدات النقل الأخرى	26.3	18.5	55.2	852
المعدات الكهربائية	29.5	20.0	50.6	838
المنتجات الكيمائية	37.5	17.5	44.9	745
المنتجات الصيدلانية	34.7	16.5	48.8	520
المنتجات الفلزية المصنعة	24.0	20.8	55.2	435
المنتجات المطاطية والبلاستيكية	29.2	19.7	51.1	244
المعادن الأساسية	31.4	25.6	43.0	179
تصليح وتركيب الأجهزة	23.6	13.2	63.2	150
المنتجات الورقية	28.0	20.9	51.1	140
المنتجات المعدنية الأخرى غير الفلزية	29.7	21.5	48.9	136
المنتجات الخشبية	27.5	20.0	52.5	90
منتجات الطباعة	27.1	21.2	51.7	64

المصدر: Chen ومؤلفون آخرون (2017).

وقد يدل ذلك على الاستفادة الكبيرة من فرص ترحيل إنتاج الأغذية والمنسوجات، في حين أنه كان بوسع هذه الصناعات أن تستفيد من هذه الفرص في الفترة ما بين عامي 2000 و2007.

في أي مرحلة من مراحل الإنتاج ينتج الدخل عن رأس المال غير الملموس؟ يستشف من تفكيك أجزاء سلسلة القيمة العالمية أن نصيب كل من مرحلة التوزيع ومرحلة الإنتاج النهائي يمثل نحو ربع الدخل من الأصول غير الملموسة، بينما تمثل المراحل الأخرى النصف المتبقي.[23] ويبين هذا التقسيم أهمية الأصول غير الملموسة في أنشطة ما قبل الإنتاج – ولا يقتصر ذلك على إنتاج القطع والمكونات والمواد، بل يسري أيضا على مجموعة متنوعة من خدمات الأعمال وأنشطة الزراعة والتعدين.

وتتباين مساهمة مختلف مراحل الإنتاج في الدخل الناتج عن الأصول غير الملموسة تباينا كبيرا بين مجموعات المنتجات، كما هو مبين في الشكل 9.1. ويستخلص بداهة أن النمط الظاهر يوافق إلى حد بعيد، فيما يبدو، التمييز بين سلاسل القيمة العالمية الموجهة للمشترين وتلك الموجهة للمنتجين كما ورد في القسم 2.1.

وتحقق سلاسل القيمة العالمية الموجهة للمشترين، مثل منتجات المنسوجات والأثاث والأغذية، أكبر العائدات من الأصول غير الملموسة خلال مرحلة التوزيع بينما تحقق سلاسل القيمة العالمية الموجهة للمنتجين، مثل السيارات والإلكترونيات والآلات، هذه الإيرادات قبل الإنتاج النهائي.

وتبرز النتائج التي توصل إليها Chen ومؤلفون آخرون (2017) أهمية الأصول غير الملموسة في توليد القيمة في إنتاج سلسلة القيمة العالمية. بيد أنها تبقي عددا من الأسئلة دون جواب وتنطوي على عدد من التحذيرات المنهجية. ومن بين الأسئلة غير المحسومة سؤال عما يمثله تحديدا الدخل المنسوب إلى الأصول غير الملموسة. وفي إطار منهجية Chen ومؤلفين آخرين، يمثل هذا الدخل جميع الإيرادات المتعلقة بالشركة بما يتجاوز الإيرادات الناتجة عن رأس المال الملموس والعمل عن طريق السوق. ويشمل ذلك بوضوح سمعة العلامة وصورتها، والتفوق التكنولوجي و جاذبية التصميم التي تميز منتجات شركة عن منتجات شركة أخرى – أي الأصول غير الملموسة التي تطلب الشركات من أجلها مختلف أشكال حقوق الملكية الفكرية. ويشمل ذلك أيضا الخبرة المؤسسية والإدارية التي يمكن حمايتها بأسرار التجارة.

الشكل 8.1

تشهد مختلف أنواع المنتوجات اتجاهات متباينة

الدخل غير الملموس باعتباره نسبة مئوية من قيمة جميع المنتجات المصنعة والمباعة عالميا

المصدر: Chen ومؤلفون آخرون (2017).

بيد أنه يمكن أن يشمل عوامل أخرى – تتجاوز أصول السمعة والأصول المعرفية – تولد إيرادات اقتصادية ضخمة. فمثلا، يرجَّح أن يعكس ارتفاع حصة الأصول غير الملموسة للمنتجات النفطية (انظر الجدول 2.1) ريع المصادر التي يستفيد منها منتجو النفط.[24] وقد تتيح وفورات الحجم في العرض والطلب مصادر أخرى للنفوذ في السوق قد لا ترتبط ارتباطا مباشرا بالأصول غير الملموسة.

ويتعلق السؤال الثاني غير المحسوم بتحديد الاقتصادات التي تجني إيرادات من رأس المال غير الملموس. ورغم أن هذا السؤال بديهي فإن الجواب عنه عسير. فمن جهة، يمكن للشركات بسهولة، من خلال التلاعب بأسعار التحويل والممارسات المتصلة به، أن تنقل الأرباح من موقع إلى آخر (انظر الإطار 2.1). ومن ثمّ يمكن أن تنشأ أصول غير ملموسة في اقتصاد ما، بينما تظهر معظم الإيرادات في اقتصاد آخر. والأهم من ذلك أن زيادة التملك العابر للحدود وتقاسم الأصول غير الملموسة يخل بجوهر مفهوم الأصول والأرباح المرتبطة بالموقع.

وأخيرا، تسري العديد من التحذيرات على البحث الذي قام به Chen ومؤلفون آخرون (2017) وينبغي مراعاتها لدى تفسير نتائجهم:[25]

- تعتمد النتائج اعتمادا كبيرا على جودة البيانات التي استندت إليها. فبالرغم من إحراز تقدم إحصائي هام في قياس شبكات الإنتاج العالمي، فلا تزال هناك ثغرات كبيرة في القياس. فمثلا، من الصعب الإلمام بشكل واف ببيانات التجارة الدولية في الخدمات، وتطرح أيضا تحديات في قياس القيمة المضافة في مرحلة التوزيع. يضاف إلى ذلك أن استخدام الجداول الدولية للمدخلات – المخرجات يعتمد على افتراضات قوية نسبيا، ومنها أن الشركات في قطاع ما وبلد ما تظهر بنيات إنتاج متشابهة.

- وكما ذُكر سلفا، فإن التلاعب بأسعار التحويل والممارسات المرتبطة به – لا سيما بين الجهات المترابطة – قد يخل بتوزيع القيمة المضافة على امتداد سلسلة القيمة العالمية (انظر الإطار 2.1). وقد يفضي ذلك إلى اختلالات في تقديرات حصة الدخل بحسب مرحلة الإنتاج، كما هو مبين في الشكل 9.1. لكن ما دامت هذه الممارسات تقتصر على تحويل أرباح من مرحلة إنتاج إلى أخرى، فمن غير المحتمل أن تؤثر على تقديرات حصص الدخل في جميع مراحل الإنتاج، كما هو مبين في الشكلين 7.1 و8.1 والجدول 2.1.

- توزيع رأس المال غير الملموس على مختلف مراحل الإنتاج – كما هو مبين في الشكل 9.1 – قد يتأثر أيضا بكيفية تصنيف الشركات الرئيسية لسلسلة التوريد العالمية إحصائيا. فمثلا، إذا صُنِّف منتجو السلع "غير المعالجة في مصنع" كباعة بالتقسيط أو باعة بالجملة، فإن إيرادات الأصول غير الملموسة ستسجل في مرحلة التوزيع؛ أما إذا صُنِّفوا كمصنعين، فإن هذه الإيرادات ستسجل في مرحلة من مراحل الإنتاج الأخرى.

4.1 – كيف تتغلغل الأصول غير الملموسة في سلاسل القيمة العالمية؟

على ضوء القيمة الجوهرية التي تولدها الأصول غير الملموسة، يطرح سؤال رئيسي عن الكيفية التي تدار بها هذه الأصول في الشركات الحائزة عليها داخل شبكات إنتاجها العالمية. وفي نفس السياق وعلى نفس القدر من الأهمية، يطرح سؤال آخر عن الكيفية التي تُكتسب بها هذه الأصول في الشركات التي لا تحوزها. وللجواب على هذين السؤالين، من المفيد التمييز بين نوعين من رأس المال غير الملموس:

- *الأصول المعرفية* التي تشمل التكنولوجيا والتصاميم والخبرات المؤسسية واللوجستية والإدارية وما يرتبط بها. ومن الخصائص المشتركة بين الأصول المعرفية أنها لا تتنافس فيما بينها بحكم طبيعتها – وخلافا للأصول الملموسة- لا ترتبط بالضرورة بموقع بعينه. فمثلا قد تُجرى أعمال البحوث والتطوير الخاصة بسيارة جديدة في موقع، ثم يوزع إنتاج السيارة بعد تطويرها على مجموعة واسعة من المواقع.

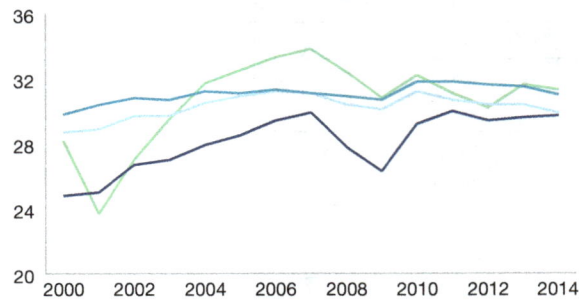

الشكل 9.1

سلاسل القيمة العالمية الموجهة للمشترين مقابل تلك الموجهة للمنتجين

الدخل غير الملموس بحسب مرحلة الإنتاج، الحصص بالنسبة المئوية 2014

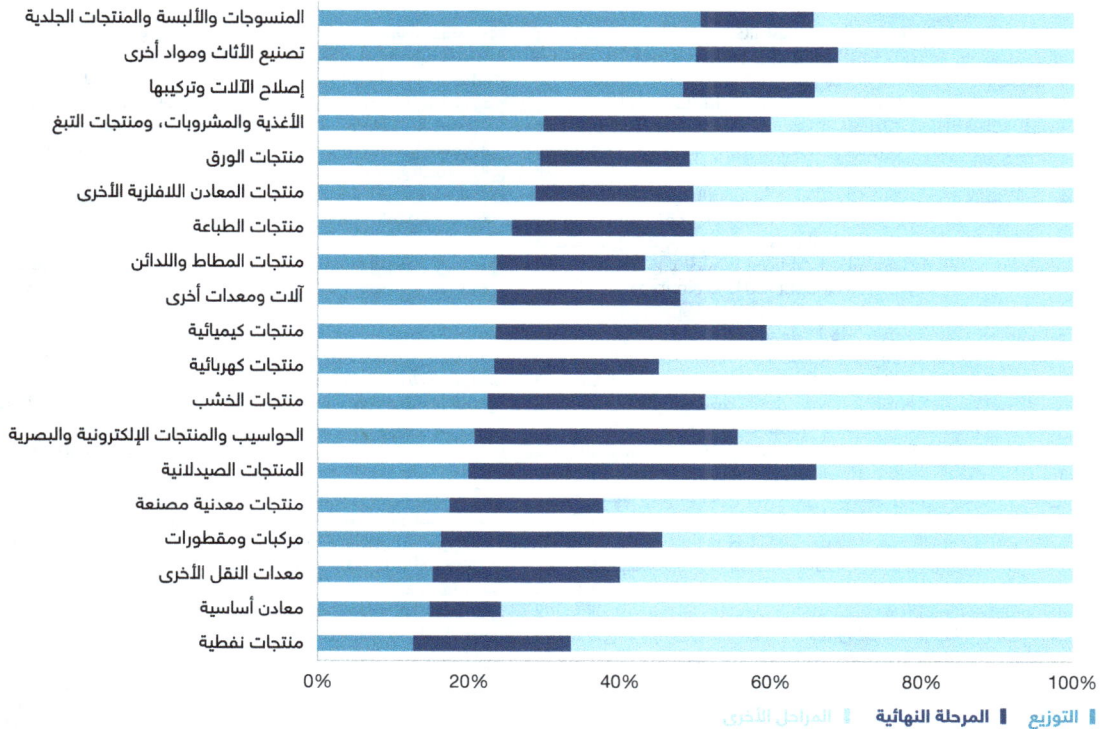

المنسوجات والألبسة والمنتجات الجلدية
تصنيع الأثاث ومواد أخرى
إصلاح الآلات وتركيبها
الأغذية والمشروبات، ومنتجات التبغ
منتجات الورق
منتجات المعادن اللافلزية الأخرى
منتجات الطباعة
منتجات المطاط واللدائن
آلات ومعدات أخرى
منتجات كيميائية
منتجات كهربائية
منتجات الخشب
الحواسيب والمنتجات الإلكترونية والبصرية
المنتجات الصيدلانية
منتجات معدنية مصنعة
مركبات ومقطورات
معدات النقل الأخرى
معادن أساسية
منتجات نفطية
0%
20%
40%
60%
80%
100%
التوزيع
المرحلة النهائية
المراحل الأخرى

المصدر: Chen ومؤلفون آخرون (2017).

- أصول السمعة وتتألف من حسن النية التي يبديها المستهلكون إزاء علامة لشركة ما– ويعزى ذلك جزئيا إلى الرضى المستمد من عمليات شراء سابقة للعلامة وفي جزء آخر إلى الصورة المرتبطة بمختلف العلامات التجارية. وتتنافس أصول السمعة فيما بينها بحكم طبيعتها: فلا تكون للعلامة التجارية قيمة سمعة إلا إذا استخدمت في ارتباط بمنتج وحيد أو شركة وحيدة. وبالإضافة إلى ذلك، ورغم أنه يمكن أحيانا للعلامات التجارية أن تكتسب سمعة دولية، فإنها عادة لا تتدفق بسلاسة عبر الحدود؛ إذ قد تملك شركات أصولَ سمعة قوية في بعض الأسواق وليس في أسواق أخرى.[26]

إدارة الأصول المعرفية

من أجل جني إيرادات من الاستثمارات في الابتكار، يجب على الشركات أن تكون قادرة على الاحتفاظ بأصولها المعرفية. ويحبذ أن تستأثر بجميع المكاسب التي تؤتيها هذه الأصول دون تسريب أي معارف إلى المنافسين.[27]

وفي واقع الحال، يتعذر الوصول إلى هذا "التملك الكامل". إذ يتوقف مقدار ما قد تجنيه الشركة على أمور منها الكيفية التي تتحكم فيها في تدفق معرفتها.

وفي البداية، تواجه الشركات حالة معهودة من المفاضلة بين أمرين. فمن جهة، تملك المحفزات لإبقاء مبتكراتها سرية للحفاظ على ميزتها على المنافسين. وتحمي قوانين سرية التجارة المعلومات السرية من حالات الإفصاح عنها غير المأذون به رغم أنه قد يكون بمقدور المنافسين معرفة أسرار المنتجات المعروضة في السوق. ومن جهة أخرى، قد تتمكن الشركات من الحصول على حقوق الملكية الفكرية فيما يخص مبتكراتها، وفي هذه الحالة يتعين عليها أن تفصح عنها والاستفادة من الانتفاع الحصري بها – لوقت محدود على الأقل. وتؤثر العديد من العوامل على اختيار أفضل استراتيجية لإدارة المعارف. ويمكن بسهولة الإبقاء سرا على بعض الأصول المعرفية – مثل تكنولوجيا التجهيز والخبرة المؤسسية، بينما يتعذر ذلك في أصول أخرى – مثل تصميم المنتجات.

التقرير العالمي للملكية الفكرية 2017

الإطار 2.1

كيف يخلّ التلاعب بأسعار التحويل والممارسات المرتبطة به بقياس سلسلة القيمة العالمية

تسعى الحسابات الوطنية وإحصائيات التجارة إلى قياس النشاط الاقتصادي الحقيقي الذي يُجرى في مختلف البلدان والقيمة الاقتصادية الحقيقية للتجارة في الخدمات والسلع فيما بين البلدان. بيد أن هذه الحسابات والإحصاءات تعتمد على ما تقدمه الشركات من حسابات مالية ولتصريحات للجمارك، وهو ما لا يعكس دوما قيمة السوق الحقيقية للمعاملات الاقتصادية. وينبع أحد أبرز المصادر التي تؤدي إلى اختلال القياس من الاستراتيجيات التي تسعى إلى تحويل أرباح خاضعة للضريبة من بلدان تفرض نسبة عالية من الضرائب إلى أخرى تفرض نسبا منخفضة منها. وتركز هذه الاستراتيجيات في معظم الأحيان على الأصول غير الملموسة - التي تتخذ غالبا شكل حقوق الملكية الفكرية.

ويلاحظ على نطاق واسع انتشار ممارسة التلاعب بأسعار التحويل. ويرد مثال على ذلك في الشكل 1-10. إذ تبيع الشركة (أ) التي توجد في بلد يفرض نسبة عالية من الضرائب ملكيتها الفكرية لشركة تابعة لها (ب) في بلد يفرض نسبة منخفضة من الضرائب؛ ثم تقوم هذه الشركة (ب) بدورها بالترخيص باستخدام هذه الملكية الفكرية لشركة ثالثة (ج) في بلد آخر يفرض نسبة عالية من الضرائب. ومن خلال قيام هذه الشركة المتعددة الجنسيات بتبخيس سعر شراء الملكية الفكرية والمبالغة في رفع قيمة الأتعاب نظير استخدام الملكية الفكرية، تصبح قادرة على تحويل الأرباح من البلدان التي تفرض نسبة عالية من الضرائب إلى بلد يفرض نسبة منخفضة منها.

وتمثل صعوبة تقييم الأصول غير الملموسة أحد العوامل الرئيسية التي تسهل التلاعب بأسعار التحويل. وقد وضعت قواعد أسعار التحويل في أطر المحاسبة المالية والضريبية معيار سعر السوق، الذي يقتضي تسعير المعاملات بين الشركات المترابطة الصلة والتي تخضع لإشراف مشترك وفقاً لقيمة مماثلة لمعاملة مماثلة مع شركة أخرى لا تربطها بها صلة. ومع ذلك، فإن الأصول غير الملموسة مرتبطة بطبيعة كل شركة على حدة، ولا توجد عادة معاملات مماثلة مع جهات ثالثة، ولذلك لا يبقى متاحا سوى تحديد أسعار التحويل أو تقديرها. وبالإضافة إلى ذلك، قد تكون قيمة الأصول غير الملموسة غير مؤكدة إلى حد كبير، لا سيما في مرحلة مبكرة قبل تسويق السلع أو الخدمات الناتجة. وتتيح حالة عدم اليقين هذه للشركات حرية كبيرة في تحديد أسعار مبيعات الملكية الفكرية ومعدلات الأتعاب بين الكيانات التابعة لها.

ومن منظور إحصائي، يؤدي التلاعب بأسعار التحويل كما هو مبين في الشكل 10-1 إلى التقليل من القيمة المضافة في البلدان التي تفرض نسبا مرتفعة من الضرائب والمبالغة في رفع تقديرها في البلدان التي تفرض نسبا منخفضة من الضرائب. وبالإضافة إلى ذلك، فإنه يخل بإحصاءات التجارة: ذلك أن واردات البلد الذي يفرض نسبا منخفضة من الضرائب من خدمات الملكية الفكرية ستكون أقل من قيمتها، وصادراته منها مرتفعة بصورة مبالغ فيها.[28]

وقد يتخذ تحويل الأرباح أشكالا أخرى. فبدلا من نقل الملكية الفكرية إلى شركة فرعية أجنبية، قد تقوم الشركات أيضا بتضخيم أو تقليل مبالغ فواتير المدخلات الوسيطة التي تستعمل فيها الملكية الفكرية بكثافة ويتم تداولها داخل سلاسل توريد شركات لا تطبق أي أسعار مرجعية قائمة على السوق. وتؤدي هذه الممارسات إلى عمليات تحويل مماثلة للقيمة المضافة من بلد إلى آخر، بيد أن الاختلال التجاري لا يظهر في إحصاءات الخدمات بل يظهر في إحصاءات تجارة السلع. وتشمل الممارسات الأخرى ذات الصلة "المتاجرة بالخدمات" من خلال الكيانات ذات الأغراض الخاصة والترتيبات التي تقوم الشركات المتعددة الجنسيات من خلالها بإنشاء مكتب تمثيل تجاري في بلد ما دون أن تعتبر مؤسسات دائمة للأغراض الضريبية وبالتالي لا تشملها إحصاءات التجارة الوطنية للبلد – كما ناقش ذلك بإسهاب Neubig وWunsch-Vincent (2017).

ولما كان من الصعب الحصول على أرقام موثوقة، فإن من الواضح أن اتباع الشركات المتعددة الجنسية لممارسات تسعى إلى تقليل الضرائب إلى الحد الأدنى يؤدي إلى تحويلات كبيرة للأرباح المبلغ عنها بين البلدان. وعلى المستوى الجزئي، درس Seppälä مع مؤلفين آخرين (2014) سلسلة القيمة لشركة فلندية متعددة الجنسيات في ما يخص منتج آلات وحيدة الدقة. واستنادا إلى البيانات الداخلية للشركة فيما يتعلق بالفواتير، استنتجوا أن التوزيع الجغرافي للأرباح لا يبين بالضرورة مواقع وجود أرفع الأصول قيمة في الشركة. وعلى المستوى الكلي، وباستخدام بيانات الاستقصاء الذي أجراه المكتب الأمريكي للتحليل الاقتصادي، يقدر Rassier (2017) مدى تحويل الأرباح بين الشركات المتعددة الجنسيات في الولايات المتحدة. ووجد أن الشركات التي تركز على البحوث والتطوير تنزع أكثر من غيرها إلى حصر الأرباح للشركات التابعة الأجنبية من الشركات غير العاملة في مجال البحوث والتطوير، مع التأكيد على الدور الهام الذي تلعبه الأصول غير الملموسة في ممارسات التقليل من الضرائب. واستنادا إلى مجموعة متنوعة من المصادر و العديد من الافتراضات، يقدر Neubig وWunsch-Vincent (2017) بأرقام متحفظة أن تحويل الأرباح المرتبط بصفقات الملكية الفكرية العابرة للحدود قد يصل لوحده إلى 120 بليون دولار سنويا في العالم، أو 35% من مجموع التجارة العابرة للحدود في خدمات الملكية الفكرية. والأهم من ذلك أن الناتج المحلي الإجمالي في إيرلندا سجل زيادة بنسبة 26% في عام 2015، مما يعكس إلى حد كبير تدفق الأصول غير الملموسة وغيرها من الأصول المتنقلة دوليا من الشركات المتعددة الجنسيات التي توجد مقراتها الرئيسية في إيرلندا.[29]

الشكل 10.1

تحويل الأرباح إلى وسيط مالك لحقوق لملكية الفكرية

شركة (ج) تابعة لها في بلد ترتفع فيه نسبة الضريبة: استغلال الملكية الفكرية والانتفاع بها
رخصة الملكية الفكرية
الأتعاب مقابل الانتفاع بالملكية
شركة (ب) تابعة لها في بلد تنخفض فيه نسبة الضريبة: مالك الملكية الفكرية، وظائف أو مخاطر قليلة إلى الحد الأدنى
بيع الملكية الفكرية
سعر الشراء
الشركة (أ) في بلد ترتفع فيه نسبة الضريبة: تطوير الملكية الفكرية وتعزيزها وصيانتها وحمايتها

المرجع: Neubig و Wunsch-Vincent (2017)

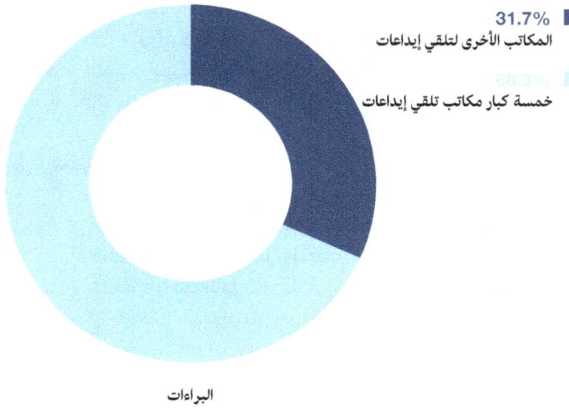

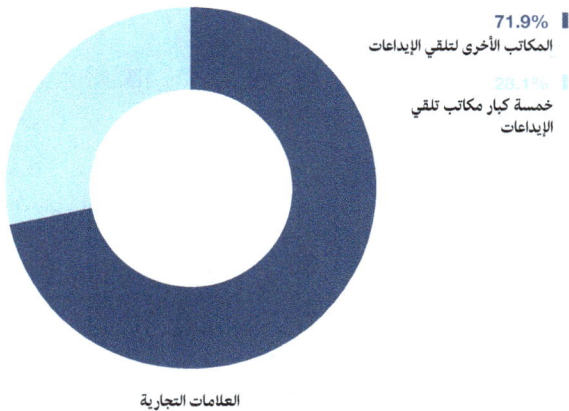

وبالمثل، تشمل حقوق الملكية الفكرية بعض الأصول المعرفية – مثل الاختراعات التكنولوجية في حالة البراءات – لكنها لا تشمل أنواعا أخرى منها، مثل العديد من الابتكارات في الخدمات.

ويمكن أيضا أن تتخذ الأصول المعرفية أحيانا شكل مهارات العمال المتخصصين. وغالبا ما يشكل الاحتفاظ بهذه المهارات جزءا مهما من استراتيجية إدارة المعارف لدى الشركات. بيد أن ذلك مقيد أيضا بالقانون؛ إذ توجد مثلا تقييدات تبين نطاق بنود عدم المنافسة في عقود العمل التي قد تصل إلى منع العمال من إنشاء شركاتهم الخاصة أو العمل لدى شركات منافسة.[30]

وكما ذُكر في القسم 2.1، تحدّد اعتبارات إدارة المعرفة أساليب تنظيم سلاسل القيمة العالمية – وتحدّد بوجه خاص ما إذا كانت الشركات تدمج رأسيا مختلف مهام الإنتاج أو أنها تستعين بمصادر خارجية من موردين مستقلين.[31] وقد تولد الاستعانة بمصادر خارجية وفورات كبيرة في التكاليف، لكنها أيضا قد تعرّض الأصول المعرفية الرئيسية لخطر التسريب إلى منافسين في المستقبل. ويتوقف الكثير من الأمور على العلاقات التي تحكم سلاسل القيمة العالمية، كما هو مبين في الجدول 1.1. ويشكل تسريب المعارف حتما مصدر قلق في سلاسل القيمة العلاقاتية والمقيدة، لا سيما عندما تنقل الشركات الرئيسية في سلسلة القيمة العالمية المعارف الضمنية إلى الشركات الشريكة التي قد تتحول في المستقبل إلى شركات منافسة لها. ولهذا السبب، تقتصر الشركات المتعددة الجنسيات أحيانا في عمليات نقل المعارف على التكنولوجيات الأقدم، إذ أن تسريب هذه المعارف لا يطرح تهديدا آنيا بالمنافسة.[32] وفي الوقت ذاته، يمكن لحقوق الملكية الفكرية المأمونة أن تساعد الشركات على نقل التكنولوجيات التي تملكها في إطار سلسلة التوريد وأن تسهل فعلا الاستعانة بمصادر خارجية لتنفيذ مختلف مهام الإنتاج.

لكن في ظروف أخرى، قد تتقاسم الشركات أصول معارفها على نحو مفتوح أو تصدر تراخيص لاستخدام بعضها، إما رغبةً منها في تشجيع اعتماد تكنولوجيات جديدة أو للنفاذ إلى التكنولوجيا التي تملكها شركات أخرى. ويكتسي هذا الاعتبار الأخير أهمية بالنسبة لما يسمى بالتكنولوجيات المعقدة – التي تعرّف بأنها تكنولوجيات تشمل العديد من الاختراعات الخاضعة على حدة للبراءة مع إمكانية توسيع ملكية البراءة. وتشمل التكنولوجيات المعقدة معظم تكنولوجيات المعلومات والاتصالات التي شهدت أسرع نمو في البراءات خلال العقود الثلاثة الماضية. ومن خلال ترتيبات التراخيص المتبادلة، تتفاوض الشركات على النفاذ إلى التكنولوجيات التي تحتاجها لتسويق ابتكاراتها.[33]

وفي معظم الحالات، تمثل حماية الملكية الفكرية عنصرا حاسما في استراتيجية إدارة المعارف في الشركات. فعلى سبيل المثال، خلصت دراسة عن اقتصاد المملكة المتحدة إلى أن ما يزيد قليلا عن نصف الاستثمارات في الأصول غير الملموسة هي أصول محمية بمختلف حقوق الملكية الفكرية.[34]

الشكل 11.1

إيداعات البراءات الدولية تتركز في مكاتب يقل عددها عن المكاتب التي تتلقى إيداعات العلامات التجارية الدولية

حصة أكبر المكاتب الخمسة في تلقي إيداعات البراءات والعلامات التجارية من غير المقيمين، عام 2015

ملاحظة: لتوضيح الاختلافات بين أنظمة إيداع العلامات التجارية في جميع أنحاء العالم، تشير إحصاءات العلامات التجارية إلى عدد الأصناف المحددة في طلبات العلامات التجارية.

المصدر: قاعدة بيانات إحصاءات الملكية الفكرية في الويبو، يوليو 2017.

غير أن تحديد الأصول المعرفية التي ينبغي طلب حماية حقوق الملكية الفكرية من أجلها، وتحديد البلدان التي ينبغي أن يتم فيها ذلك، يتطلب تخطيطا دقيقا. وبوجه خاص، يكون الحصول على حقوق براءات الاختراع مكلفا، لا سيما عند إيداع طلبات للحصول عليها في بلدان متعددة. ولهذا السبب، تقصر الشركات في معظم الأحيان نطاق تغطية براءاتها على البلدان التي تمثل أكبر الاقتصادات والبلدان التي يتم فيها إنتاج سلاسل القيمة العالمية.

وهذا ما يفسر استئثار خمسة كبار مكاتب تتلقى إيداعات البراءات من الخارج - وهي المكاتب الوطنية للبراءات في الصين واليابان وجمهورية كوريا والولايات المتحدة والمكتب الأوروبي للبراءات – بزهاء 70% من مجموع إيداعات البراءات من غير المقيمين في العالم (انظر الشكل 11.1).[35] وباستثناء الصين، يوجه عدد قليل نسبيا من طلبات البراءات إلى الاقتصادات ذات الدخل المنخفض والمتوسط.

ورغم هذه الملاحظات العامة، تتوقف استراتيجيات إدارة المعارف في الشركات بوجه حاسم على طبيعة أصول معارفها ونماذج أعمالها التي تختلف اختلافا كبيرا من صناعة إلى أخرى. وتقدم دراسات الحالة الواردة في الفصول من 2 إلى 4 منظورات أقرب إلى واقع الاستراتيجيات السائدة - على الأقل بالنسبة إلى سلاسل القيمة العالمية المشمولة بهذا البحث.

إدارة أصول السمعة

على غرار الأصول المعرفية، يمكن لأصول السمعة أن تساهم مساهمة هامة في تحديد شكل انتظام سلاسل القيمة العالمية. وتنطوي الاستعانة بمصادر خارجية في تصنيع قطع عملية الإنتاج على احتمال فقدان القدرة على مراقبة جودة القطع والمكونات. فقد تتعرض الشركة الرئيسية لمخاطر جمة تهدد سمعتها، بسبب مدخلات معيبة أو ضعيفة الأداء - لاسيما إذا اكتُشفت بعد عرض المنتجات في السوق. وبالمثل، قد تتأثر تصورات المستهلكين عن الشركة الرئيسية بأسلوب تعامل مورديها مع عمالهم وحمايتهم للبيئة. ويقتضي التعامل مع هذه الاعتبارات اللجوء إلى الاندماج الرأسي المباشر، أو على الأقل توسيع الشركات الرئيسية لنطاق تدخلها في العمليات التجارية لمورديها. ويتيح توحيد المنتجات وشهادات الموردين المستقلين آليات إضافية تساعد الشركات على تقليل مخاطر الإضرار بالسمعة التي قد تنشأ في سلاسل التوريد الموزعة عبر العالم.

وتشمل الأدوات الرئيسية للملكية الفكرية التي تحمي أصول السمعة العلامات التجارية والبيانات الجغرافية. ورغم أن الحصول على حقوق العلامات التجارية رخيص نسبيا، فإن إدارة محفظة عالمية من العلامات التجارية يتطلب أيضا تخطيطا دقيقا واتخاذ قرارات استراتيجية. ومردّ ذلك في المقام الأول هو أن العلامات التجارية لا تشمل أسماء المنتجات فحسب، بل تشمل أيضا الأشكال الثنائية والثلاثية الأبعاد والأصوات والألوان والميزات الأخرى المرتبطة بهذه المنتجات. وخلافا للبراءات، التي تحميها الشركات في معظم الأحيان في البلدان التي يتم فيها إنتاج سلاسل القيمة العالمية، هناك أسباب وجيهة تدعو الشركات لحماية علاماتها التجارية الرئيسية على الأقل في جميع الأسواق التي تعمل فيها أو تعتزم العمل فيها. وقد تكون الملكية غير المؤكدة للعلامة التجارية مكلفة، لاسيما لدى تسويق منتجات جديدة.

ولهذا السبب، غالبا ما تتألف محفظات العلامات التجارية العالمية لكبريات الشركات المتعددة الجنسيات من عشرات الآلاف من العلامات التجارية. وبالإضافة إلى ذلك، يظهر توزيع إيداعات العلامات التجارية من غير المقيمين أقل تركيزا مقارنة بالبراءات: تمثل المكاتب الخمسة الرئيسية- المكاتب الوطنية للعلامات التجارية في كندا والصين والاتحاد الروسي والولايات المتحدة ومكتب الاتحاد الأوروبي للملكية الفكرية - أقل من 30% من المجموع العالمي (انظر الشكل 11.1).

اللحاق لركب التصنيع والتنمية الصناعية

على النحو المشار إليه في مقدمة هذا الفصل، تزامنت سلاسل القيمة العالمية مع تسارع التنمية الصناعية في بعض الاقتصادات ذات الدخل المنخفض والمتوسط واندماج هذه الاقتصادات في الاقتصاد العالمي. وفي المقام الأول، برزت الصين في طليعة هذا التحول، بفضل اقتصادها الذي يوصف غالبا بأنه "مصنع العالم"، غير أن عددا من الاقتصادات الأخرى في آسيا وأوروبا الشرقية وأجزاء أخرى من العالم شهدت بدورها تنمية صناعية عظيمة الأثر من خلال المشاركة في سلاسل القيمة العالمية. غير أن العلاقة السببية بين هذه التطورات ليست واضحة. فهل كانت المشاركة في سلسلة القيمة العالمية هي من حفز التنمية الصناعية ولولاها ما كانت لتتحقق، أم أنه اتّفق أن اجتمعت في الاقتصادات الناجحة الشروط اللازمة لتحقيق التنمية الصناعية التي حفزت مشاركة هذه الاقتصادات في سلاسل القيمة العالمية؟

ويكمن الجواب على هذا السؤال على الأرجح في منزلة وسطى بين الأمرين. فلا شك أن سلاسل القيمة العالمية وأفقتها الاقتصادات التي تتيح أفضل البيئات المواتية - بما في ذلك النفاذ بشروط تفضيلية إلى رأس المال والعمل والمهارات المطلوبة والبنية التحتية الموثوقة والأسواق الآخذة في التوسع. وفي الوقت ذاته، يرجح أن يكون نقل القدرات الإنتاجية إلى تلك الاقتصادات قد أتاح فرصا للتطور الصناعي الذي ربما ما كان ليحدث لولا ذلك. ويطرح في هذا السياق سؤال هام عن الكيفية التي تمكنت بها الشركات في الاقتصادات التي نجحت في التحول إلى الصناعة من "اللحاق بركب التصنيع" واكتساب الأصول المعرفية وأصول السمعة التي يسرت مشاركتها في سلسلة القيمة العالمية.

وقد حللت البحوث الاقتصادية منذ زمن طويل كيفية انتشار الأصول المعرفية في الاقتصادات الحديثة العهد بالتصنيع. وميزت بوجه خاص أربع قنوات انتشار رئيسية:[36]

- تحصل الشركات في الاقتصادات الحديثة العهد بالتصنيع على المعارفَ عن طريق منتجات وتكنولوجيات *الهندسة العكسية* المتاحة في السوق.

وقد يُنظر إلى هذا الشكل من نشر المعرفة باعتباره من مظاهر الامتلاك المعيب للأصول المعرفية في الشركات الرئيسية، كما نوقش أعلاه. فقد تقيد حقوق الملكية الفكرية استخدام الشركات الحديثة العهد بالتصنيع لتكنولوجيات الهندسة العكسية- على الأقل في حدود حمايتها في ولاية قضائية معينة. وفي الوقت ذاته، تتيح سجلات البراءات المتاحة للجمهور مصدرا غنيا بالمعرفة التكنولوجية التي يمكن أن تستخدمها الشركات الحديثة العهد بالتصنيع في أنشطتها الخاصة بالبحوث والتطوير.[37]

- وقد يلزم نقل المعرفة من الشركات الرئيسية لسلسلة القيمة العالمية إلى الشركات الحديثة العهد بالتصنيع في إطار الشراكات بينهم. وقد تتخذ هذه الشراكة شكل عقود *للترخيص للتكنولوجيا*، التي تستلزم – بالإضافة إلى الترخيص للمعارف المحمية بالبراءات – نقل المعارف غير المدونة ذات الصلة. وبدلا من قيام الشركات الرئيسية لسلسلة القيمة العالمية بالترخيص لشركات مستقلة لاستخدام تكنولوجياتها، قد تحرص على امتلاك حصة من الشركة التي تحصل على المعرفة، وهو ما يفضي إلى *ترتيبات مشاريع مشتركة*. وكحد أقصى، قد لا ترغب سوى في نقل المعارف إلى اقتصاد حديث العهد بالتصنيع بإنشاء *فرع مملوك لها بكامله*. ومن الأسئلة الرئيسية التي تطرحها قناة الانتشار هذه السؤال عما إذا كان امتلاك أصول المعرفة مقتصرا على الشركة الشريكة محليا أم أنه يتجاوز تلك الشركة، مثلا عن طريق الروابط بين الزبناء والموردين أو تدفقات العاملين المهرة (انظر أدناه).

- يمكن للشركات في الاقتصادات الحديثة بالتصنيع أن تحصل على الأصول المعرفية *باستيراد السلع الملموسة* التي تتضمن المعارف التكنولوجية. وبوجه خاص، يمكن أن يتيح استيراد معدات الإنتاج للشركات الحديثة العهد بالتصنيع تطوير قدراتها في التصنيع إلى مستوى متقدم. ويمكن أيضا لباعة هذه المعدات الأجانب أن يدربوا العاملين المحليين على استخدامها وصيانتها – ومن ثمّ إنشاء قاعدة معارف تكميلية هامة.

- وأخيرا، كلما اتخذت الأصول المعرفية شكل مهارات بشرية، فإن حركة *العاملين المهرة* تمثل قناة هامة تنتشر من خلالها المعرفة من شركة إلى أخرى. ويمكن أن ينتقل العاملون المهرة من شركات رئيسية لسلسلة القيمة العالمية إلى شركات حديثة العهد بالتصنيع، أو قد ينشؤون شركاتهم الخاصة. وعلى نفس القدر من الأهمية، يمكنهم أن ينتقلوا من فروع أجنبية منشأة محليا إلى شركات محلية، و أن يساعدوا من ثمّ على نشر المعرفة في الاقتصاد الحديث العهد بالتصنيع.

وتؤثر السياسات العامة المتعلقة بالتجارة والاستثمار والهجرة والملكية الفكرية على نتائج نشر المعرفة، بالرغم من أن آثارها ليست دائما واضحة. فمثلا، يمكن أن يكبح تقييد التجارة نشر المعرفة من خلال استيراد سلع ملموسة تعتمد في إنتاجها بشدة على التكنولوجيا ، لكن يمكنها أيضا أن تعزز نشر المعرفة بالتشجيع على الاستثمار الأجنبي.

وأيّاً كانت قناة نشر المعارف، فإن نجاح نشر التكنولوجيا يعتمد بالأساس على ما تملكه الاقتصادات الحديثة العهد بالتصنيع من *القدرة الاستيعابية* على فهم وتطبيق المعارف الأجنبية. وتعتمد فعالية القدرة الاستيعابية على رأس المال البشري القادر على فهم وتطبيق التكنولوجيا والخبرات التنظيمية والإدارية والمؤسسات التي تنسق وتعبئ الموارد من أجل اعتماد تلك التكنولوجيا. وفي كثير من الحالات، تتطلب القدرة الاستيعابية أيضا القدرة على اتخاذ خطوات متدرجة نحو الابتكار التكنولوجي والتنظيمي لمواءمة التكنولوجيا مع الاحتياجات المحلية. وقد نجحت بعض البلدان أكثر من غيرها في خلق قدرة استيعابية. وبوجه خاص، يدفع علماء الاقتصاد بأن جزءا على الأقل من نجاح بلدان شرق آسيا التي تشهد نموا متسارعا يعود إلى قدرتها على حفز عملية للتعلم التكنولوجي والاستيعاب أتاحت أساسا للحاق بركب التنمية الاقتصادية.[38]

ولم يول علماء الاقتصاد اهتماما كبيرا للكيفية التي يمكن بها للاقتصادات الحديثة العهد بالتصنيع أن تحصل على أصول السمعة. وبالإضافة إلى إنشاء محافظ منتجات ذات جودة عالية ومتسقة، من الواضح أن بناء سمعة وصورة قوية للعلامة التجارية يتطلب تسخير استثمارات هائلة في الإعلانات، وفي معظم الأحيان تسخير استثمارات تراعي خصائص السوق. وقد يكون من الصعب إقناع المستهلكين باستبدال العلامات التجارية لا سيما في الصناعات المكتملة النمو التي لها علامات تجارية منافسة راسخة منذ أمد بعيد. وغالبا ما تتطور استراتيجيات التوسيم لدى الشركات بما يناسب تنامي قدراتها على التصنيع. فمثلا، تنتهج الشركات في اليابان وجمهورية كوريا والصين – منذ وقت غير بعيد – استراتيجية الكلفة المنخفضة والسعر المنخفض في آن واحد؛ ومع مرور الوقت، تمكنت هذه الشركات من رفع الأسعار والجودة، فانتقلت من منتجات كانت في المعظم جنيسة إلى علامات تجارية من الطراز الرفيع. واكتسبت شركات أخرى، بما فيها شركات في قطاع تكنولوجيا المعلومات والاتصالات، سمعة كموردة لبعض المكونات أو كمصنعة للتركيب والتعاقد – مثل شركات Asus و Acer وFoxconn؛ وكنهج بديل، ربما ركزت على بناء الأعمال قبل اقتحام أسواق المستهلكين النهائيين بعلامة تجارية أقوى حضورا، كما هي الحال في شركة Huawei. بيد أن شركات أخرى اشترت علامات تجارية راسخة من شركات في اقتصادات مرتفعة الدخل.[39]

ومرة أخرى، يوجد تباين ملفت بين فرص اللحاق بركب التصنيع وتحدياته من صناعة إلى أخرى، وتعرض دراسات الحالة المقدمة في الفصول من 2 إلى 4 على الأقل آراء مختارة عما ساهم في اللحاق بركب التصنيع في سلاسل القيمة العالمية التي يبحثها هذا التقرير.

5.1 - أفكار ختامية

برزت سلاسل القيمة العالمية كسمة مميزة للتجارة الدولية في القرن الحادي والعشرين. وقد ربطت بين الاقتصادات الوطنية بصورة لم يسبق لها مثيل وساعدت على إدماج العديد من البلدان النامية في الاقتصاد العالمي. فكيف ستتطور في المراحل اللاحقة وما هو الدور المنوط بالسياسات أداؤه لضمان مواكبتها للنمو الاقتصادي وتحسين مستويات العيش في العالم؟ استنادا إلى المناقشة الواردة في هذا الفصل، يسعى هذا القسم إلى طرح بعض الأفكار الموجهة للسياسات للرد على هذين السؤالين.

مستقبل سلاسل القيمة العالمية

على النحو المبين في القسم 1.1، تجاوزت نسبة التجارة إلى الناتج المحلي الإجمالي في العالم ضعفيها على مدى السنوات الخمسين الماضية، بيد أن العالم لم يشهد أي نمو منذ الأزمة المالية العالمية التي بدأت في عام 2008. وقد يبين ذلك تماما النقص المستمر في الطلب الكلي الذي يعزو إليه كثير من علماء الاقتصاد ضعف التعافي من الأزمة.[40] والواقع أن البيانات الأولية لعام 2017 تشير إلى أن نمو التجارة تجاوز مرة أخرى نمو الإنتاج العالمي.[41] وفي الوقت ذاته، تشير العديد من الدراسات إلى أن ركود نسبة التجارة إلى الناتج المحلي الإجمالي قد يعود إلى أسس هيكلية وأن التخصص الرأسي ربما استنفد حدوده القصوى الطبيعية (انظر القسمين 1.1 و3.1). وتوجد أيضا بعض الأدلة على أن نطاق إدخال تحسينات في تكنولوجيا النقل لزيادة التجارة ربما استنفد مداه.[42]

فهل يجب أن يقلق واضعو السياسات بشأن "التباطؤ" التجاري الناتج عن أسس هيكلية؟ والجواب على هذا السؤال، من ناحية، هو نعم. إذ أن تزايد التخصص الرأسي في الاقتصاد العالمي ربما لن يتيح قوة دفع النمو ذاتها في المستقبل كما فعل في الموجة الثانية من العولمة. وفي الوقت ذاته، ستستمر الابتكارات التكنولوجية والابتكارات في مجال الأعمال والتحولات في أذواق المستهلكين في إحداث تحول في الإنتاج العالمي. ومن أبرز مظاهر ذلك المستجدات في الطباعة الثلاثية الأبعاد والإنسالات والتصنيع المؤتمت التي أعادت بالفعل تشكيل سلاسل التوريد في عدد من الصناعات، ويرجّح أن يُحدث التقدم المستمر في هذه المجالات تغييرات أكثر عمقا. ويرجّح أن تفضي هذه التطورات إلى "إعادة توطين" بعض مهام الإنتاج التي كانت مرحلة إلى الخارج. وسيعني حدوث نتيجة من هذا النوع تناقصا في التجارة العابرة للحدود في السلع الوسيطة. بيد أن انتشار مثل هذه التكنولوجيات يمكن أن يساعد على حفز النمو الاقتصادي. وسيكون تراجع نسبة التجارة إلى الإنتاج في هذه الحالة علامة على التقدم لا مصدرا للقلق.

ومن العوامل الأخرى الرئيسية التي تشكل سلاسل القيمة العالمية تطوير قدرات الإنتاج في الاقتصادات الحديثة العهد بالتصنيع. وبوجه رئيسي، تشير الأدلة إلى أن الشركات الصينية تستقدم على نحو متزايد القطع والمكونات محليا، بدل استيرادها من الخارج.[43] ويقلص هذا التطور أيضا من الاعتماد على التجارة العابرة للحدود ويرجّح أن يكون قد ساهم في الركود العالمي لنسبة التجارة إلى الناتج المحلي الإجمالي. بيد أنه يتوقع أن يفضي تطور قدرات الإنتاج في نهاية المطاف إلى تعزيز النمو.[44]

وأيا كانت أسباب التحولات في سلاسل القيمة العالمية، فإن هذه التحولات أخلّت بأنماط الإنتاج التي كانت سائدة – ولا شك أن ذلك يمثل أحد أبرز الشواغل لدى واضعي السياسات. وقد يؤدي ترحيل مهام الإنتاج إلى الخارج إلى فقدان العمال المتضررين لوظائفهم. وبوجه أعم، تشير الأدلة إلى أن تزايد التخصص الرأسي شكل عبئا على اليد العاملة غير الماهرة في الاقتصادات المرتفعة الدخل وساهم في رفع التفاوت في الدخل. فمثلا، تقدر إحدى الدراسات المرموقة أن التنافس على الاستيراد أدى إلى تراجع ربع فرص التوظيف في التصنيع في الولايات المتحدة في الفترة ما بين عامي 1990 و2007.[45] ويُطرح في هذا السياق سؤال هام عن الكيفية التي يؤثر بها تنامي دور رأس المال غير الملموس في إنتاج سلسلة القيمة العالمية على أجور العاملين في مختلف مستويات المهارات. ومن الفرضيات المطروحة في هذا السياق أن تنامي دور الأصول غير الملموسة كان مفيدا بوجه خاص لأكثر العاملين امتلاكا للموهبة – من يسمون بالنجوم الأكثر تألقا.[46] بيد أنه لا توجد أدلة مؤسسية تدعم هذه الفرضية.

وكيف يمكن لواضعي السياسات أن يتعاملوا مع الاختلالات التي تسببها تحولات سلاسل القيمة العالمية المتحولة؟ حماية التجارة ليست هي الجواب. فكما ورد في المناقشة في القسم 1.1، فإن التحرير التدريجي للتجارة كان من بين العوامل التي يسرت نمو سلاسل القيمة العالمية. ولما كان تشكيل سلسلة القيمة العالمية يرتبط ارتباطا وثيقا بتكاليف التجارة، فإن التخلي عن الأسواق المفتوحة قد يكون في حد ذاته أمرا سلبيا للغاية. وبالإضافة إلى ذلك، فلن يعيد تشكيل أنماط الإنتاج القديمة، لأن تكنولوجيا الإنتاج في العصر الحالي قد تطورت تطورا هائلا. وفي المقابل، يدعو علماء الاقتصاد بوجه عام إلى إتاحة شبكة أمان اجتماعية تقي من الآثار السلبية للبطالة وإرساء تدابير تيسر الاحتفاظ بالعمال المتضررين. والواقع أن السياسات الرامية إلى التصدي للضرر الناشئ عن تحولات سلسلة القيمة العالمية لا تختلف، مبدئيا، عن السياسات التي تسعى إلى تدارك الضرر الذي ينشأ طبيعيا في أي اقتصاد يمر بتحولات هيكلية كجزء من عملية النمو الاقتصادي.

تطوير قدرات سلسلة القيمة العالمية

بالنسبة لواضعي السياسات في الاقتصادات المنخفضة والمتوسطة الدخل، يتمثل أحد الأسئلة الرئيسية في الكيفية التي تمكنهم من دعم قدرات الشركات المحلية على الإنتاج في سلسلة القيمة العالمية. و يعبر عن هذا السؤال أحيانا بعبارة "الارتقاء بسلسلة القيمة" أو "جني المزيد من القيمة من المشاركة في سلسلة القيمة العالمية". بيد أن هذه الآراء الموجهة نحو القيمة قد تكون مضللة. فكما أشير إليه في القسم 3.1، قد لا تكون القيمة المضافة هي المقياس الصحيح لتقييم القدرة على جني لأرباح أو مكافآت رأس المال والعمل من المشاركة في سلسلة القيمة العالمية. وبالإضافة إلى ذلك فإن مفهوم "تحقيق القيمة" قد يفيد بأن المشاركة في سلسلة القيمة العالمية هي معادلة لا بد فيها من "رابح وخاسر" ، أي أنها تولد أرباحا ضخمة لبعض المشاركين – أي الشركة الرئيسية افتراضا – على حساب الآخرين. ولئن كانت الاختلافات في القدرة على التفاوض تؤثر فعلا على التوزيع الرأسي للأرباح، فإن دخل سلسلة القيمة العالمية ينتج إلى حد بعيد من رأس المال والعمل الموظف في إنتاج سلسلة القيمة العالمية. وفي المقابل، تتوقف الإيرادات الناتجة عن رأس المال والعمل على ما تمتاز به عوامل الإنتاج هذه وكيف توظف على نحو مربح.

والواقع أن السؤال عن كيفية تطوير قدرات سلسلة القيمة العالمية لا يختلف مبدئيا عن السؤال الأعم عن كيفية حفز التنمية الصناعية. وبذلك فإن المبادئ التوجيهية للسياسات التي وضعها علماء الاقتصاد لتعزيز النمو الصناعي تسري أيضا علي تطوير سلسلة القيمة العالمية. وتشمل هذه المبادئ، بوجه أساسي، بناء مؤسسات تعزز التعلم التكنولوجي وزيادة القدرة الاستيعابية، كما هو مبين في القسم 4.1. بيد أن نمو سلاسل القيمة العالمية يثير بعض الاعتبارات الخاصة في السياسات الصناعية وسياسات التجارة.

وفيما يتعلق بسياسات الصناعة، شهدت استراتيجيات السياسات الصناعية تطورا كبيرا على مدى العقود الماضية – من حيث الممارسة العملية ومن حيث التفكير الأكاديمي.[47] ومن بين المواقف التي غدت تحظى بتوافق للآراء هو أن على الحكومات أن تضطلع بدور هام في تحديد القدرات الصناعية الموجودة لديها أصلا – وغالبا ما تكون على مستوى الأقاليم الفرعية – والاستفادة منها بإزالة العراقيل أمام ريادة الأعمال وحسن تسخير الاستثمارات العامة التكميلية.[48] وبحسب طبيعة الصناعة المعنية، قد يكون من المهم اعتماد منظور لسلسلة القيمة العالمية لدى تحليل الفرص والتحديات التي يواجهها رواد الأعمال المحليون. وقد يكون هذا المنظور هاما، مثلا في تحديد القدرات المتخصصة التي يمكن زيادة تطويرها من أجل مشاركة جديدة أو مطورة في سلسلة القيمة العالمية، أو في رصد الاتجاهات في أسواق المستهلكين النهائيين في العالم التي تنشئ فرصا للشركات المحلية.

وفي مرحلة التحليل هذه، من المفيد أيضا السؤال عن الدور الذي يمكن أن تضطلع به مختلف أشكال الملكية الفكرية في دعم فرص تطوير سلسلة القيمة العالمية.

أما فيما يخص سياسات التجارة، فإن فرص إنجاح المشاركة في سلسلة القيمة العالمية تعتمد بالطبع على الأسواق المفتوحة التي تتيح للشركات أن تستورد المدخلات الوسيطة وأن تصدر السلع المجهزة بسلاسة. وعلى نفس القدر من الأهمية، فإنها تعتمد على تدابير اندماج أكثر عمقا تيسر الاضطلاع بالأعمال في مختلف مراحل سلسلة التوريد. وتشمل تدابير الاندماج الأكثر عمقا تعزيز التطابق بين التدابير التنظيمية، وتوحيد معايير المنتجات والتكنولوجيا وفتح الأسواق أمام خدمات الأعمال التي تدعم الإنتاج في سلسلة القيمة العالمية. وفي مجال الملكية الفكرية مثلا، تدفع الشركات تكاليف باهظة لحماية مختلف حقوقها المتعلقة بالملكية الفكرية في عدد كبير من البلدان. وتساعد مبادرات التعاون – مثل أنظمة الإيكاو لإيداع البراءات والعلامات التجارية والتصاميم الصناعية – المنتفعين بالملكية الفكرية على تخفيض هذه التكاليف، مع ترك مسألة البتّ في منح حق للملكية الفكرية للدول الأعضاء المشاركة.

وكملاحظة ختامية، لا يفترض النجاح في تطوير سلسلة القيمة العالمية حتما رابحا وخاسرا بين الاقتصادات الوطنية. ولئن كان قد يفضي إلى ترحيل بعض المشاركين في سلسلة القيمة العالمية – ومن ثمّ التسبب في بعض الضرر، كما ورد أعلاه، فإنه يشكل في جوهره ظاهرة تتسم بالحركة. ويؤدي التغير التكنولوجي ودورات المنتج الجديدة، بدرجات متفاوتة، إلى استمرار إعادة تشكيل سلاسل القيمة العالمية التي تنشئ فرصا لبعض الشركات وقد تفرض خروج بعضها الآخر منها. وبالإضافة إلى ذلك، فإن النجاح في تطوير سلسلة القيمة العالمية يولد نموا اقتصاديا يوسع سوق نواتج سلسلة القيمة العالمية بكاملها.

ملاحظات

1. انظر Baldwin (2012).
2. انظر تقارير الويبو (2011 و2013 و2015).
3. انظر، على سبيل المثال، Krugman (1995) للاطلاع على مناقشة أكثر تعمقا لموجتي العولمة.
4. يقدر Hummels ومؤلفون آخرون (2001) مساهمة التخصص الرأسي في نمو التجارة العالمية في عينة من البلدان.
5. انظر Yi (2006) لشرح رسمي لهذه النقطة.
6. انظر Baldwin (2012) لمزيد من المناقشة.
7. يوثق Constantinescu ومؤلفون آخرون (2016) تراجعا في مرونة نسبة التجارة إلى الناتج المحلي الإجمالي في الأجل الطويل.
8. انظر Baldwin (2012).
9. انظر تقارير الويبو (2011 و2013 و2015) للاطلاع على مزيد من المناقشات عن الكيفية التي تحفز بها قوى السوق المتنافسة على الاستثمارات في الأصول غير الملموسة وتنامي دور التوسيم.
10. كان Baldwin وVenables (2013) أول من ميز بين شكل الأفعى وشكل العنكبوت اللذين تتخذهما سلسلة التوريد.
11. انظر Coase (1937) وAlchian وDemsetz (1972).
12. يبين Baldwin وVenables (2013) أن نوع الشكل الذي تتخذه سلسلة التوريد-سواء أكان شكل أفعى أو شكل عنكبوت-تترتب عليه آثار معقدة على التوازن بين قوى الطرد المركزي التي تفضل الإنتاج المفرق على مناطق مختلفة وقوى الجذب المركزي التي تفضل تقارب أماكن القيام بمختلف مهام الإنتاج.
13. يقدم Fort (2016) أدلة تثبت أن تحسن تكنولوجيا المعلومات والاتصالات أدى إلى تفضيل تقسيم أجزاء الإنتاج في حالة الشركات الأمريكية. ومن المثير للاهتمام أن هذا التأثير، فيما يبدو، تجلى في الاستعانة بمصادر محلية أكثر منه في الاستعانة بمصادر خارجية.
14. ليست الاختلافات في تكاليف الأجور السبب الوحيد للجوء الشركات إلى الحصول على السلع من بلدان أجنبية. فقد أقرت الكتابات الاقتصادية منذ زمن بعيد بأن وفورات الحجم والمفاضلة بين المنتجات تشكل قوة هامة تدعم التخصص والتجارة، وخاصة بين الاقتصادات ذات الدخل المرتفع التي توجد فيها تكاليف أجور مماثلة. انظر Helpman وKrugman (1985).
15. انظر Gereffi وFernandez-Stark (2016) للاطلاع على استعراض حديث.
16. انظر Baldwin ومؤلفون آخرون (2014).
17. أشار Krugman (1994) إلى هذا الأمر منذ وقت بعيد.
18. يسير هذا النهج على خطى نهج Prescott وVisscher (1980) وCummins (2005).
19. للاطلاع على استثمارات الأصول غير الملموسة في عينة من الاقتصادات، انظر Corrado ومؤلفين آخرين (2013).
20. في هذا الصدد، يوسع Chen ومؤلفون آخرون (2017) نطاق التمرين السابق لحساب سلسلة القيمة العالمية الواردة في مؤلف Timmer ومؤلفين آخرين (2014).
21. خفضت قيم الإنتاج النهائي من سلع التصنيع باستخدام مؤشر أسعار المستهلك في الولايات المتحدة.
22. انظر على وجه الخصوص Constantinescu ومؤلفين آخرين (2016) وTimmer ومؤلفين آخرين (2016).
23. مثلت الأرقام الدقيقة للحصص في عام 2014 ما نسبته 27.0% فيما يخص التوزيع، و26.6% فيما يخص الإنتاج النهائي، و46.4% فيما يخص المراحل الأخرى. وشهدت حصة التوزيع انخفاضا طفيفا منذ عام 2000. وانخفضت حصة الإنتاج النهائي بمقدار 4.2 نقطة مئوية بينما ارتفعت حصة المراحل الأخرى بمقدار 5.5 نقطة مئوية.
24. في الواقع، يبدو أن حصة الأصول غير الملموسة فيما يخص المنتجات النفطية ترتبط ارتباطا وثيقا بأسعار النفط العالمية. انظر Chen ومؤلفين آخرين. (2017).
25. انظر Chen ومؤلفين آخرين (2017) للاطلاع على تفاصيل أوفى عن هذه التحذيرات وعن تحذيرات أخرى.
26. انظر الفصل الثاني من تقرير الويبو (2013) للاطلاع على مناقشة مزيدة عن المواصفات الخاصة لأصول السمعة.
27. انظر Teece (1986) للاطلاع على مزيد من التفاصيل عن مفهوم الامتلاك.
28. في إحصاءات ميزان المدفوعات، تدون الخدمات المتصلة بالملكية الفكرية باعتبارها "رسوم استخدام الملكية الفكرية غير المدرجة في مكان آخر" و"بيع حقوق الملكية الناشئة عن البحوث والتطوير"، كما هو مبين بمزيد من التفصيل في دليل إحصاءات التجارة الدولية في الخدمات لعام 2010 الذي أصدرته فرقة العمل المشتركة بين الوكالات والمعنية بإحصاءات التجارة الدولية في الخدمات (2011).
29. انظر مقال Ireland's 'de-globalised' data calculate a smaller economy الذي أصدرته الفاينانشل تايمز، في 18 يوليو 2017.
30. انظر الفصل الأول من تقرير الويبو (2015) للاطلاع على مزيد من المناقشات.
31. في الواقع، تمثل إدارة المعرفة محور اهتمام النظريات الحديثة عن الشركات المتعددة الجنسيات. انظر Teece (2014) للاطلاع على استعراض حديث عما كتب في هذا الموضوع.
32. انظر Maskus ومؤلفين آخرين (2005) للاطلاع على أدلة مستندة إلى دراسة استقصائية في هذا الموضوع.
33. انظر الفصل الثاني من تقرير الويبو (2011) والفصل الرابع من هذا التقرير للاطلاع على مزيد من المناقشات.
34. انظر Goodridge ومؤلفين آخرين (2016).
35. تشير هذه الحصة إلى إيداعات طلبات البراءة في عام 2015، كما أفيد به في قاعدة بيانات الويبو لإحصاءات الملكية الفكرية: www3.wipo.int/ipstats.
36. للاطلاع على استعراضات أشمل عن الكتابات في هذا الموضوع، انظر Hoekman ومؤلفين آخرين (2005) وArora (2009).

37. انظر تقرير الويبو (2011).

38. انظر الفصل 1 من تقرير الويبو (2015)
وNelson وPack (1999).

39.

40. انظر الفصل 1 من تقرير الويبو (2013).

41. انظر الفصل 1 من تقرير الويبو (2015).

42. يتوقع صندوق النقد الدولي في تحديثه
لتقرير آفاق الاقتصاد العالمي الذي أصدره
في يوليو نموا في التجارة بنسبة 4%
ونموا في الإنتاج بنسبة 3.5%.

43. خلص Cosar وDemir (2017) إلى أن
النقل بالحاويات ساهم في تحقيق وفورات
كبيرة في تكاليف الشحن البحري، وهذا
ما يفسر بدوره المقدار الكبير في ارتفاع
التجارة العالمية. بيد أن معظم تأثير النقل
بالحاويات في زيادة التجارة قد استنفد.

44. يشير Constantinescu ومؤلفون آخرون
(2016) إلى تراجع في حصة واردات الصين
من القطع والمكونات في صادرات السلع.

45. يبين Samuelson (2014) في نموذج
نظري أنه يمكن لاقتصاد ذي دخل
منخفض يتخذ أنشطة لتعزيز قدرات
الإنتاج التي كان لاقتصاد مرتفع الدخل
ميزة تنافسية فيها أن يؤدي، في بعض
الظروف، إلى تخفيض قيمة الدخل حسب
الفرد في الاقتصاد الأخير. بيد أن الدخل
العالمي حسب الفرد سيواصل ارتفاعه.

46. انظر Autor ومؤلفين آخرين (2013).

47. انظر Rosen (1981) للاطلاع على مناقشة
بديعة عن اقتصاديات أكثر النجوم تألقا.
وقد عرض Haskel ومؤلفون آخرون
(2012) إطارا نظريا يشرح الكيفية التي
يمكن بها للاندماج الاقتصادي أن يرفع
أجور النجوم الأكثر تألقا.

48. انظر Rodrik (2004).

49.

50. انظر النهوج التي دعا إليها Foray (2014)
وRodrik (2008) في صوغ سياسات
الصناعة والابتكار.

المراجع

Alchian, A.A. and H. Demsetz (1972). Production, information costs, and economic organization. *American Economic Review*, 62(5), 777795-.

Arora, A. (2009). Intellectual property rights and the international transfer of technology. In WIPO (ed.), *The Economics of Intellectual Property*. Geneva: WIPO, 4164-.

Autor, D.H., D. Dorn and G.H. Hanson (2013). The China syndrome: local labor market effects of import competition in the United States. *American Economic Review*, 103(6), 21212168-.

Baldwin, R. (2012). Global Supply Chains: Why They Emerged, Why They Matter, and Where They Are Going. *CEPR Working Paper No. 9103.*

Baldwin, R. and A. Venables (2013). Spiders and snakes: offshoring and agglomeration in the global economy. *Journal of International Economics*, 90(2), 245254-.

Baldwin, R., T. Ito and H. Sato (2014). The Smile Curve: Evolving Sources of Value Added in Manufacturing. Mimeo available at: www.uniba.it/ricerca/dipartimenti/dse/e.g.i/egi2014-papers/ito.

Chen, W., R. Gouma, B. Los and M. Timmer (2017). Measuring the Income to Intangibles in Goods Production: A Global Value Chain Approach. *WIPO Economic Research Working Paper No. 36*. Geneva: WIPO.

Coase, R.H. (1937). The nature of the firm. *Economica*, 4(16), 386405-.

Constantinescu, C., A. Mattoo and M. Ruta (2016). The global trade slowdown: cyclical or structural? *Journal of Policy Modeling*, 38(4), 711–722.

Corrado, C., J. Haskel, C. Jona-Lasino and M. Iommi (2013). Innovation and intangible investment in Europe, Japan, and the United States. *Oxford Review of Economic Policy*, 29(2), 261286-.

Cosar, K. and B. Demir (2017). Shipping Inside the Box: Containerization and Trade. *CEPR Discussion Paper No. 11750.*

Cummins, J.G. (2005). A new approach to the valuation of intangible capital. In Corrado, C., J. Haltiwanger and D. Sichel (eds), *Measuring Capital in the New Economy*, NBER Book Series Studies in Income and Wealth, 4772-.

Foray, D. (2014). *Smart Specialisation: Opportunities and Challenges for Regional Innovation Policy*. London: Routledge.

Fort, T.C. (2016). Technology and Production Fragmentation: Domestic *versus* Foreign Sourcing. *NBER Working Paper 22550.*

Gereffi, G., J. Humphrey and T. Sturgeon (2005). The governance of global value chains. *Review of International Political Economy*, 12(1), 78104-.

Gereffi, G. and K. Fernandez-Stark (2016). *Global Value Chain Analysis: A Primer* (2nd edition). Durham, NC: Duke University Center on Globalization Governance & Competitiveness.

Goodridge, P., J. Haskel and G. Wallis (2016). UK Intangible Investment and Growth: New Measures of UK Investment in Knowledge Assets and Intellectual Property Rights. Research commissioned by the UK Intellectual Property Office.

Haskel, J., R.Z. Lawrence, E.E. Leamer and M.J. Slaughter. (2012). Globalization and U.S. wages: modifying classic theory to explain recent facts. *Journal of Economic Perspectives*, 26(2), 119140-.

Helpman, E. and P. Krugman (1985). *Market Structure and Foreign Trade*. Cambridge, MA: MIT Press.

Hoekman, B.M., K.E. Maskus and K. Saggi (2005). Transfer of technology to developing countries: unilateral and multilateral policy options. *World Development*, 33(10), 15871602-.

Hummels, D., J. Ishii and K.-M. Yi (2001). The nature and growth of vertical specialization in world trade. *Journal of International Economics*, 54(1), 7596-.

Interagency Taskforce on Statistics of International Trade in Services (2011). *Manual on Statistics of International Trade in Services 2010 (MSITS 2010)*. Geneva, Luxembourg, Madrid, New York, Paris and Washington D.C.: United Nations/International Monetary Fund/Organisation for Economic Co-operation and Development/Statistical Office of the European Union/United Nations Conference on Trade and Development/World Tourism Organization/World Trade Organization.

Krugman, P. (1994). Competitiveness: a dangerous obsession. *Foreign Affairs*, 73(2), 2844-.

Krugman, P. (1995). Growing world trade: causes and consequences. *Brooking Papers on Economic Activity*, (1), 327-377.

Maskus, K.E., S.M. Dougherty and A. Mertha (2005). Intellectual property rights and economic development in China. In Fink, C. and K.E. Maskus (eds), *Intellectual Property and Development: Lessons from Recent Economic Research*. New York: Oxford University Press and World Bank, 295331-.

Nelson, R.R. and H. Pack (1999). The Asian miracle and modern growth theory. *The Economic Journal*, 109(457), 416-436.

Neubig, T.S. and S. Wunsch-Vincent (2017). A Missing Link in the Analysis of Global Value Chains: Cross-Border Flows of Intangible Assets, Taxation and Related Measurement Implications. *WIPO Economic Research Working Paper No. 37*. Geneva: WIPO.

Prescott, E.C. and M. Visscher (1980). Organization capital. *Journal of Political Economy*, 88, 446461-.

Rassier, D. (2017). Intangible Assets and Transactions within Multinational Enterprises: Implications for National Economic Accounts. *WIPO Economic Research Working Paper No. 38*. Geneva: WIPO.

Rodrik, D. (2004). Industrial Policy for the Twenty-First Century. *CEPR Discussion Paper No. 4767*.

Rodrik, D. (2008). Normalizing Industrial Policy. *Commission on Growth and Development, Working Paper No. 3*. Washington, DC: World Bank.

Rosen, S. (1981). The economics of superstars. *American Economic Review*, 71(5), 845858-.

Samuelson, P.A. (2004). Where Ricardo and Mill rebut and confirm arguments of mainstream economists supporting globalization. *Journal of Economic Perspectives*, 18(3), 135146-.

Seppälä, T., M. Kenny and J. Ali-Yrkkö (2014). Global supply chains and transfer pricing: insights from a case study. *Supply Chain Management*, 19(4), 445454-.

Teece, D.J. (1986). Profiting from technological innovation: implications for integration, collaboration, licensing and public policy. *Research Policy*, 15, 285305-.

Teece, D.J. (2014). A dynamic capabilities-based entrepreneurial theory of the multinational enterprise. *Journal of International Business Studies*, 45, 837-.

Timmer, M., A.A. Erumban, B. Los, R. Stehrer and G.J. de Vries (2014). Slicing up global value chains. *Journal of Economic Perspectives*, 28(2), 99118-.

Timmer, M., B. Los, R. Stehrer and G.J. de Vries (2016). An Anatomy of the Global Trade Slowdown Based on the WIOD 2016 Release. *Groningen Growth and Development Centre Research Memorandum No. 162*, University of Groningen.

WIPO (2011). *World Intellectual Property Report 2011: The Changing Face of Innovation*. Geneva: World Intellectual Property Organization.

WIPO (2013). *World Intellectual Property Report 2013: Brands – Reputation and Image in the Global Marketplace*. Geneva: World Intellectual Property Organization.

WIPO (2015). *World Intellectual Property Report 2015: Breakthrough Innovation and Economic Growth*. Geneva: World Intellectual Property Organization.

Yi, K.-M. (2003). Can vertical specialization explain the growth of world trade? *Journal of Political Economy*, 111(1), 52102-.

الأصول غير الملموسة أساسية لاغتنام الفرص الجديدة في سوق القهوة

يمكن للمزارعين زيادة دخلهم ببيع أنواع عالية الجودة من القهوة.
وهو ما سيمكّنهم من تحسين مزارعهم والاستثمار في التوسيم.

أسعار بيع القهوة
(بالدولار الأمريكي/رطل)

سعر البيع عند محمصي البن
4.11 دولار
سعر البيع عند محمصي البن
8.50 دولار
سعر البيع عند محمصي البن
17.45 دولار
قهوة تقليدية
سعر التصدير
1.45 دولار
سعر التصدير
2.89 دولار
سعر التصدير
5.14 دولار

المصدر: التقرير العالمي للملكية الفكرية 2017

الفصل 2
القهوة: خيارات المستهلكين تعيد تشكيل سلسلة القيمة العالمية

لا جدل في أنّ القهوة هي أحد أكثر المشروبات المستهلكة في العالم. إذ يشرب 35000 كوبا من القهوة في كل ثانية من أي يوم.[1] ويحتسي ثلاثة أرباع سكان الولايات المتحدة – وهي أكبر سوق حجما وقيمة –القهوة.[2]

وأمّا البن كسلعة، فينتج في بلدان الجنوب، ولكنه يستهلك بشكل رئيسي في بلدان الشمال. إذ يأتي معظم الطلب، نحو 70 في المائة، من البلدان المرتفعة الدخل الموجودة في نصف الكرة الشمالي، ويشار إليها باسم البلدان المستوردة للبن. وتقع البلدان المنتجة للبن في نصف الكرة الجنوبي، وهي من البلدان المنخفضة أو المتوسطة الدخل.

والبن هو أهم السلع الزراعية المتداولة، خاصة بالنسبة للبلدان المنتجة. فهو مصدر دخل لما يقرب من 26 مليون مزارع في أكثر من 50 بلدا ناميا.[3] وتمثل صادرات البن، في سبعة بلدان على وجه الخصوص، أكثر من 10 في المائة من إجمالي عائدات الصادرات على مدى العقود الثلاثة الماضية.[4] ورغم تراجع أهمية عائدات صادرات البن لهذه البلدان بمرور الوقت، فإن رفع مستوى مشاركتها في سلسلة القيمة العالمية للقهوة قد يسهم في جهود تنميتها الاقتصادية ولا سيما في مكافحة الفقر.

ولا شكّ في أن شعبية القهوة آخذة في الازدياد. فمعدلات استهلاك القهوة على ارتفاع في بلدان جديدة من خارج مجموعة البلدان المستوردة التقليدية كاليابان وأوروبا. وتقدر منظمة الأغذية والزراعة (الفاو) والمنظمة الدولية للبن (ICO)، بشكل منفصل، أن نمو معدلات الاستهلاك أسرع وتيرة في الاقتصادات الأقل نموا.[5] وتجتذب منتجات القهوة الجديدة وخدماتها المزيد من المستهلكين عبر تغيير طريقة استهلاك منتجات القهوة وطبيعتها وزمان استهلاكها ومكانه.

وتقدم دراسة سلسلة القيمة العالمية للقهوة رؤى هامة عن السبل التي تتبعها الاقتصادات الأكثر فقرا والمعتمدة على السلع الزراعية في تحسين أنشطتها ضمن سلسلة القيمة بغرض الانتفاع من التجارة الدولية. فسلسلة القيمة العالمية للقهوة تخضع، تقليديا، لإحكام تفرضها السوق أو يمليها المشتري، ويولّد المشاركون في المراحل النهائية (المصب) معظم القيمة. ولكنّ التطورات الأخيرة في قطاع سوق القهوة تفتح الفرص لمنتجي البن في المراحل الأولى (المنبع) كي يعززوا مشاركتهم في سلسلة القيمة.

ومن سبل تحصيل المشاركين لقيمة مضافة أعلى على طول سلسلة القيمة العالمية للقهوة، الاستثمار في الأصول غير الملموسة وتملكها.

ويتناول هذا الفصل دور الأصول غير الملموسة في سلسلة القيمة العالمية للقهوة. ويبدأ الفصل بوصف تطور السلسلة على مدى عقود، والتأكيد على أهمية دور مستهلكي القهوة في قيادة سلسلة القيمة العالمية الحالية. ويركز القسم 2.2 على دور الأصول غير الملموسة في سلسلة القيمة العالمية، مع إيلاء اهتمام خاص لأثر هذه الأصول على توزيع القيمة المضافة. ويلقي القسم 3.2 نظرة فاحصة على كيفية استخدام الأصول غير الملموسة في تطوير الأنشطة على طول السلسلة، ويناقش سبل تدفق التكنولوجيا بين مختلف المشاركين في السلسلة.

1.2 – الطبيعة المتغيرة لسلسلة قيمة القهوة

1.1.2 - من حبيبات على شجرة إلى قهوة في فنجان - سلسلة القيمة الدولية

إنّ لسلسلة إمداد القهوة، كمعظم سلاسل السلع المتداولة، شكل أفعوانيا. يبدأ بالمزارع الذي يختار نوع شجرة البن ويزرعها ويقطف حبوبها. ثم تخضع حبوب البن الناضجة لعمليات مختلفة بعد الحصاد لإنتاج البن الأخضر. واعتمادا على بنية السوق القائمة في مختلف البلدان المنتجة للبن، يمكن أن تنفذ عمليات ما بعد الحصاد في موقع المزرعة أو في تعاونية أو مطحنة رطبة أو جافة يملكها تجار محليون أو مصدّرون.

ومن ثم يفرز المصدرون أو التعاونيات البن الأخضر بحسب كثافته وحجمه ولونه، ويعبأ وفقا للشروط والمعايير المحددة التي يضعها المستوردون أو الشركات المستخدمة مثل المحامص ومصانع القهوة الفورية (القابلة للذوبان).

ويخزّن البن الأخضر الواصل بكميات كبيرة إلى البلدان المستوردة في مستودعات. وقد يخلط المستورد عدة أنواع من البن من بلدان مختلفة استجابة لطلبات المشترين. ومن ثم يبيع خلطات وشحنات البن الأخضر إلى المحامص ومصانع القهوة الفورية.

وقد تمزج المحامص أو مصانع القهوة الفورية أيضا البن الأخضر وفقا لاحتياجاتها. ثم تحمّص حبوب البن الأخضر وفق وصفات وبروتوكولات خاصة للحصول على نكهة معينة تناسب أذواق العملاء في المنطقة.

الإطار 1.2

تجارة القهوة مليئة بالمخاطر

أسعار البن متقلبة للغاية لأنّ محصوله شديد التأثر بالظروف المناخية والأمراض المتفشية.[6] وهذا التقلب الكبير في الأسعار يجعل تجارة البن محفوفة بالمخاطر للمشتري والبائع على حد سواء. وسعيا لتخفيف حدة هذه المخاطر، تستخدم العقود الآجلة كمرجع لمعظم معاملات البن الأخضر في السوق.

ويدخل المشترون – أي المستوردون والمحامص ومصانع القهوة الفورية - في عقد تجاري نموذجي مع البائعين - مزارعي البن والمصدرين أو المستوردين – وفق الأسعار التي تضعها منصات التبادل الدولي في نيويورك لبن أرابيكا ولندن لبن روبوستا.[7] وجرت العادة أن تحدد هذه الأسعار في العقد على أساس سعر يثبّت لاحقا، لنوعية معينة من البن، تسلّم في موقع تسليم معين ضمن إطار زمني محدد. ويتفق الطرفان على سعر تفاضلي، ليضاف لاحقا إلى سعر البن الأخضر المثبّت في فترات مختلفة من قبل المشتري والبائع في الشهر المحدد لتسليم العقد الآجل.[8]

وقد يختلف السعر المطلق الذي يتلقاه البائع اختلافا كبيرا عن السعر الذي يدفعه المشتري لأنّ الأسعار النهائية الآجلة تقرر عادة في أوقات منفصلة.

ويساهم بعض المشاركين الرئيسيين في الحد من مخاطر تجارة البن. ويضطلع المستوردون والشركات التجارية بدور هام في تيسير تجارة البن، من خلال تحمل بعض مخاطر المعاملات. فعلى سبيل المثال، ينصّ العقد بين المشتري والبائع على أن استلام شحنة البن عند وصولها "رهن بالموافقة على العينة". فإذا رفض المشتري استلام الشحنة لأن المنتج لا يلبي معايير الجودة أو شروطا فنية محددة، توجب على البائع استلامها في نقطة الوصول.

ولكن في كثير من الأحيان، يتعذر على مزارعي البن ومصدريه الموجودين في البلدان المنتجة تحمّل هذه التكاليف والمخاطر الإضافية أو استيعابها. وهنا يبرز دور الوسيط في العثور على مشتر جديد للشحنة وإيجاد منتج بديل للمشتري الأصلي.

المصدر: المنظمة الدولية للبن (2015) ودراسة من إعداد سامبر وأخرين (2017)

الشكل 1.2

تدفق البن عبر سلسلة القيمة العالمية

نظرة عامة على سلسلة القيمة العالمية للقهوة تبيّن التعديلات على قطاعات السوق الجديدة

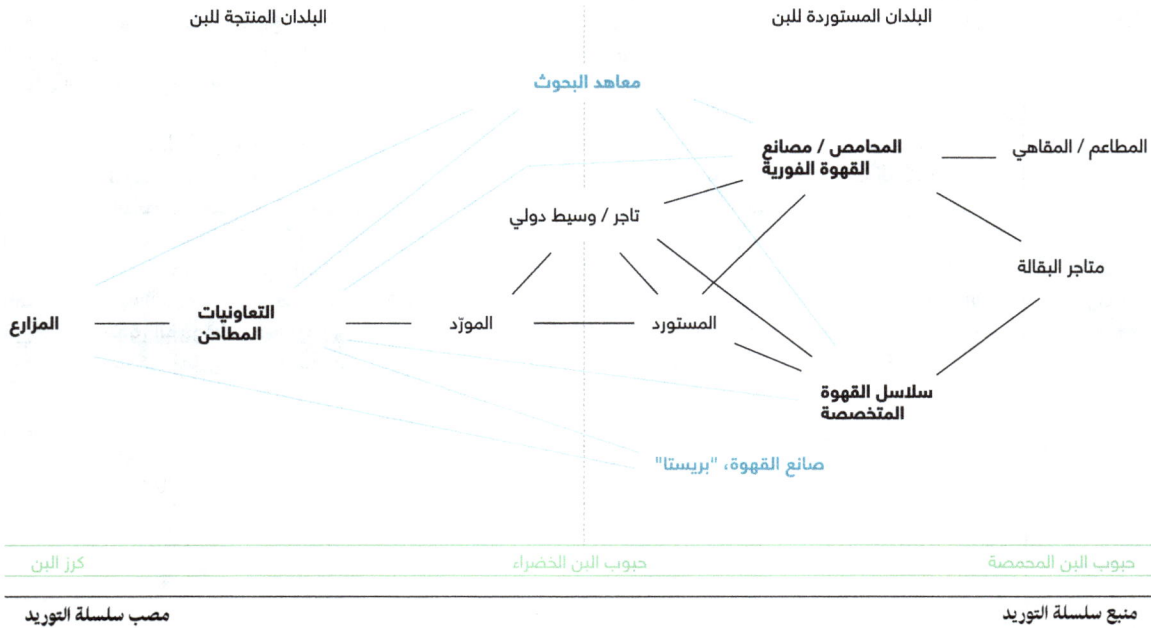

المصدر: الويبو، بالاستناد إلى دراسة من إعداد بونتي (2002) وسامبر وأخرين (2017).

ملاحظة: تشير الخطوط الزرقاء إلى الروابط التقليدية بين المشاركين. وتشير الخطوط الحمراء إلى روابط جديدة نسبيا تتأثر بالأهمية المتزايدة لقطاعات سوق الموجتين الثانية والثالثة.

ويبين الشكل 1.2 سلسلة إمدادات البن، وهي سلسلة دولية في جانبين رئيسيين. فأولا، تستهلك معظم منتجات القهوة في البلدان المستوردة الغنية مثل الولايات المتحدة وألمانيا واليابان وفرنسا وإيطاليا. ورغم أن البلدان المنتجة بدأت تستهلك القهوة على نحو متزايد في العقود الأخيرة، فإن مستويات استهلاكها لا تزال أدنى بكثير من مستويات البلدان الأغنى.[9]

وثانيا، إنّ العمر القصير لحبوب البن المحمصة يستدعي أن تجري معظم عمليات التحميص بالقرب من مكان الاستهلاك. ولم تكن تكنولوجيات التغليف والتوزيع، حتى وقت قريب، ملائمة لحفظ جودة حبوب البن المحمصة وطعمها. وقد عسّر هذا التطور التكنولوجي البطيء على المحامص في البلدان المنتجة تصدير البن المحمص إلى جميع أنحاء العالم. ولذلك، تميل البلدان المنتجة إلى تصدير حبوب البن الأخضر- كسلعة وسيطة في سلسلة القيمة - وتجري عمليات المزج والتحميص في البلدان المستوردة.

2.1.2 - المستهلك أولا - أشكال الطلب الجديدة تغيّر سلسلة القيمة العالمية

تتميز سلسلة القيمة العالمية للقهوة بأنها سلسلة يحرّكها المشتري، فتستحوذ المحامص وشركات التجزئة الكبيرة ومالكو العلامات التجارية على معظم القيمة. وهم أيضا من يضع معايير الإنتاج والجودة لهذه الصناعة.

ولكنّ أسلوب الإدارة القائمة على السوق يتغير ببطء. ويبرز قطاعان جديدان من قطاعات استهلاك القهوة يحولان منظور استهلاك القهوة من منتج فقط إلى منتج وخدمة بمحتوى اجتماعي. فقد أصبح شرب القهوة نشاطا اجتماعيا، وأصبح مستهلكو القهوة أكثر اطلاعا.

وتتيح قطاعات السوق الجديدة هذه الفرص لمختلف المشاركين كي يرفعوا أهمية أدوارهم على طول السلسلة.

ويقسّم الطلب على القهوة إلى ثلاثة قطاعات سوقية: تقليدي ومتميز وتجريبي. ويشار إلى هذه القطاعات أيضا باسم الموجات الأولى والثانية والثالثة، على التوالي. وتختلف وفقا للمستهلكين المستهدفين وعروض المنتجات والأسعار.

الموجة الأولى - قطاع "تقليدي" من السوق

يحظر قطاع سوق الموجة الأولى بأكبر حصة لاستهلاك القهوة من حيث الحجم والقيمة السوقية. وذكرت دراسة أعدها سامبر وأخرون (2017) أنّ هذا القطاع يمثل ما نسبته من 65 إلى 80 في المائة من إجمالي القهوة المستهلكة، ومبلغ 90 مليار دولار أمريكي أي 45 في المائة من القيمة الإجمالية لسوق القهوة العالمي.[10]

ويستهدف هذا القطاع المستهلكين الذين يشربون القهوة في المنزل. ويتصف الاستهلاك بحاجة يومية إلى الطاقة ومنتجات بأسعار معقولة يشتريها المستهلكون بسهولة من أي سلسلة متاجر تجزئة أو محل بقالة صغير.

أمّا المنتجات – التي تأتي على شكل حبوب بن محمصة معبأة أو قهوة فورية أو كبسولات أحادية الاستخدام - فهي موحدة، ولكنها قد تختلف بشكل كبير من حيث الطعم لإرضاء التفضيلات الإقليمية. وقد يكون الاختلاف الوحيد بين المنتجات المنافسة هو نوعية مزيج القهوة مقارنة بالسعر.

وحتى بضعة عقود خلت، تراوحت نوعية معظم حبوب البن المستخدمة في هذه المنتجات من منخفضة إلى متوسطة الجودة، غير أن حبوب البن منخفضة الجودة لم تعد محط اهتمام بعد أن أدرج عمالقة الصناعة مثل جاب ونستله منتجات جديدة لإرضاء المستهلكين الذواقين. وتشمل هذه المنتجات كبسولات أحادية الاستخدام من حبوب ذات منشأ واحد أو مزيج من الحبوب العالية الجودة.

وتحكم حركة السوق سلسلة القيمة العالمية للقهوة في قطاع السوق هذا. أي أن مشتري القهوة – أي المستوردين والمحامص ومصانع القهوة الفورية - يشترون البن الأخضر وفقا لاعتبارات التكلفة. فإن فاقت أسعار حبوب أرابيكا أسعار حبوب روبوستا، اشتروا المزيد من حبوب روبوستا وعالجوها للحصول على معايير محددة. ولا دور لأصل البن الأخضر كمحفز في البيع في هذا القطاع. وسيجلب المستوردون والمحامص ومصانع القهوة الفورية حبوب البن من أماكن متفرقة طالما أنها تستوفي معيار الجودة.

ويواجه المشاركون في سلسلة قيمة القهوة عدّة مخاطر عند تداول البن الأخضر في السوق المفتوحة. وتتقلب أسعار البن بشكل ملحوظ مع مرور الوقت، فتتقلب معها سوق العقود الآجلة (انظر الإطار 1.2).

الموجة الثانية - قطاع "متميز" من السوق

يستهدف قطاع الموجة الثانية المستهلكين الذين يفضلون شرب القهوة في إطار اجتماعي. وفيه، يتلذذ المستهلكون بمجموعة واسعة من مشروبات الإسبريسو في مكان مريح وملائم.

وتتعدد منتجات القهوة في الموجة الثانية من الإسبريسو الإيطالي النموذجي إلى مشروبات أكثر تعقيدا تضاف لها رغوة الحليب. وتحضّر هذه المشروبات، وفق تقنيات قياسية محددة، على يدي نادل ذي خبرة أو باريستا (إخصائي في تحضير القهوة). وتولي هذه الموجة أهمية للعنصر الاجتماعي لاستهلاك القهوة؛ فتمتاز معظم المقاهي في هذا القطاع من السوق بأجواء فريدة لجذب العملاء.

أمّا حبوب البن المستخدمة فتفوق جودة حبوب الموجة الأولى. وعلى مدى العقدين الماضيين، جذبت المقاهي المتخصصة المستهلكين الواعين أخلاقيا، بتقديم مشروبات مصنوعة من حبوب بن تزرع باستدامة، ويحصل مزارعوها على أجرا عادل.

وتعتمد إدارة سلسلة القيمة العالمية للموجة الثانية، حالها حال الموجة الأولى، على حركة السوق. ولكن ارتفاع اهتمام المستهلك بمنشأ حبوب البن وكيفية زراعتها وحصول المزارعين على أجر عادل، يولّد فرصا للتمايز بين المشاركين، مما يمكنهم من تحسين مستوى أنشطتهم على طول سلسلة القيمة. ويساهم الالتزام بمعايير الاستدامة الطوعية في صورة المقاهي المتخصصة، ويعزز انطباع المسؤولية الاجتماعية والقيمة الملموسة، ويميز وسوم القهوة في الموجة الثانية عن العلامات التجارية للموجة الأولى.

الموجة الثالثة - قطاع "تجريبي" من السوق

يستهدف قطاع الموجة الثالثة مستهلكين ذواقين للقهوة المميزة، بأسعار تطابق مدى جودتها. ويبدي المستهلكون في هذا القطاع استعدادهم لدفع أسعار أعلى لقهوتهم. ولكن بشرط أن يعرفوا مصدر حبوب البن وكيف زرعت وأفضل سبل تحضيرها ليستمتعوا بتذوق تام لنكهة القهوة وكثافتها ورائحتها وعطرها ومذاقها.

وتدرج منتجات القهوة في هذا القطاع قصة زراعة الحبوب ووصفات تحميصها وتقنيات إعداد مشروباتها. ويتشابه التركيز على النكهة النهج المتبع في صناعة النبيذ التي تثمن مكان زراعة العنب وأصنافه المتنوعة والحرفية اللازمة لإنتاجه.

وتضاهي نوعية حبوب البن في هذا القطاع تلك المستخدمة في قطاعي السوق الآخرين. ويركّز المنتجون في هذا السوق على البن الممتاز وتقنيات الخلط والتحميص المختلفة والمصممة خصيصا لتلائم نوع الحبوب. ويتمتع الباريستا بمعرفة عميقة عن الحبوب، وقد يضطلع بدور في أحد مراحل زراعة القهوة.

وتوصف إدارة سلسلة القيمة العالمية للموجة الثالثة بأنها علاقاتية. إذ أثمر التركيز على العلاقة المباشرة مع مزارعي البن عن سلسلة قيمة مختصرة (قارن السلاسل التقليدية باللون الأسود مع السلاسل الحديثة باللون الأزرق في الشكل 1.2). وفي هذا القطاع، أدى التعاون بين المزارع والباريستا إلى ابتكار منتجات جديدة، من بينها طرق جديدة لإعداد مشروبات القهوة.

ولا يزال الاستهلاك في هذا القطاع، بالمقارنة مع الموجتين السابقتين، منخفضا بالنسبة للسوق ككل، ولكنه ينمو بسرعة.

2.2 - الأصول غير الملموسة والقيمة المضافة

تحظى ملكية الأصول غير الملموسة بدور هام في سلسلة القيمة العالمية للقهوة، وتساعد على تفسير طريقة توزيع الدخل على طول السلسلة.

والأصول غير الملموسة الرسمية، مثل التكنولوجيا والتصاميم والعلامات التجارية، ضرورية في مساعدة المشاركين في السلسلة على تحصيل العائدات المناسبة مقابل استثماراتهم في الابتكار. وتكون هذه الأصول غير الملموسة عادة محمية بموجب حقوق الملكية الفكرية الرسمية مثل البراءات ونماذج المنفعة والتصاميم الصناعية والعلامات التجارية وحق المؤلف والأسرار التجارية.

وتؤدي الأصول غير الملموسة غير الرسمية دورا حاسما في مساعدة المشاركين على الحصول على حصة أكبر من الدخل. وعلى سبيل المثال، تشكل الحرفية البارعة للباريستا ودرايته في مزج حبوب البن وتحميصها قيمة مضافة كبيرة في قطاع سوق الموجة الثالثة.

وعلاوة على ذلك، فإن الوصول إلى قنوات التوزيع في البلدان المستوردة للقهوة أمر بالغ الأهمية كي يتعرف المستهلكون المحتملون على المنتجات.

الجدول 1.2

القطاعات الثلاثة لسوق القهوة

	الموجة الأولى تقليدية	الموجة الثانية متميزة	الموجة الثالثة تجريبية
المستهلكون المستهدفون	استهلاك يومي منزلي في معظمه، وأحيانا في مكان آخر	تشكيلة واسعة من مشروبات القهوة، تستهلك عادة في إطار اجتماعي	مستهلكون واعون اجتماعيا وذواقة، على استعداد لدفع ثمن قهوة عالية الجودة تستوفي المعايير الأخلاقية
احتياجات المستهلكين	• الطاقة	• الطاقة • التجربة الاجتماعية • الوعي الأخلاقي و/أو الالتزام الاجتماعي	• الطاقة • التجربة الاجتماعية • الوعي الأخلاقي و/أو الالتزام الاجتماعي
المنتجات والخدمات	• خلطات القهوة المحمصة المعبأة • القهوة الفورية (الفورية) • كبسولات أحادية الاستخدام	• مشروبات الإسبريسو مثل كافيه لاتيه ولاتيه ماكياتو وغيرها • الدراية الفنية بتقنيات التخمير المختلفة لمشروبات القهوة - ذات معايير موحدة عادة • بعض المعرفة عن أصل حبوب البن وأساليب زراعتها • جو المقهى	• حبوب قهوة ذات منشأ واحد • مزج وتحميص خاص بكل مقهى • معرفة واسعة بتقنيات التخمير المختلفة التي تبرز نكهة كل نوع قهوة ورائحتها • معرفة عميقة عن أصل حبوب البن وأساليب زراعتها • جو المقهى
أشكال الإنتاج	• إنتاج موحد واسع النطاق • جودة موحدة	• أنواع مختلفة من قهوة الإسبريسو • تقنيات تخمير قهوة وخدمات موحدة نسبيا • تقدم تجربة اجتماعية لشرب القهوة، على غرار المقهى	• تقنيات تحميص مصممة بحسب منشأ القهوة • باريستاس يتمتعون بمعرفة واسعة عن حبوب البن وتقنيات التخمير وإعداد المشروبات المناسبة
قنوات التوزيع	• محلات البقالة • منافذ الخدمات الغذائية	• محلات البقالة • على الإنترنت • محلات القهوة المتخصصة	• محلات مستقلة لبيع القهوة • على الإنترنت
السعر	منخفض	متوسط إلى مرتفع	مرتفع إلى مرتفع جدا
إدارة سلسلة القيمة العالمية	يحركها السوق بشكل عام	يحركها السوق بشكل عام	تحركها العلاقات بشكل عام

المصدر: الويبو استنادا إلى همفري (2006)، وغارسيا-كاردونا (2016)، وسامبر وآخرون (2017).

1.2.2 – من زراعة البن إلى احتساء القهوة: توزيع متفاوت للدخل

إنّ حصة كبيرة من القيمة المضافة على طول سلسلة إنتاج القهوة تضاف إليها قرب مكان الاستهلاك. ويعزى ذلك إلى خمسة عوامل.

فأولا، تفقد حبوب البن المحمصة نكهتها ورائحتها بسرعة، لذا تصدر معظم حبوب البن كحبوب خضراء حفاظا على جودتها.

وتصدّر القهوة في صيغة فورية. بيد أنّ إنتاج هذه القهوة الفورية يعتمد على توافر رأس المال اعتمادا كبيرا، مما قد يعيق دخوله لبعض البلدان المنتجة للبن. ومع أنّ هذه البلدان تصدر باطّراد القهوة الفورية، إلّا أنّها تجني قيمة أقل من القيمة التي تجنيها البلدان المستوردة للبن.[11]

ومن أسباب هذا التباين في القيمة التجارية، اختلاف قدرات التوسيم والوصول إلى قنوات التوزيع.[12]

وثانيا، تظهر القارات والمناطق المختلفة تفضيلات متنوعة لأنواع حبوب البن المستخدمة – مثل مزيج من حبوب أرابيكا وروبوستا، أو حبوب من أصل واحد – أو حتى درجة تحميص حبوب البن. فعلى سبيل المثال، تفضل دول شمال أوروبا أن تحتوي خلطات القهوة على حبوب أرابيكا المحمصة تحميصا خفيفا، أما جاراتها من الجنوب فيفضلن خلطات القهوة المحمصة بشدّة والمكونة من حبوب روبوستا.[13] وتتمتع المحامص ومصانع القهوة الفورية القريبة جغرافيا من المستهلكين بمعرفة أفضل من منافسيها في البلدان المنتجة للبن، مما يخولها مواءمة خلطاتها ودرجات التحميص لتناسب التفضيلات الإقليمية.

وإضافة إلى الخلطات ودرجات التحميص المناسبة لتفضيلات إقليمية محددة، تنشئ المحامص الكبيرة مرافقها في مناطق تخولها الاستفادة من وفورات الحجم. فمثلا، تنتج منشأة تحميص في ألمانيا خلطات القهوة لعدة علامات تجارية أوروبية، مما يقلل التكاليف ويرفع مستويات الإنتاج.

وثالثا، تميل السياسات الصناعية المطبقة في البلدان المستوردة للبن إلى تفضيل استيراد حبوب البن غير المحضّرة، أي الخضراء، عن القهوة المحمصة أو المصنّعة (الفورية). ويؤدي هذا التقييد التجاري الذي يأتي على شاكلة زيادة في التعريفات الجمركية، إلى تضخّم في تكلفة القهوة المحمصة أو المصنعة التي تصدرها البلدان المنتجة للبن.

ولكن، تجدر الإشارة إلى أنّ التعريفات الجمركية المفروضة على القهوة في العديد من البلدان المستوردة، وخاصة البلدان الأكثر نموا، انخفضت بشكل مطرد بفضل عدد من الاتفاقيات التجارية الثنائية والإقليمية والمتعددة الأطراف. ورغم أنّ تصاعد التعريفات لا يزال يمثل مشكلة في يومنا هذا، فإن التعريفات المفروضة على القهوة المحمصة والمصنعة منخفضة في الاتحاد الأوروبي والولايات المتحدة؛ في حين تفرض الهند وغانا تعريفات جمركية على القهوة الفورية تبلغ نسبة 35 في المائة و20 في المائة على التوالي.[14]

وقد أظهرت دراسة أجراها مكتب الاستثمار الدولي (2011) أنّ هذا التصعيد التعريفي سيؤثر على مستهلكي القهوة المقيمين في البلدان الأقل نموا أكثر من نظرائهم من البلدان المتقدمة. إذ سيستمر المستهلكون في البلدان المتقدمة في شراء القهوة حتى إن ازداد سعرها. أي أن مستهلكي القهوة في هذه البلدان سيستمرون في احتساء قهوتهم المفضلة المستوردة حتى إن ارتفعت الضرائب المعادلة للتعريفات المفروضة على واردات البن.

وتؤثر بعض التدابير التنظيمية على استيراد القهوة المحمصة والمصنعة في البلدان المنتجة للبن، مثل التدابير الصحية وتدابير الصحة النباتية، ورغم أنها ليست قيودا تجارية فقد تنطوي على تكاليف امتثال أعلى للشركات في البلدان المنتجة للبن.

ورابعا، طوّرت معظم ابتكارات منتجات القهوة وعمليات تجهيزها في البلدان المستوردة للبن. وقد اخترعت العديد من الأجهزة في أوروبا وأمريكا الشمالية لتحقيق أفضل طعم وأثرى نكهة عن طريق تحميص حبوب البنى وطحنها وترشيحها.[15]

ويقال إن طريقة تصنيع القهوة الفورية، التي تشمل عمليات أعقد من تحميص القهوة، اخترعت خلال الحرب الأهلية الأمريكية ليتمكن الجنود من شرب القهوة الغنية بالكافيين بسهولة.[16] ولكن شركة نستله، التي تمتلك براءة لتقنيات إنتاج الحليب المسحوق القابل للذوبان، حسّنت طعم القهوة الفورية، لتهيمن بذلك على سوقها.[17]

وقد أعان امتلاك التكنولوجيات المتعلقة بالقهوة والمحمية ببراءة على إطلاق منتجات قهوة وخدمات جديدة. فساعد امتلاك شركة نسبريسو (Nespresso) للبراءات والتصاميم الصناعية الخاصة بآلات القهوة وكبسولاتها في تعزيز موقع نستله في خدمة مستهلكي القهوة في قطاع الموجة الأولى من السوق. ورغم انتهاء معظم هذه البراءات الآن، لا تزال نستله ونسبريسو علامتين تجاريتين قويتين في سوق القهوة.

وخامسا، تعتبر العلامة التجارية استثمارا هاما لبناء ثقة المستهلكين وكسب حصة في سوق القهوة المشبعة نسبيا. وقد أظهرت البحوث أن منتجات العلامات التجارية يمكن أن تطلب أسعارا أعلى من نظيراتها العامة.[18] وتستثمر العديد من شركات التحميص وانتاج القهوة والتجزئة بكثافة في هذا الأصل غير الملموس ليتميزوا عن منافسيهم ويكتسبوا صيتا حسنا. فعلامتا نسكافيه وستاربكس هما إسمان ذائعان كعلامتين تجاريتين، يعرفهما محبّو القهوة في جميع أنحاء العالم.

وتتبنى البلدان المنتجة للبن، بخطوات بطيئة، تدابير لحماية الملكية الفكرية بغرض الاستفادة من أصولها غير الملموسة. ورغم أن العديد من التطورات الحديثة في مجال التكنولوجيات المتعلقة بالقهوة لا تزال تبتكر في البلدان المستوردة للبن (انظر الجزء 3.2.2 أدناه)، تطوّر بعض البلدان المنتجة قدراتها في مجال تجهيز القهوة. وعلى سبيل المثال، تنتج البرازيل قهوة محمصة وفورية تنافس ما تنتجه المحامص والمصانع في الاقتصادات الأكثر تقدما.

وتسعى هذه البلدان إلى وضع وسوم تجارية نشطة كوسيلة لتمييز بنّها عن أنواع البن الأخرى. وقد استثمرت بعض البلدان في حماية حبوب بنّها بتسجيل مؤشرات جغرافية وعلامات تجارية. وتحقق حبوب البن الآتية من جامايكا (Blue Mountain) وكولومبيا (Milds) أسعارا عالية.[19]

ولكن ملكية هذه الأصول غير الملموسة الرسمية لا تكفي لتحقيق مستوى مماثل من الوصول إلى المستهلكين في الاقتصادات الأكثر تقدما. لأن طبيعة سلسلة القيمة التي يحركها المشتري وصعوبة الوصول إلى قنوات التوزيع في البلدان المستوردة، تجعل المنافسة في السوق الهدف صعبة على منتجي القهوة في بلدان المنشأ. غير أن هذا الهيكل الصارم لإدارة سلسلة القيمة يتغير ببطء مع ارتفاع الحصة السوقية للموجة الثالثة.

2.2.2 - تفاوت دخل المشاركين وفقا لطبيعة دورهم

يوزع الدخل على المشاركين وفقا للنشاط الذي يضطلعون به في سلسلة قيمة القهوة. وكما ذكر في الفصل 1، فإن القيمة المضافة من خلال أنشطة مختلفة، تتبع رأس المال وتكاليف اليد العاملة في مختلف مراحل السلسلة. ويؤدي رأس المال غير الملموس دورا حاسما في تفسير حصص القيمة المضافة على طول السلسلة.

وتؤثر سمات الاستهلاك التي تميز قطاعات سوق القهوة الثلاثة على مساهمة كل مشارك. ففي بعض الحالات، يولّد تركيز قطاع السوق فرصا جديدة للمشاركين تكون وسيلة لزيادة القيمة المضافة لنشاطهم. وعلى سبيل المثال، دور الوسيط، الذي يضطلع به المستورد والمصدر، بين مزارع البن والمشتري، يعني أن بإمكانهما أداء دور إضافي كعملاء تسويق للسلع أو استصدار شهادات الالتزام بمعايير الاستدامة الطوعية في الموجة الثانية.

وأمّا في الموجة الثالثة، فتلغي الصلة المباشرة بين المزارعين وتجار التجزئة المستقلين الحاجة إلى وسطاء، وتقصّر سلسلة الإمداد.

وتؤثر المشاركة في مختلف قطاعات السوق في قدرة المشاركين على رفع مستوى أنشطتهم وتقاضي أجور أعلى، وخاصة في الموجتين الثانية والثالثة. ويقدم الجدول 2.2 نظرة عامة مبسطة عن أدوار المشاركين والأصول غير الملموسة الوجيهة. ويتصل بالشكل 1.2 في تبيان تغير أدوار المشاركين في قطاعات السوق الجديدة والعلاقات التي تربط بينهم. فعلى سبيل المثال، تبرز التجارة المباشرة بين المزارعين وتجار التجزئة المستقلين (اللون الأزرق في الشكل 1.2) على الأصول غير الملموسة الجديدة التي أصبح بمستطاع المزارعين تسخيرها لصالحهم (يشار إليها بنجمة في الجدول 2.2).

منافسة حادّة في الموجة الأولى

تنفرد شريحة الموجة الأولى من السوق، كما ذكر أعلاه، بأكبر حصة من الاستهلاك العالمي للقهوة حجما وقيمة. ويعطي الحجم الهائل لمنتجات القهوة المباعة في هذا القطاع من السوق المشاركين في سلسلة القيمة النهائية - المحامص ومصانع القهوة الفورية وتجار التجزئة - الغلبة على المشاركين الآخرين في سلسلة التوريد. ويتلقّى المنتجون، عادة، عائدات تدابير توفير التكاليف القائمة على طول السلسلة.

ويضرب قطاع السوق هذا كمثال رئيسي على سلسلة القيمة العالمية التي يحركها المشتري.

ولكنّ المنافسة شرسة بين منتجي القهوة في هذا القطاع من السوق. وقد أدت إلى تعزيز العلامات التجارية بشكل كبير في العقود القليلة الماضية. إذ تملك سبع شركات حصة تبلغ 40 في المائة من منتجات القهوة التي تباع في محلات التجزئة. ومن هذه العلامات التجارية العالمية جاكوبس كرونونغ (ألمانيا) وماكسويل هاوس (الولايات المتحدة) ونسكافيه (سويسرا). وتتنافس هذه العلامات التجارية مع بعضها ومع العلامات التجارية الخاصة بمتاجر التجزئة على حصتها في السوق.

ونتيجة المنافسة الشديدة، أصبح الاعتبار الرئيسي للمشاركين النهائيين هو إبقاء التكاليف منخفضة مع الحفاظ على المعايير المعروفة للمستهلك. لأنّ أي تغيير طفيف في السعر قد يدفع المستهلك لشراء علامة تجارية مختلفة.

ويوضح الشكل 2.2 توزيع الدخل بين البلدان المستوردة للبن والبلدان المصدرة له في سوق التجزئة للفترة من 1965 إلى 2013.[20] ومنذ عام 1986، اكتسبت المحامص ومصانع القهوة الفورية في البلدان المستوردة (باللون الأزرق الفاتح في الشكل) حصة أكبر من إجمالي الدخل في السوق من المشاركين في البلدان المنتجة (باللون الأزرق الداكن). ويبين الشكل أيضا تغيّر عائدات البلدان المنتجة بالتزامن مع تقلّب أسعار البن العالمية، على النحو الذي عرضه مؤشر الأسعار المركب للمنظمة الدولية للبن. وتتضح الصلة الوثيقة بين الرقمين منذ عام 1989، حين ألغي تقييد الحصص بموجب الاتفاق الدولي للبن (انظر الإطار 2.2).

الجدول 2.2

المشاركون في سلسلة القهوة وأنشطة القيمة المضافة والأصول غير الملموسة لكل منهم

المشارك	الأنشطة الرئيسية ذات القيمة المضافة	الجهات الفاعلة الرئيسية	المخاطر	الأصول غير الملموسة	الموقع الجغرافي
المزارعون	• زراعة محاصيل البن وحصادها. • ينتمي كثير منهم إلى التعاونيات أو رابطات المزارعين. تعالج حبوب البن (بعمليات رطبة أو جافة) في المزرعة أو من قبل المشارك التالي في السلسلة.	• مزارعو البن؛ يزرع معظم المزارعين محصولهم على أقل من خمسة هكتارات من الأرض.	• تتأثر المحاصيل وحصادها بتغيرات المناخ. • ويهدد التقلب الشديد في أسعار البن وأسعار صرف العملة المحلية دخل المزارعين	• أساليب الزراعة (أكانت تقليدية أم لا).* • العلامات التجارية و/أو المؤشرات الجغرافية.*	• في أكثر من 50 بلدا من البلدان ذات مستوى التنمية المنخفض.
التعاونيات، المطاحن	• تعتمد التعاونيات على وفورات الحجم لتقليل تكلفة تنظيف حبوب البن الأخضر وفرزها وتصنيفها. • قد يصدر البن أو تحمصه في بعض الأحيان. ولكن يبيع معظمها للمصدرين وفقا لاحتياجاتهم. • تعالج المطاحن الحبوب وتقشرها (إخراج الحبوب المتبقية من الثمار). وتؤدي دور التعاونيات في بعض المناطق.	• توجد التعاونيات عادة في مناطق متباعدة ولا تتنافس مباشرة مع بعضها البعض.	• تقلبات الأسعار، ومخاطر الائتمان، وعدم القدرة على التحكم في عمليات التقشير أو الطحن الجاف.	• بعض التعاونيات مملوكة للدولة أو مدعومة منها. • وتساعد العلاقة بين التعاونيات والمزارعين في نشر أساليب زراعية جديدة أو أصناف جديدة من أشجار البن.*	• في البلدان المنتجة للبن.
مصدرو البن ومستوردوه	• شراء حبوب البن من المزارعين والتعاونيات وإعدادها للتصدير. • ينفذ بعض المصدرين أيضا عمليات ما بعد الحصاد مثل التنظيف. • تفرز حبوب البن ميكانيكيا من حيث الكثافة والحجم واللون لتلبي الشروط والمعايير التي يضعها العملاء. ويمكن الاستعانة بمصادر خارجية لعملية الطحن. • تخزين البن الأخضر ومزجه أحيانا. • وتقديم الترتيبات اللوجستية للتعامل مع المخزونات الكبيرة وإيصال المنتج إلى المحامص في الوقت المناسب. • وبدأوا في الآونة الأخيرة تقديم خدمات التتبع وإصدار الشهادات، بفضل علاقاتهم مع الجهات الفاعلة في المنبع والمصب.	• يرتبط العديد من المصدرين بالمستوردين أو شركات التجارة الدولية. • تسيطر ثلاث شركات على 50 في المائة من واردات العالم من البن: وهي فولكافي وإيكوم من سويسرا، ونيومان كوفي غروب من ألمانيا. • وقد ينشط كبار مزارعي البن أو التعاونيات كمصدرين	• أنشطة استغلال عالية، عرضة لتقلبات الأسعار وأسعار الصرف.	• الأسرار التجارية. • شبكة وعلاقات متينة مع الجهات الفاعلة في سلسلة القهوة من المنبع إلى المصب. • دراية بطرق المزج والفرز وبعض خطوات المعالجة. • البراءات. • يمكن أن تشهد على أساليب الزراعة وتدعم وضع العلامات البيئية، أو أي أنواع أخرى من الشهادات حسب طلب عملائها.*	• للمصدرين وكالات شراء بالقرب من المزارع في البلدان المنتجة. • يوجد المستوردون غالبا في البلدان المستهلكة للبن.
المحامص ومصانع القهوة الفورية	• تجهيز حبوب البن الأخضر وفق التفضيلات الإقليمية والمواصفات القياسية بفضل التكنولوجيات المملوكة والدراية الخاصة بالشركة. • توزيع القهوة المحمصة والفورية لمختلف منافذ البيع بالتجزئة، وذلك حسب المواصفات القياسية لهذا القطاع من السوق. • الاستثمار في التعبئة والتغليف والعلامات التجارية لتمييز المنتجات عن سلع المنافسين.	• تمثل شركات نستله وجاب (جاكوبس دوي إغبرتس) وشتراوس وجي إم سماكر وفولجرز كوفي ولويجي لافازا وتشيبو وكرافت هاينز، لوحدها ما يقرب من 40 في المائة من شركات التحميص الرئيسية في سوق التجزئة. • أما أكبر مصنعي القهوة الفورية فهم نسكافيه (المملوكة لنستله، سويسرا) ودي إي كاي ودكتور أوتو سويلك من ألمانيا.	• تتطلب استثمارات رأسمالية كبيرة وتعتمد على وفورات الحجم بالنسبة لمصانع القهوة الفورية.	• البراءات. • العلامات التجارية. • التصاميم الصناعية. • الأسرار التجارية. • الدراية في المزج والتحميص حسب تفضيلات السوق.	• تقع عادة بالقرب من السوق المستهلكة. • وقد تقع مصانع القهوة الفورية في مكان آخر، بفضل العمر الافتراضي الطويل لمنتجات القهوة الفورية.

المصدر: الويبو استنادا إلى دراسة سامبر وآخرين (2017).

ملاحظة: تشير علامة * إلى الأصول غير الملموسة الجديدة الناجمة عن الفرص المتاحة في قطاعات السوق الجديدة.

الشكل 2.2

تجني البلدان المستوردة للبن معظم إيرادات مبيعات التجزئة

حصص إجمالي الدخل من مبيعات التجزئة موزعة على البلدان المصدرة والمستوردين والبلدان المستوردة، 1965-2013

توزيع دخل وقيمة مبيعات البن (دولار/رطل)
بعد التخلي عن نظام الحصص

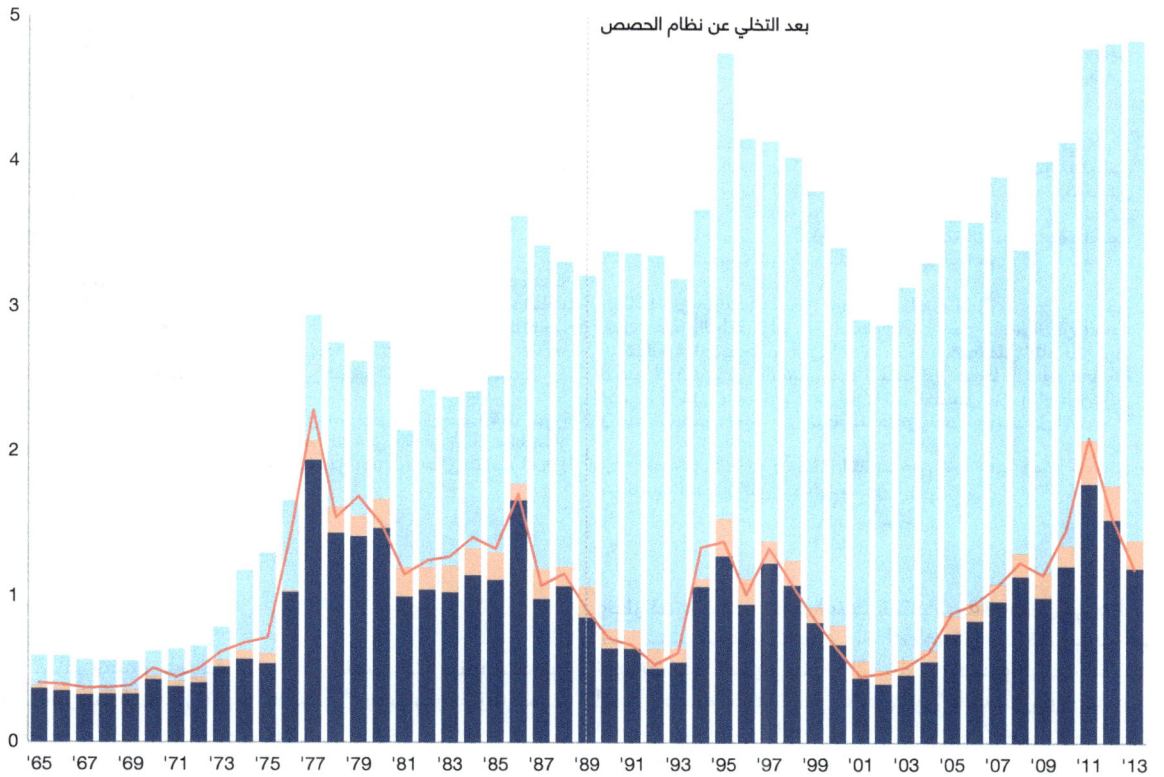

القيمة المضافة في البلدان المستوردة | الدخل في البلدان المنتجة
دخل المستورد والوزن الضائع | مؤشر أسعار المنظمة الدولية للبن

المصدر: سامبر وآخرون (2017)، استنادا إلى بيانات من الفاو والمنظمة الدولية للبن.

ملاحظة: تستند أسعار التجزئة في مبيعات متاجر الأغذية المنسوبة إلى البلدان المستوردة للبن إلى سعر رطل البن المحمص بالدولار الأمريكي، ويستند دخل البلدان المنتجة للبن وأسعار الواردات إلى سعر رطل البن الأخضر على ظهر الباخرة بالدولار الأمريكي. ويشير الوزن الضائع إلى عمليات التقشير والتجفيف وإعداد الصادرات وتحميص البن الأخضر. ويعتبر سعر مؤشر المنظمة الدولية للبن السعر المرجعي للبن الأخضر من جميع الأصول الرئيسية وأنواعها. وقد طبّق نظام الحصص للمنظمة من عام 1962 إلى 1989، ولكن توقف العمل به مؤقتا بسبب ارتفاع أسعار القهوة خلال الفترة من 1975 إلى 1977.

وارتفاع حدة المنافسة في قطاع سوق الموجة الأولى، يعني أنّ هامش الربح في المنبع – أي للمزارعين والمصدرين في البلدان المنتجة للبن، والمستوردين في البلدان المستوردة، في بعض الحالات - سيميل إلى الصفر.[21]

ويرى دافيرون وبونتي (2005) أنّ عمليات التحميص والمزج والطحن والتعبئة على طول سلسلة قيمة القهوة، هي تكنولوجيا منخفضة نسبيا وتشكل حصة صغيرة من هامش أرباح المشاركين في المصب. وأمّا الحصة الكبيرة من القيمة المضافة العالية في البلدان المستوردة للقهوة، فتأتي من استثماراتهم المدفوعة من أجل تمييز منتجاتهم، لا سيما عن طريق التوسيم.[22]

الإطار 2.2
نظام تقييد الحصص للمنظمة الدولية للبن وأثره على توزيع الدخل

نظمّت تجارة البن العالمية، إلى حد كبير، بموجب الاتفاق الدولي للبن الذي طبّق من عام 1962 إلى عام 1989 بشكل متقطع.[23]

وسعى الاتفاق إلى الحد من تقلبات أسعار القهوة وتثبيت الأسعار، خاصة حين تنخفض. واتفقت الأطراف، التي ضمت البلدان المنتجة للبن والمستهلكة له، على نطاق مستهدف لسعر البن، وعلى تقييد صادراته عبر تخصيص حصص تصدير للبلدان المنتجة. وكانت الحصص تقلّ إن ارتفع السعر عن النطاق المستهدف، وتزيد إن هبط. وألغي العمل بالاتفاق تماماً حينما ارتفعت أسعار البن فوق النطاق، كما حدث في الفترة من 1975 إلى 1977.

وارتفعت أسعار البن نسبيا من 1963 إلى سبتمبر 1972، وفي أكتوبر 1980، وفبراير 1986، ونوفمبر 1987، ويوليو 1989، بسبب القيود المفروضة على الحصص. ولم تتوصل الأطراف في عامي 1973 و1980 إلى اتفاق، وبالتالي علّق تقييد الحصص، وبعد عام 1989 تخلت الأطراف عن الاتفاق.

ووفقا لتقديرات تالبوت (1997) بشأن توزيع الدخل في إطار نظام الحصص، فقد جنت البلدان المنتجة للبن حوالي 20 في المائة من الدخل، وحصّلت البلدان المستوردة 55 في المائة من الدخل.[24] وبعد التخلي عن الاتفاق، انخفضت حصة البلدان المنتجة من إجمالي الدخل إلى 13 في المائة، وشهدت البلدان المستوردة ارتفاعا في حصتها لتبلغ 78 في المائة.

ويرى تالبوت أنّ الحصة الأكبر من الدخل المتراكم للبلدان المنتجة قد تعزى إلى نظام تقييد الحصص الذي وضعه الاتفاق، إلّا أن تقلبات الأسعار الناجمة عن التغيرات في الغلة العالمية للبن ربما أثرت على تقسيم الدخل بين البلدان المنتجة والمستوردة.

ومن شأن ارتفاع أسعار القهوة عالميا أن يعطي البلدان المنتجة حصة أكبر من الدخل، في حين أن انخفاضها سيسهم في زيادة حصة البلدان المستوردة.

وتتفق التقديرات الحديثة لتوزيع الدخل، عموما، مع تقييم يرى أنّ البلدان المستوردة أصبحت تجني من عائدات القهوة حصة أكبر من حصتها السابقة.[25] ويعزى انخفاض حصة البلدان المنتجة من الدخل إلى عاملين هما: انخفاض أسعار القهوة عالميا، وزيادة تكاليف خلاف القهوة في صناعة القهوة.

وتسبب نظام الحصص بمشاكل كثيرة في الالتزام بقيود الإنتاج. فأولا، اضطرت البلدان المستوردة أن توافق على أسعار بن أعلى من تلك التي كانت ستدفعها دون النظام. وثانيا، توجّب على المنتجين الأكفاء في البلدان المنتجة أن يقيدوا مبيعاتهم من حبوب البن حتى إن ارتفعت الأسعار، ما كلفهم خسارة الإيرادات المحتملة امتثالا للوائح. وقد أتلفت بعض البلدان حبوب البن في سنوات الإنتاج المرتفع.[26]

وثالثا، أعطى تقييد الحصص توجيهات خاطئة للمزارعين في قراراتهم بشأن الغلة والزراعة. ولما كان السعر الذي تلقوه مفصولا عن الحاجة الاستهلاكية الحقيقية من البن الأخضر، فقد شجعوا على إنتاج ما يفوق الطلب الحقيقي في السوق، مما تسبب في هبوط الأسعار العالمية للقهوة. وتشير دراسة حديثة عن آثار تقييد الحصص على إنتاج البن، إلى أن قلة المحصول اليوم هي نتيجة لانخفاض سعر البن بعد حل الاتفاق.[27]

ورغم المشاكل المذكورة، حقق التقييد حين كان ساريا هدفه المتمثل في تثبيت الأسعار التي يحصّلها منتجو البن.

أهمية التصديق في الموجة الثانية

بدأ قطاع السوق الموجة الثانية في التسعينات حينما انخفض سعر البن بحدة بعد حلّ تقييد الحصص.[28] وبعد فترة قليلة، بدأت المنظمات غير الحكومية بالتنويه إلى أثر انخفاض الأسعار على مزارعي البن ودعت للمساعدة في تخفيف حدة هذه المشكلة. وردا على الدعوة، بدأت متاجر القهوة المتخصصة، مثل ستاربكس، بتقديم قهوة تلبي توقعات المستهلكين الواعين اجتماعيا. وأخذت المنتجات الغذائية المزروعة على نحو مستدام، والتي وعدت بزيادة دخل المزارعين، بالانتشار في المحال التجارية ومتاجر الأغذية الصحية.

ونظرا لعدم قدرة معظم المتاجر المتخصصة الوصول إلى مزارعي البن مباشرة، اعتمدت على وسطاء لضمان استيفاء حبوب البن التي تشتريها لمعايير مختارة. إذ يتمتع مصدرو البلدان المنتجة، الذين تربطهم علاقات مع مزارعي البن والمستوردين والمحلات التجارية في البلدان المستوردة، بدراية جيدة في تصدير حبوب البن المصدّقة المطابقة لأساليب زراعة محددة ومعايير الاستدامة الأخرى. وتساعد بعض المنظمات غير الحكومية في تقديم شهادات مثل شهادات التجارة المنصفة أو تحالف الغابات المطيرة.[29]

ويثمر ارتفاع أسعار منتجات القهوة المصدّقة أو المصنّفة – التي تركز على وصول جزء أكبر من القيمة للمشاركين في منبع سلسلة القيمة – دخلا أعلى للمزارعين يفوق مّا كانوا يجنونه في الموجة الأولى (انظر الجدول 3.2). وأشير إلى مجموعة من المزايا الأخرى المرتبطة بمعايير الاستدامة الطوعية، مثل تحسين الموارد وحفظ البيئة وممارسات أفضل في العمل.[30]

ولكن يختلف الباحثون بشأن حصول المزارعين على دخل أعلى بكثير. إذ يرى البعض أن المزارعين المشاركين في هذا القطاع من السوق يحصلون على أسعار أعلى من أسعار الموجة الأولى؛ ويشكك البعض الآخر في ذلك.[31]

ويرى المشككون أنّ تكاليف تنفيذ معايير الاستدامة الطوعية والامتثال لمعايير التصديق قد تعادل فرق مبلغ الدخل الإجمالي المحصّل، أو أن علاوات الأسعار آخذة في الانخفاض.[32]

أصل موجة القهوة الثالثة

يعلق قطاع سوق الموجة الثالثة أهمية كبيرة على إبراز قيمة مشروب القهوة. وتعتبر المعلومات المتعلقة بالأنشطة التمهيدية – كمنشأ الحبوب وكيفية زراعتها والظروف المناخية لزراعتها – بذات أهمية أنشطة التحميص والمزج والتخمير.

الجدول 3.2

حصول مزارعي البن على دخل أعلى في قطاعات السوق الجديدة

		الموجة الأولى		الموجة الثانية		الموجة الثالثة	
		دولار أمريكي/ رطل	المؤشر	دولار أمريكي/ رطل	المؤشر	دولار أمريكي/ رطل	المؤشر
من المزارع إلى المصدّر	السعر على باب المزرعة	1.25 (أ)	86	غير متاح		4.11	80
	المصدّر	غير متاح		غير متاح		0.45 (د)	
	الطحن الجاف	غير متاح		غير متاح		0.4	
	التعبئة	غير متاح		غير متاح		0.11	
	خدمات التعاونيات	غير متاح		غير متاح		0.07	
المستورد	سعر البن الأخضر على ظهر السفينة	1.45 (ب)	100	2.89	100	5.14	100
	التكاليف اللوجستية وأرباح المستورد			0.24			
	سعر البن الأخضر في المستودع	غير متاح		3.13	108.3	6.58	128
المحامص	الوزن الضائع والتسليم إلى المحامص	غير متاح		3.91		غير متاح	
	التعبئة والعمالة المباشرة	غير متاح		0.84		غير متاح	
	أجور أخرى	غير متاح		1.00		غير متاح	
	تكاليف ثابتة أخرى	غير متاح		2.00		غير متاح	
	"رسوم الحفاظ على شهادة التجارة المنصفة (Fair Trade USA)"	غير متاح		0.04		غير متاح	
	تكاليف السفر إلى المنشأ	غير متاح				0.35	
	هامش الربح الإجمالي	غير متاح		0.71		غير متاح	
	إجمالي سعر بيع المحامص	4.11 (ج)	283	8.50	294	17.45	340

المصدر: المنظمة الدولية للبن (2014) وجمعية القهوة المتخصصة في أمريكا (2014) وشركة وندلبو (2015).

ملاحظات: (أ) متوسط بسيط لجميع بلدان المنظمة الدولية للبن التي قدمت بياناتها؛ (ب) متوسط مؤشر إكسدوك ناقص 10 سنتات لتحويلات إكسدوك على ظهر الباخرة؛
(ج) المتوسط البسيط لجميع بلدان المنظمة التي قدمت بيانات عن أسعار التجزئة ويطرح منه 30 في المائة لتغطية عمولات الوسطاء؛
(د) تقسيمات المصدرين والمنتجين استنادا إلى أرقام عام 2012. مؤشر السعر على ظهر الباخرة= 100. تستند بيانات قطاعات السوق إلى أسعار 2014.

ويمكن القول إن هذا القطاع هو أقدر القطاعات على رفع دخل المشاركين في سلسلة القيمة العالمية. إذ يتميز أولا بالتجارة المباشرة بين المزارعين وتجار التجزئة المستقلين. ويختزل هذا الدمج العمودي سلسلة التوريد ويكفل حصول المزارعين على أسعار أعلى للبن الأخضر. وقد يصل متوسط فرق السعر بين حبوب البن المعروفة المنشأ وتلك التي لا يحدد مكان زراعتها، إلى 8 دولار للرطل الواحد.[33] وعلاوة على ذلك، تشير دراسة ركزت على السوق الأمريكية إلى أن القهوة أحادية الأصل والمحمية بأدوات الملكية الفكرية، تجلب ما لا يقل عن ثلاثة أمثال متوسط سعر التجزئة للقهوة المحمصة في الولايات المتحدة الأمريكية.[34]

ويوضح الجدول 3.2 مستويات الدخل المتفاوت الذي يتلقاه مزارعو البن في مختلف قطاعات السوق. ويظهر الجدول نقطتين هامتين. أولهما أن سعر الرطل الذي يجنيه المزارع في سوق الموجتين الثانية أو الثالثة أعلى من السعر المدفوع في سوق الموجة الأولى. لا سيما أن متوسط دخل مزارع الموجة الثالثة عن كل رطل يبلغ ثلاثة أمثال سعر الرطل في الموجة الأولى. وأن هذه القفزة النوعية في الدخل هي نتيجة استراتيجيات التمايز المستخدمة في منبع سلسلة التوريد. وفي الموجة الثانية، يتحقق التمايز بالامتثال لمعايير الاستدامة الطوعية، أمّا في الموجة الثالثة فيبحث المزارع عن التميز بالتركيز على نوعية حبوب البن والتجارة المباشرة مع المحامص في البلدان المستوردة.

والعلاقة الأوثق بين المشاركين في سلسلة التوريد تعني المزيد من التفاعل بينهم. فعندما تتطلع المحامص عن كثب على كيفية زراعة البن، يمكنها أن تساعد المزارعين على تحسين أساليب الزراعة والتسويق، وسيتمكن المزارعون من تقديم حبوب البن عالية الجودة التي تحتاجها المحامص.

وفي هذا السياق، يزيد المشاركون من المنبع والمصب من القيمة التي تولدها أنشطتهم، فيزيدها المزارعون برفع مستوى الزراعة لتماشى احتياجات المحامص، وتزيدها المحامص بتسخير المعرفة المعززة التي اكتسبوها عن البن لإنتاج مشروبات عالية الجودة.

ويعرض الشكل 3.2 توزيع الدخل في قطاعات السوق بطريقة تصويرية. وبينما أظهر الشكل 2.2 أعلاه الاتجاه التاريخي لتوزيع الدخل لقطاعات الموجة الأولى من السوق، يقدّم الشكل 3.2 لمحة عن الموجات الثلاثة استنادا إلى أسعار عام 2014.

الشكل 3.2

يجني مزارعو البن أجورا أفضل في سوق الموجة الثالثة

حصة إجمالي الدخل الموزعة على المشاركين في البلدان المنتجة والمستوردة حسب قطاع السوق

توزيع الدخل حسب قطاعات السوق (دولار أمريكي / رطل)

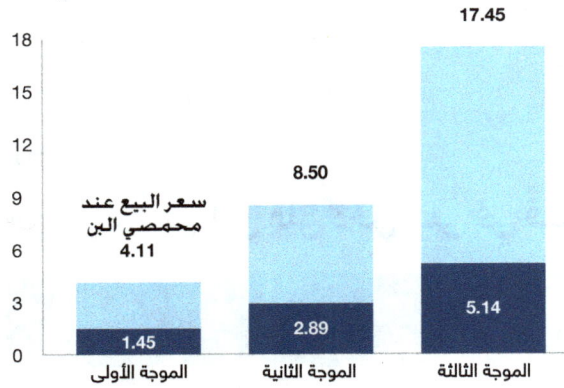

المصدر: المنظمة الدولية للبن (2014) وجمعية القهوة المتخصصة في أمريكا (2014) وشركة وندلبو (2015).

ملاحظة: انظر الملاحظات بشأن الجدول 3.2.

3.2.2 – الدور المحتمل لملكية الأصول غير الملموسة في تحصيل المشاركين للقيمة

يمكن لملكية الأصول غير الملموسة أن تفسر جزئيا توزيع الدخل على طول سلسلة قيمة القهوة. ويبين القسم الفرعي السابق، أن الاستثمارات في الابتكار والعلامات التجارية هي عوامل محتملة في تفسير القيمة المضافة العالية في مصبّ السلسلة.

ومن طرق قياس الأنشطة الابتكارية فحص ملكية البراءات ونماذج المنفعة والتصاميم الصناعية للاختراعات المتعلقة بالقهوة، وتقاس أنشطة التوسيم من خلال العلامات التجارية المسجلة وغير المسجلة والمؤشرات الجغرافية، حيثما انطبق ذلك.[35]

معظم أصول الملكية الفكرية المتصلة بالقهوة هي لمشاركين من البلدان المستوردة

تمتلك البلدان المستوردة، كما ذكر سابقا في الجزء 1.2.2، معظم الأصول الرسمية غير الملموسة ذات الصلة. ويقارن الشكل 4.2 مدى استخدام الملكية الفكرية بين البلدان الخمسة الرئيسية المنتجة والبلدان الخمسة الأعلى استيرادا إضافة إلى الصين.[36]

وتبين الأرقام أن المشاركين من البلدان المستوردة يستأثرون بحصة كبيرة من حقوق الملكية الفكرية المتعلقة بالقهوة.

وتحتل الولايات المتحدة وسويسرا وإيطاليا المراتب الثلاثة الأولى لمنشأ المشاركين من مودعي البراءات المتعلقة بالقهوة. وفيما يخص العلامات التجارية المودعة لدى مكتب الولايات المتحدة للبراءات والعلامات التجارية، فإن إيطاليا وألمانيا والمملكة المتحدة هي أكبر ثلاثة بلدان مودعة، من غير مواطني الولايات المتحدة.[37]

بيد أن الصين تعد استثناء للصورة العامة في الشكل 4.2. إذ تضاهي إيداعات الملكية الفكرية المتعلقة بالقهوة من مودعين يتخذون من الصين مقرا لهم، إيداعات البلدان الخمسة الرئيسية المستوردة للبن. وقبل عام 1995، كان عدد البراءات المتعلقة بالقهوة من مودعين صينيين يقارب العدد المنخفض للإيداعات المقدمة في عدد من البلدان المنتجة مثل البرازيل وكولومبيا والمكسيك. ولكن منذ عام 1995، صنفت الصين من بين الأسواق المهمة لطلب حماية للبراءات، إلى جانب البلدان التقليدية المستوردة للبن مثل الولايات المتحدة وعدّة بلدان أوروبية (انظر الإطار 3.2).

الشكل 4.2

يملك المشاركون من البلدان المستوردة معظم أصول الملكية الفكرية المتعلقة بالقهوة

مجاميع حقوق الملكية الفكرية المختلفة التي يملكها المشاركون في أعلى البلدان استيرادا للبن مقابل الحقوق المكافئة المملوكة للبلدان المصدرة للبن، إضافة إلى الصين، 1995-2015

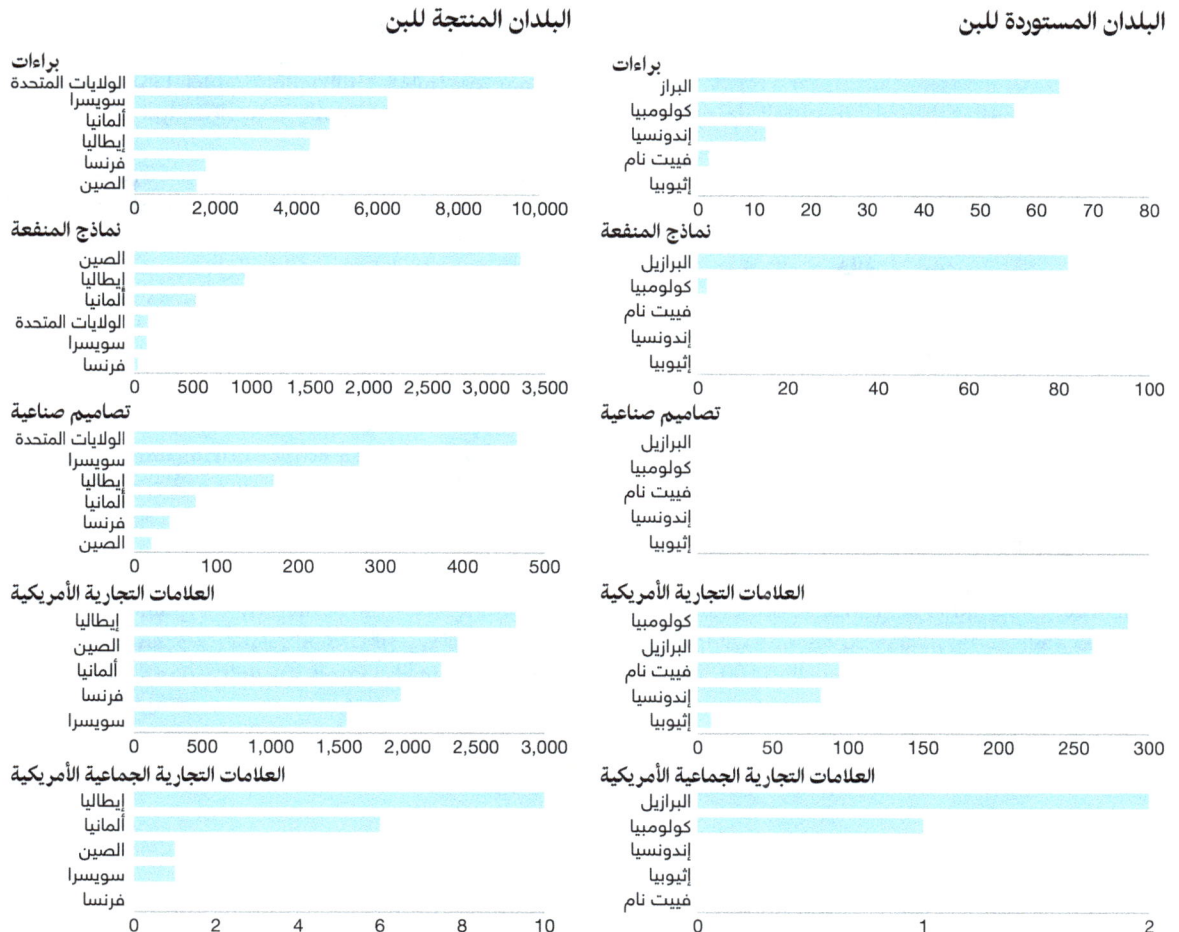

البلدان المستوردة للبن

البلدان المنتجة للبن

المصدر: الويبو استنادا إلى قاعدة البيانات (PATSTAT) ومكتب الولايات المتحدة للبراءات والعلامات التجارية: انظر الملاحظات الفنية.

ملاحظة: جمعت البيانات المتعلقة بالبراءات والتصاميم الصناعية ونماذج المنفعة من قاعدة البيانات (PATSTAT)، وأخذت بيانات العلامات التجارية من مكتب الولايات المتحدة للبراءات والعلامات التجارية (انظر الحاشية 36).

الإطار 3.2

الصين - إمكانيات نمو هائلة إنتاجا أو سوقا

الصين هي واحدة من أحدث البلدان المنتجة للبن، إذ تنتج بن أرابيكا معتدل الطعم في مقاطعة يونان.[38] وقد تضاعف إنتاج الصين من البن كل خمس سنوات على مدى العقدين الماضيين. وهي سوق ذات إمكانات نمو عالية لاستهلاك القهوة؛ فنمط استهلاكها يشبه تطور الطلب على القهوة في اليابان قبل 50 عاما.[39]

ويبدو أن أنشطة الملكية الفكرية في الصين ترافق زيادة إنتاج البن. فقد شهد هذا المجال قفزة في أنشطة إيداع البراءات والعلامات التجارية على مدى العقد الماضي، لتنافس الصين أعلى البلدان المستوردة دخلا.

ومنذ عام 1995، قدم المودعون في الصين، تقريبا، نفس عدد البراءات المتعلقة بالقهوة التي أودعت في فرنسا، وأكثر من تلك المسجلة في المملكة المتحدة.[40] وإضافة إلى ذلك، يحمى ما يقرب من 3300 تكنولوجيا متعلقة بالقهوة من خلال نماذج المنفعة.[41] وقد أودعت معظم البراءات الصينية في الصين فقط، دون أي توجه نحو الخارج مثل البراءات المودعة في فرنسا وإيطاليا والمملكة المتحدة.

ولكن أودعت الصين حوالي 2400 علامة تجارية في مكتب الولايات المتحدة للبراءات والعلامات التجارية بشأن سلع القهوة وخدماتها، أي أكثر مما أودعته ألمانيا - 2200 علامة تجارية تقريبا. وهذا يشير إلى أن الشركات الصينية تحظى بوجود كبير في سوق القهوة في الولايات المتحدة.

ملكية أصول الملكية الفكرية تحاكي توزيع الدخل على طول سلسلة القيمة

يقارن الشكل 5.2 توزيع أنشطة تسجيل البراءات والشركات عبر مختلف شرائح سلسلة قيمة القهوة.[42] ويظهر نسبة المشاركين في كل مرحلة من مراحل السلسلة (باللون الأزرق الفاتح) ونصيبهم من إجمالي إيداعات البراءات المتعلقة بالقهوة (باللون الأزرق الغامق).

ويتركز ما يفوق 90 في المائة من جميع أنشطة البراءات هذه في قطاعي تجهيز الحبوب والتوزيع النهائي.[43] ويشكل هذان القطاعان ما يقرب من ثلثي العدد الإجمالي للشركات في صناعة القهوة في جميع أنحاء العالم. ويشمل المشاركون عادة المحامص ومصنعي القهوة الفورية وتجار التجزئة الذين يحمصون خلطاتهم الخاصة مثل المقاهي المتخصصة وتجار القهوة المستقلين.

وعلى النقيض من ذلك، لا تحوي الأنشطة التي تجري عادة في البلدان المنتجة، مثل زراعة البن وحصاده وما بعد الحصاد، الكثير من البراءات. وتمثل قطاعات الزراعة والحصاد وما بعد الحصاد مجتمعة أقل من 2 في المائة من إجمالي إيداعات البراءات المتعلقة بالقهوة.

ويرتفع نشاط التوسيم التجاري بين المشاركين في مرحلة التوزيع النهائي. ويحدد الشكل 6.2 عدد العلامات التجارية المودعة لوسوم أمريكية لتجارة القهوة في أسواق الموجات الأولى والثانية والثالثة، والمسجلة لدى مكتب الولايات المتحدة الأمريكية للبراءات والعلامات التجارية.

ولا تزال إيداعات العلامات التجارية المتعلقة بسلع القهوة وخدماتها في ازدياد مطرد منذ عام 1980، إلا أنّ عدد الطلبات المودعة من المشاركين في الموجتين الثانية والثالثة ارتفع ثلاثة أمثال تقريبا بين عامي 2000 و2016. وتحتل عمليات الإيداع من قبل شركات التجزئة المستقلة في الموجة الثالثة حصة كبيرة من هذا النمو.

ويبرز هذا الاعتماد المتزايد على إيداعات العلامات التجارية أهمية أنشطة التوسيم في صناعة القهوة بشكل عام، وفي الموجات الثانية والثالثة بشكل خاص. وقد بدأت قطاعا السوق الأخيرين تحقيق المكاسب منذ عامي 2000 و2010 على التوالي.

أنشطة التوسيم في ازدياد بخلاف البراءات

ارتفعت إيداعات العلامات التجارية لسلع القهوة وخدماتها على مر السنين. ويبين الشكل 7.2 أن نسبة إيداعات العلامات التجارية للقهوة ازدادت في العقود الأخيرة مقارنة بجميع فئات العلامات التجارية الأخرى. وقد حدثت قفزات ملحوظة في إيداعات العلامات التجارية المتعلقة بالقهوة في الأعوام 1991 و2000 و2010، متزامنة مع انطلاقة الموجتين الثانية والثالثة وانتشارهما.[44]

وفي ذات الفترة، شهد نمو براءات التكنولوجيا المتصلة بالقهوة تفاوتا. فرغم ازدياد عدد البراءات المتعلقة بالقهوة، إلا أن نسبتها من إجمالي البراءات انخفضت منذ عام 2005. وبلغت نسبة الإيداع السنوي للبراءات المتعلقة بالقهوة ذروتها في العام نفسه، إذ أودع أكثر من 1500 طلب في جميع أنحاء العالم.

الشكل 5.2

يرتبط أكثر من نصف البراءات في مجال القهوة بأنشطة التوزيع النهائي

النسبة المئوية لحصص شركات صناعة القهوة، ونصيبها من طلبات البراءات بحسب كل قطاع في سلسلة القيمة

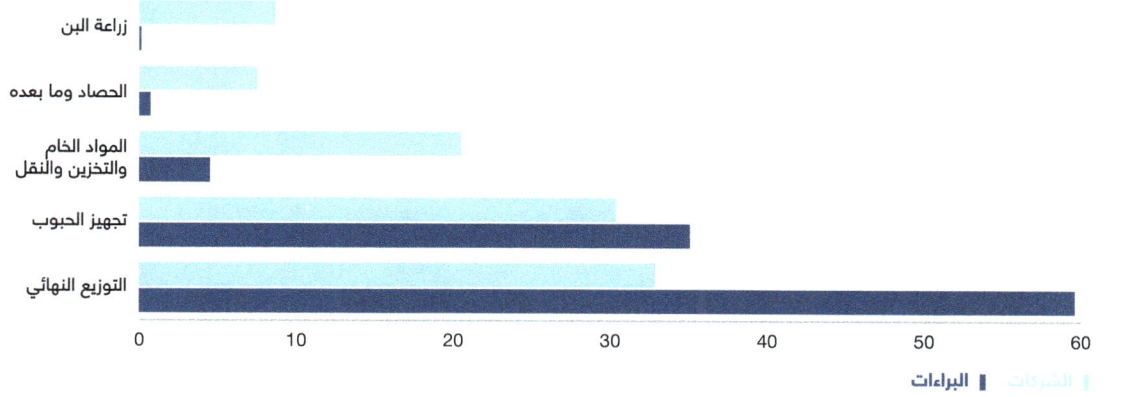

المصدر: الويبو استنادا إلى قاعدة البيانات (PATSTAT) ودليل أوكيرس (2017): انظر الملاحظات الفنية. ويستند تصنيف قطاعات سلسلة القيمة إلى دراسة سامبر وآخرين (2017).

ملاحظة: يمثل الشريط بالأزرق الفاتح حصة جميع الشركات العاملة في صناعة القهوة في كل قطاع من سلسلة القيمة. ويشير الشريط بالأزرق الداكن إلى نسبة البراءات المتعلقة بالقهوة لكل قطاع من السلسلة. ويرجح أن تكون حصة المشاركين في قطاع زراعة القهوة أقل من القيمة الحقيقية لأن قائمة المشاركين في هذا القطاع التي استخرجت من دليل أوكيرس لا تشمل سوى الشركات المسجلة.

الشكل 6.2

استمرار ارتفاع إيداعات العلامات التجارية، خاصة للموجتين الثانية والثالثة

مجموع إيداعات العلامات التجارية المتعلقة بالقهوة لدى مكتب الولايات المتحدة الأمريكية للبراءات والعلامات التجارية حسب قطاع السوق في الفترة 1980-2016

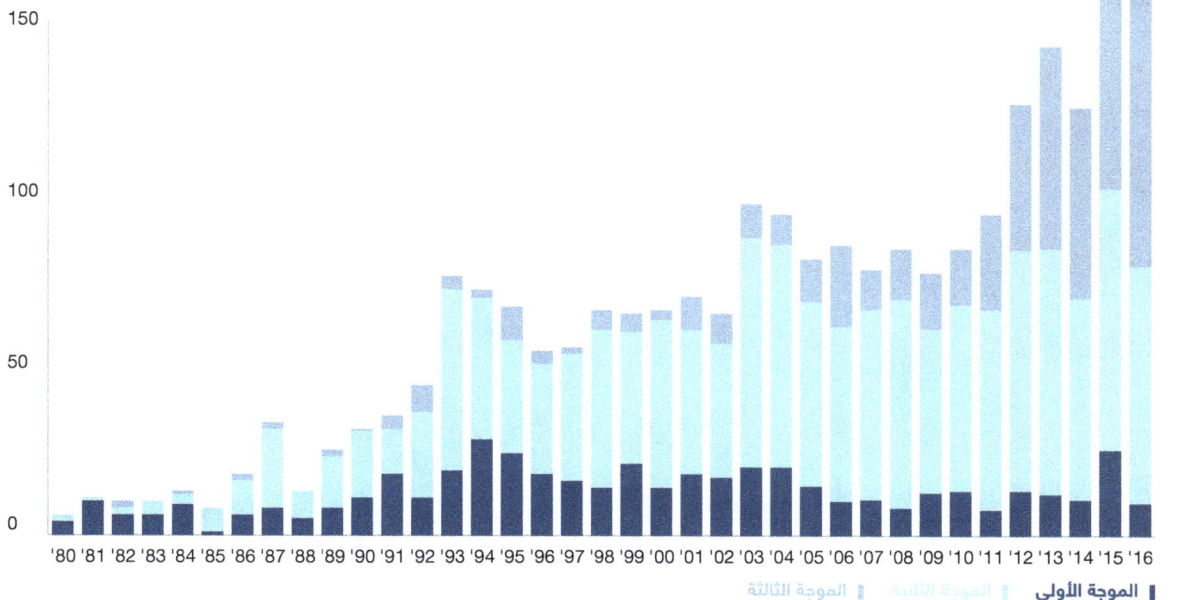

المصدر: الويبو استنادا إلى مكتب الولايات المتحدة للبراءات والعلامات التجارية وشركة (PQC): انظر الملاحظات الفنية.

ملاحظات: صنفت علامات القهوة الأمريكية من قبل شركة (PQC) وفق ثلاثة قطاعات مختلفة من السوق. واستخدمت اللائحة التي أعدتها الشركة لتحديد إيداعات العلامات التجارية في مكتب الولايات المتحدة للبراءات والعلامات التجارية لكل قطاع أو موجة.

الشكل 7.2

تسخير مطرد للتوسيم كوسيلة للتميّز من قبل المشاركين في سلسلة القهوة

الإيداعات السنوية للبراءات والعلامات التجارية المتعلقة بالقهوة (المحور الأيمن) والنسبة المئوية لهذه البراءات والعلامات من إجمالي إيداعات البراءات والعلامات التجارية (المحور الأيسر)

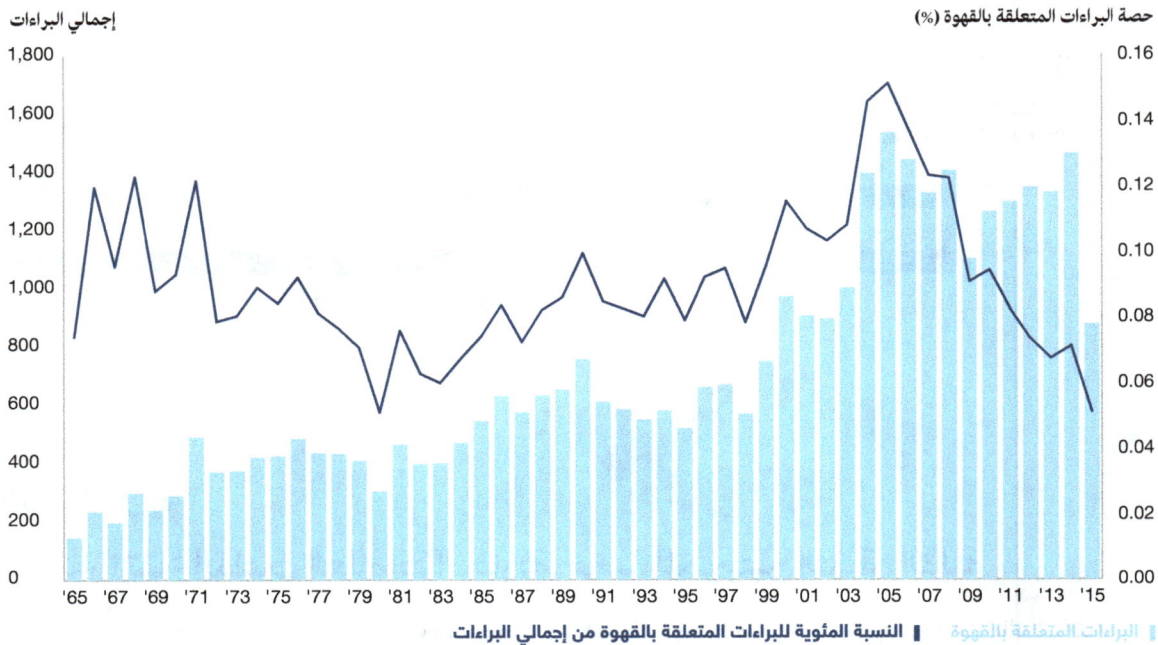

حصة البراءات المتعلقة بالقهوة (%)

إجمالي البراءات

█ البراءات المتعلقة بالقهوة █ النسبة المئوية للبراءات المتعلقة بالقهوة من إجمالي البراءات

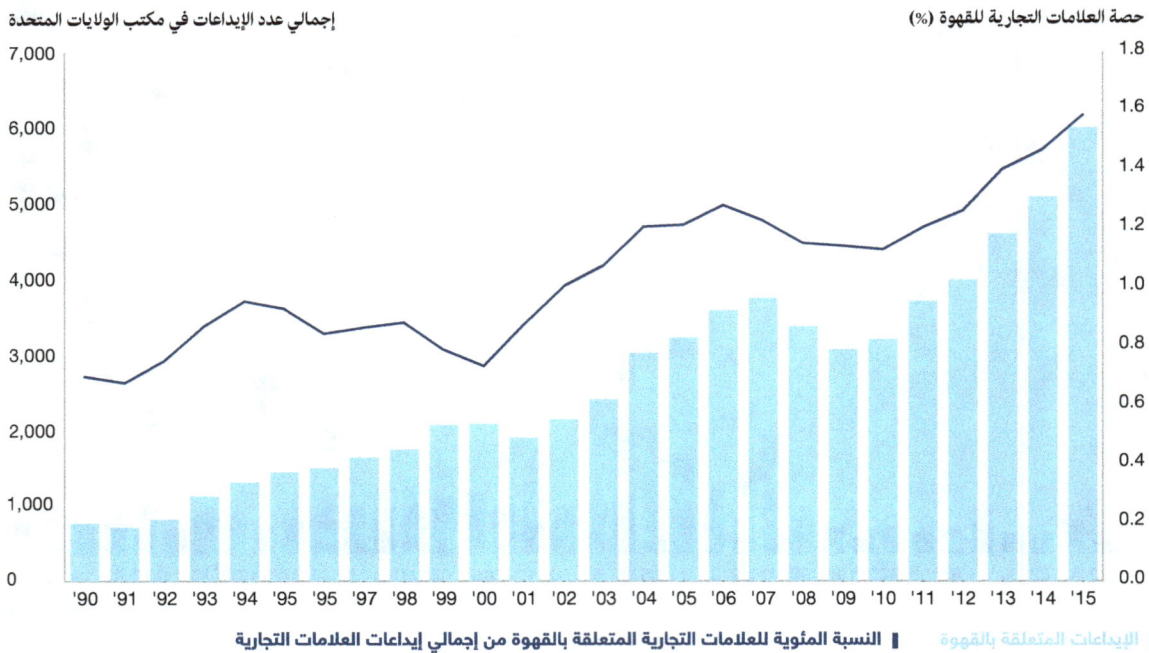

حصة العلامات التجارية للقهوة (%)

إجمالي عدد الإيداعات في مكتب الولايات المتحدة

█ الإيداعات المتعلقة بالقهوة █ النسبة المئوية للعلامات التجارية المتعلقة بالقهوة من إجمالي إيداعات العلامات التجارية

المصدر: الويبو استنادا إلى قاعدة البيانات (PATSTAT) ومكتب الولايات المتحدة للبراءات والعلامات التجارية: انظر الملاحظات الفنية.

3.2 - إدارة الأصول غير الملموسة في سلسلة قيمة القهوة

يحمي المشاركون في سلسلة القيمة العالمية للقهوة أصولهم غير الملموسة ويديرونها بواسطة أربعة طرق رئيسية هي: "1" حماية التكنولوجيا القابلة للبراءة في أماكن تواجد منافسيهم؛ "2" واستخدام استراتيجيات التميّز، ولا سيما العلامات التجارية، لفصل أنفسهم عن منافسيهم؛ "3" وبناء علاقات مباشرة مع المزارعين؛ "4" وتأمين غلال القهوة عبر معالجة قضايا تغير المناخ وأمراض أشجار البن.

1.3.2 – حماية القهوة في الأسواق الهامة

تعود ملكية معظم الأصول غير الملموسة الرسمية في سلسلة القيمة العالمية للقهوة إلى المشاركين من الاقتصادات الأكثر تقدما، التي تستورد البن. ويحمي هؤلاء المشاركون رؤوس أموالهم غير الملموسة في البلدان التي يواجهون فيها منافسة، والتي هي عادة اقتصادات أكثر نموا ومستوردة للبن.

ويبين الشكل 8.2 المناطق التي طلبت فيها حماية التكنولوجيات ببراءات على مستوى العالم في الفترة من 1976 إلى 1995 (أعلى) ومن 1996 إلى 2015 (القاع).

الشكل 8.2

الأسواق الهامة للبراءات المتعلقة بالقهوة

النسبة المئوية لمجموع أسر البراءات العالمية في مجال القهوة، التي سعى فيها المودعون للحصول على حماية في بلد معين في الفترة من 1976 إلى 1995 (أعلى) ومن 1996 إلى 2015 (أسفل).

1976-1995

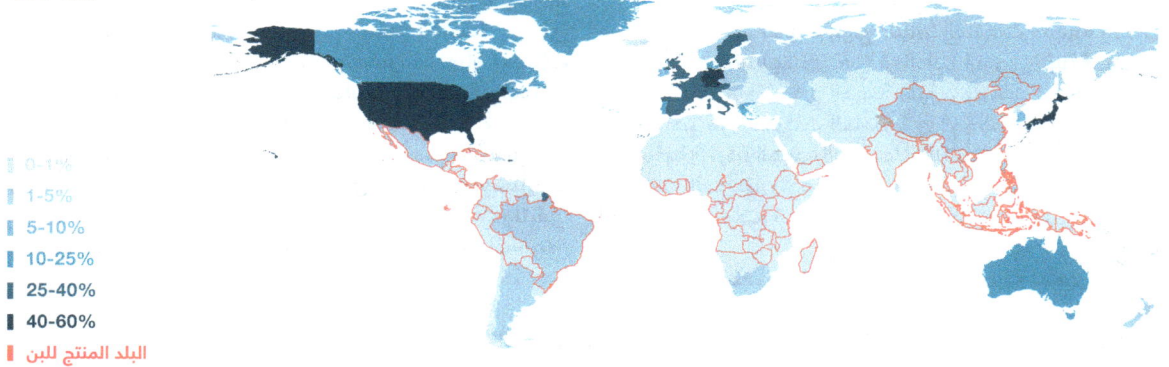

0-1%
1-5%
5-10%
10-25%
25-40%
40-60%
البلد المنتج للبن

1996-2015

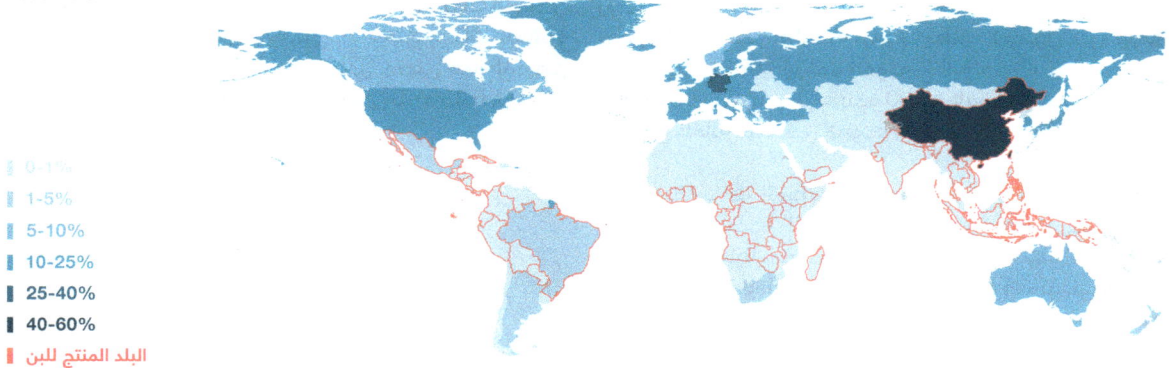

0-1%
1-5%
5-10%
10-25%
25-40%
40-60%
البلد المنتج للبن

المصدر: الويبو استنادا إلى قاعدة البيانات (PATSTAT)؛ انظر الملاحظات الفنية.

ملاحظات: أدرجت في الشكل أسر البراءات التي منحت وثيقة براءة واحدة على الأقل من مكتب ملكية فكرية. وحددت باللون الأحمر البلدان الأعضاء في المنظمة الدولية للبن المعروفة بأنها بلدان منتجة للبن، إضافة إلى الصين.

وتبرز نقطتان مما سبق. أولا، إن التكنولوجيات المتصلة بالقهوة محمية بشكل رئيسي في الاقتصادات الأكثر تقدما؛ وهو استنتاج كان صحيحا عام 1995 ولا زال صحيحا اليوم. فالبرازيل والصين والمكسيك هي البلدان الوحيدة المنتجة للبن التي تطلب فيها حماية بموجب براءة للاختراعات المتعلقة بالقهوة. وثانيا، أن مكاتب الملكية الفكرية في أسواق كبيرة مثل الصين وروسيا تتلقى الآن حصة أكبر من إيداعات البراءات المذكورة، مقارنة بما كانت تتلقاه قبل عام 1996، مما يرجح نمو استهلاك منتجات القهوة في هذين البلدين.

ولكن الزيادة في نشاط الإيداع في الصين فريدة من نوعها. وتسعى معظم الطلبات المودعة لدى مكتب الدولة للملكية الفكرية في جمهورية الصين الشعبية، إلى الحصول على الحماية في الصين فقط لا في مكان آخر، مع أنّ البراءات المودعة في بلدان أخرى تميل إلى طلب الحماية في أكثر من ولاية قضائية واحدة.

2.3.2 – التوسيم كاستراتيجية للتميّز

تختلف استراتيجيات التوسيم في قطاعات السوق الثلاثة

في الموجة الأولى، أدت الإدارة التي يوجهها السوق إلى وضع معظم الأصول غير الملموسة تحت سيطرة المشترين، أي المحامص ومصانع القهوة الفورية. ويضمن استمرار العلاقات الطويلة الأجل مع الموزعين والاستثمار في إدراج تكنولوجيات حديثة وأنشطة التوسيم، الحصة السوقية للمشترين في سوق تشتد فيها التنافسية. ومن الأمثلة البارزة على أهمية التوسيم، ما فعلته شركة نستله حين أدخلت إلى المنزل آلات قهوة الإسبريسو وكبسولاتها عن طريق علامتي نسبريسو ونسكافيه دولتشي غوستو. وقد أتت هذه الآلات بجديد هو جعل استهلاك قهوة الإسبريسو عالية الجودة في المنزل أمرا ممكنا.

وتميّز قطاع سوق الموجة الثانية ببنية إدارية يوجهها السوق. ولكن استثمر المشاركون بكثافة في علامات تجارية تميّزهم عن منافسيهم. ومن أمثلة هذه العلامات شركة ستاربكس، فهي واحدة من أكبر وسوم القهوة في العالم.[45] وقد اتبعت المقاهي المتخصصة في الموجة الثانية نموذج أعمال يربطها مباشرة بزبائنها ويختلف عن نموذج الموجة الأولى. وتولي هذه المقاهي اهتماما كبيرا لاتجاهات الاستهلاك، وتحاول تلبية متطلبات نمط حياة محدد.

وقد بدأت المحامص ومصانع القهوة الفورية من الموجة الأولى تبني سبيل الموجة الثانية بالتركيز على التصديق والتوسيم. ويحمل كثير من علب القهوة الآن شهادات تصديق من طرف ثالث لتبيان كيفية زراعة الحبوب وطمأنة المستهلكين بأن المزارعين يحصلون على أجر منصف.

ويوضح الشكل 9.2 عدد العلامات التجارية المودعة في الولايات المتحدة من قبل شركات التجزئة في الموجات الأولى والثانية والثالثة. وقد أودعت جميع شركات الموجة الأولى، تقريبا، علامة تجارية. ورغم أن إجمالي إيداعات الموجتين الثانية والثالثة يفوق إيداعات الموجة الأولى، تودع وسوم هذين القطاعين طلبات حماية بعلامة تجارية أقل من وسوم الموجة الأولى. إذ تبلغ نسبة وسوم الموجة الأولى غير المحمية بعلامة تجارية 12 في المائة فقط، في حين أن ما يقرب من 30 في المائة و45 في المائة، على التوالي، من وسوم الموجتين الثانية والثالثة غير محمية بعلامة تجارية مسجلة.

وبعبارة أخرى، يميل المشاركون في الموجة الأولى لاستخدام العلامات التجارية أكثر من المشاركين في قطاعي السوق الجديدين، مما يبرز قيمة الوسوم الأصلية.

وعلاوة على ذلك، تختلف أنواع طلبات العلامات التجارية بحسب المستهلكين المستهدفين في قطاعات السوق الثلاثة. وتودع شركات البيع بالتجزئة في الموجة الأولى علامات تجارية متعلقة بالسلع أكثر من الشركات العاملة في الموجتين الثانية والثالثة، وهو ما يبيّن تركيز الموجة الأولى على الاستهلاك المنزلي. وتملك السوقان الجديدتان حصة أكبر من طلبات العلامات التجارية المتعلقة بالخدمات، مما يعكس تركيزهما على الخدمات الشخصية.

ما تفسير الاستخدام المنخفض نسبيا للحماية بموجب علامة تجارية في الموجة الثالثة؟ إن السمات المحددة لهذا القطاع من السوق، أي الروابط الوثيقة بين تجار التجزئة المتخصصين والمزارعين، والتركيز الكبير على الشفافية والمعرفة أكثر من القطاعين القديمين، تبيّن أن التوسيم هو رأس مال غير ملموس يجب حمايته. ولكن، تشير بيانات إيداع العلامات التجارية أن قرابة نصف شركات الموجة الثالثة تقدمت بطلب الحصول على علامة تجارية. وتبلغ نسبة شركات الموجة الثالثة التي لا تملك علامة تجارية 45 في المائة مقارنة بنحو 30 في المائة في الموجة الثانية و12 في المائة فقط في الموجة الأولى.

ومن التفسيرات المحتملة لما سبق، هو أنّ معظم شركات التجزئة في الموجة الثالثة هي شركات متخصصة صغيرة، لا تحتاج إلى الحماية بموجب علامة تجارية كي تشتهر. أمّا شركات الموجتين الأولى والثانية فهي أكبر على الأرجح، وتستهدف السوق العالمية للقهوة، ولذا قد تحتاج إلى الاعتماد على حماية رسمية لملكيتها الفكرية.

الشكل 9.2

قطاعات السوق الأحدث تودع المزيد من العلامات التجارية في الولايات المتحدة

عدد شركات التجزئة وإيداعاتها من العلامات التجارية بحسب قطاعات سوق القهوة (يسار)؛ وتوزيع الأنواع المختلفة لإيداعات العلامات التجارية بحسب قطاعات سوق القهوة (يمين)

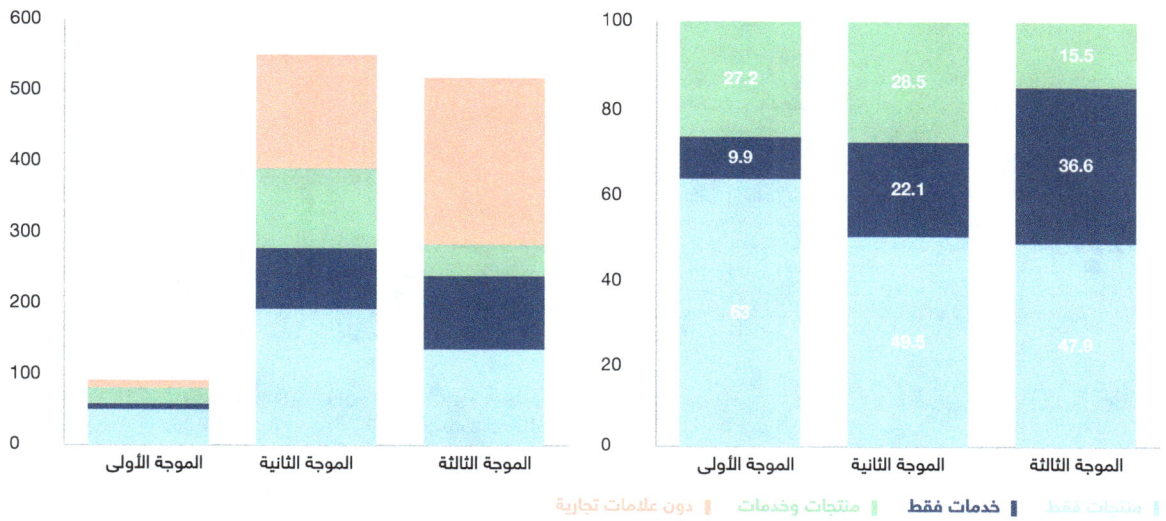

المصدر: الويبو استنادا إلى قاعدة البيانات (PATSTAT) وشركة (PQC)؛ انظر الملاحظات الفنية.

ورغم صغر الموجة الثالثة من حيث حجم التداول، فقد أحدثت أثرا على طريقة إدارة الأنشطة التجارية في قطاعي السوق الأخريين.

3.3.2 – الموجة الثالثة: باب لتطوير مزارع البن

لقد أثرت الموجة الثالثة، بفضل إدارتها القائمة على العلاقات، على كيفية إدارة الأصول غير الملموسة في صناعة القهوة. وأتاحت سلسلتها القصيرة، التي تسهل التجارة المباشرة مع المزارعين، فرصا جديدة للمشاركين كي يحدثوا أنشطتهم، ولا سيما المزارعين والمشترين من المقاهي المستقلة.

فأولا، أصبحت المعلومات عن أصل حبوب البن ونوعها وكيفية زراعتها ومعالجتها، وتلقي المزارعين لأجر منصف، جزءا لا يتجزأ من أنشطة بيع القهوة. وتترجم هذه المعلومات والمعرفة إلى ارتفاع في أسعار القهوة، وهي زيادة يمكن إعادة استثمارها في تحديث مزارع البن.

وثانيا، تزداد أهمية الحصول على حبوب بن عالية الجودة لكثير من المشترين. مما يجعل التجارة المباشرة طريقة تضمن للمشترين الحصول على حبوب بن عالية الجودة.

واطّلاع المشترين على معلومات أوسع عن القهوة، سيمكنهم من نقل قصته لعملائهم. وبالنسبة للمزارعين، فقد يثمر التواصل المباشر مع المشترين عن تقاسم التكنولوجيا والدراية الفنية، مما يساعد على رفع مستوى المزارع وتحديث عمليات التجهيز.

وتذكر علاقة المحامص الإيطالية إيليكافي (Illycafé) بمزارعي البن في البرازيل منذ أواخر الثمانينيات كخير مثال على ما سبق. فقد ضمن التعاون المباشر مع المزارعين حصول إيليكافي على إمدادات مستقرة نسبيا من حبوب البن البرازيلية التي تستوفي مواصفاتها العالية الجودة. وساعدت هذه الشراكة المزارعين على رفع مستوى أساليب زراعة البن وأنشطة ما بعد الحصاد ومرافق التجهيز، وشملت أنظمة تدريب رسمية هامة.

وثالثا، أصبح أصل حبوب البن جانبا هاما من أنشطة بيع القهوة، وميزة تذكر على عبوات منتجاتها. وفي الوقت الراهن، تبيع المحامص ومصانع القهوة الفورية والمقاهي المتخصصة من قطاعات سوق الموجتين الأولى والثانية، حبوب البن أحادية المصدر. ويتيح هذا التركيز على منشأ البن فرصة للمزارعين ليتميزوا عن موردي البلدان المنتجة الأخرى.

البلدان المنتجة للبن تتبنى استراتيجيات للتميز

يبين قطاعا سوق الموجتين الثانية والثالثة أنّ المشاركين من البلدان المنتجة قد يجنون دخلا أعلى من سلسلة القيمة عن طريق تمييز منتجاتهم عن غيرها. لذلك، يزداد عدد البلدان المنتجة التي تستثمر في مساعي تمييز إنتاجها عن البن العادي أو التجاري.

فأولا، ينشط بعض المزارعين والرابطات الفلاحية في حماية وسوم البن المزروعة في بلدانهم في الأسواق الخارجية. ففي الولايات المتحدة، يقوم المشاركون بإيداع علامات تجارية لحماية منتجاتهم من البن. إذ تستخدم البرازيل وجامايكا والمكسيك العلامات الجماعية وعلامات التصديق هناك.[46] وتستخدم كولومبيا وإثيوبيا وجامايكا وكينيا أيضا علامات تجارية لحماية منشأ منتجاتها من البن. وقد أودع لدى الاتحاد الأوروبي مؤشران جغرافيان للبن المزروع في تايلند، ومؤشر واحدة للبن المزروع في كل من كولومبيا والجمهورية الدومينيكية وإندونيسيا، وأربع علامات تجارية أوروبية تتعلق بكلمة "قهوة" أودعتها جامايكا وإثيوبيا، وخمس علامات تجارية على شعارات البن القادم من كولومبيا وجامايكا.

وقد دعمت الحكومات، كحكومتي كولومبيا وإثيوبيا، المبادرات الرامية إلى ضمان حقوق الملكية الفكرية مثل المؤشرات الجغرافية والعلامات التجارية لإبراز منتجات بلدانها. وفي كولومبيا، نفذ اتحاد مزارعي البن الكولومبي (FNC) استراتيجية تمايز شملت حماية فعالة للبن المزروع في كولومبيا والامتثال لبعض معايير الاستدامة الطوعية وإثبات ملائمة حبوب البن الكولومبي لتحضير الإسبريسو. ودعم الاتحاد برنامج "البن الكولومبي 100%" الذي يسمح بوضع شعار "كولومبي 100%" على خلطات معينة من البن في الموجة الأولى وشرائح أخرى من السوق.[47]

وفي إثيوبيا، اضطلعت المبادرة الإثيوبية لتسجيل العلامات التجارية للبن وتراخيصه، وهي اتحاد شراكة بين القطاعين العام والخاص، بأنشطة توسيم البن المزروع في مناطقها بغية تعزيزه.[48] وتقدمت المبادرة بطلب للحصول على حقوق علامات تجارية في أستراليا والبرازيل وكندا والصين والاتحاد الأوروبي وجنوب أفريقيا والولايات المتحدة، على سبيل المثال لا الحصر. وتعاقدت مع شركة في المملكة المتحدة للمساعدة في تسويق البن الإثيوبي في جميع أنحاء العالم. وقد ساعدت أنشطتها في زيادة شعبية البن الإثيوبي (انظر الإطار 4.2).

الإطار 4.2

كيف ساهم الاعتراض على إيداع إثيوبيا لعلامات تجارية لدى مكتب الولايات المتحدة للبراءات والعلامات التجارية في رفع شعبية البن الإثيوبي

قدم مكتب إثيوبيا للملكية الفكرية، عام 2005، بالنيابة عن المبادرة الإثيوبية لتسجيل العلامات التجارية للبن وتراخيصه، طلبا لحماية العلامات التجارية يرغاشيف وسيدامو وهارار في مكتب الولايات المتحدة للبراءات والعلامات التجارية. ولكنّه واجه اعتراضا بشأن الاسمين سيدامو وهارار.

وذكرت وسائل الإعلام أن شركة ستاربكس كانت أحد أطراف هذا الاعتراض. وبعد عام، توصلت الحكومة الإثيوبية وستاربكس إلى اتفاق يحقق منفعة للطرفين. فوقعت ستاربكس اتفاق ترخيص طوعي للعلامات التجارية تعترف فيه بملكية إثيوبيا لأسماء يرغاشيف وسيدامو وهارار، سواء كانت علامات تجارية أم لا. وفي المقابل، أذنت الحكومة الإثيوبية لستاربكس باستخدام تلك الأسماء بموجب نظام ترخيص دون إتاوات.

وساعدت التغطية الإعلامية للاعتراض ودور ستاربكس في زيادة شعبية البن الإثيوبي. وذكر المدير العام السابق لمكتب إثيوبيا للملكية الفكرية، أن سعر بن يرغاشيف ارتفع بمقدار 60 سنتا للرطل الواحد بعد التغطية الإعلامية.

المصدر: (الويبو)، "إثيوبيا وستاربكس"، منافع الملكية الفكرية: www.wipo.int/ipadvantage/en/details.jsp?id=2621.

وثانيا، دخلت بلدان مثل كولومبيا والبرازيل إلى مصب سلسلة التوريد عن طريق تحميص البن وبيع منتجاته في الأسواق الخارجية. وبدأت كولومبيا أيضا تجارة التجزئة بفتح متاجر متخصصة مماثلة لمقاهي ستاربكس في أجزاء مختلفة من العالم. وتحمل هذه المتاجر اسم مقاهي خوان فالديز (Juan Valdez) وتبيع القهوة الكولومبية فقط. وبحلول عام 2016، بلغ عددها 371 مقهى، منها 120 خارج كولومبيا. وراكمت العلامة التجارية خوان فالديز إتاوات لصالح رابطة البن الكولومبي بلغت 37 مليون دولار أمريكي، في نهاية عام 2016.

وثالثا، يتواصل عدد متزايد من المزارعين مع المشترين مباشرة من خلال شبكات مجتمع البن.

بناء سمعة حسنة بحشد مجتمع البن

يشمل مجتمع البن شبكة من الباريستاس وعمال المحامص المنظمين في نقابات وجمعيات. وتنظم هذه النقابات والجمعيات مسابقات واجتماعات يتعلم فيها المشاركون من بعضهم البعض، وتبرز مهاراتهم اعترافا بعملهم.

ومن المسابقات التي تعود بالنفع على المزارعين والمشترين كأس التميز (Cup of Excellence). ويقدّر مركز التميز استثمارات مزارعي البن في إنتاج حبوب عالية الجودة. ويوفر لهم فرصة التعريف بمنتجهم في إطار دولي. وتباع محاصيل البن، التي تحتل المراتب العشرة الأولى في كأس التميز، في مزاد علني وتجلب أسعارا متميزة في معظم الأحيان. ويكتسب مزارعوها وحقولهم سمعة طيّبة، ويدخلون في علاقات طويلة الأجل مع المشترين.[49] ويعطي هذا النوع من التوسيم قيمة كبيرة للمنافسين الناجحين.

وذكر تقييم مستقل لبرامج كأس التميز في البرازيل وهندوراس، أن القيمة التي ولّدتها الكأس في هذه البلدان بلغت 137 مليون دولار أمريكي و25 مليون دولار أمريكي على الترتيب. وقدّر التقييم أن هذه المكاسب في القيمة أتت من مبيعات المزادات المباشرة وارتفاع حجم التجارة المباشرة وزيادة فرص الوصول إلى أسواق القهوة المتخصصة. ولاحظ المشاركون الناجحون في الكأس زيادة هوامش ربحهم بمقدار ضعفين إلى تسعة أضعاف ما يحققه نظرائهم من غير المشاركين.[50]

ويلتزم مجتمع البن بمعايير محددة بغية تبسيط التجارة بين المشترين والمزارعين. وتسهل مفاهيم الجودة المقننة ومقاييسها، مثل معايير التذوق والتصنيف الخاصة بجمعية القهوة المتخصصة (Specialty Coffee Association)، هذه التجارة. وتحفز المعايير المزارعين على إنتاج بن عالي الجودة، وتطمأن الباريستاس والمحامص بشأن جودة البن الذي يشترونه. فكلما زاد عدد المشاركين في المعيار، أصبحت المعاملات المباشرة بين موردي البن ومشتريه في السوق العالمية أسهل.

غير أن قضايا تغير المناخ وأمراض أشجار البن تهدد إنتاج حبوب البن في جميع أنحاء العالم.

4.3.2 – استيلاد أنواع جديدة من البن بفضل الشراكات بين القطاعين العام والخاص

يواجه إنتاج البن عددا من التحديات، منها تغير المناخ وأمراض أشجار البن وآفاتها ونقص العمالة وضغوط الأراضي.

وتؤثر هذه التحديات بشدّة على إنتاج بن أرابيكا عالي الجودة. أولا، لأنّ التنوع الضئيل لأصنافه يجعله شديد التأثر بالأمراض وتغير المناخ.[51] وثانيا، يرجح أن تؤدي درجات الحرارة المرتفعة الناجمة عن تغير المناخ إلى تقليل مساحة المناطق الملائمة لزراعة هذا البن.[52]

وتبرز الحاجة إلى أصناف نباتية أكثر قدرة على التكيف لضمان توافر القهوة في جميع أنحاء العالم. وقد استطاعت مؤسسات البحوث في بعض البلدان الأفريقية المنتجة للبن مثل كوت ديفوار وإثيوبيا وكينيا وجمهورية تنزانيا المتحدة وأوغندا، وكذلك في بلدان أمريكا اللاتينية مثل البرازيل وكولومبيا وكوستاريكا وهندوراس تطوير أصناف جديدة من البن.[53] وتبذل المنظمات غير الحكومية جهودا كبيرة في تطوير أصناف بن أكثر مقاومة. ومن الأمثلة البارزة لهذه المنظمات، منظمة بحوث البن العالمية (World Coffee Research) التي تعمل بشكل وثيق مع البلدان المنتجة من أجل تبادل دولي لأصناف البن في محاولة لتطوير أصناف مقاومة. وفي الآونة الأخيرة، بدأ المشاركون في سلسلة القيمة الخاصة للقهوة مثل شركات ستاربكس ونستله وإكوم أغروإندوستريال، بالتواصل مع معاهد البحوث المحلية.

ويمكن للجمهور الاطّلاع على معظم مخرجات البحوث في هذا المجال. ولذلك سببان. أولهما، أن مؤسسات البحث والحكومات قد تطلب أن يظل العمل متاحا للجمهور. وثانيهما، أن أصناف النباتات ملائمة لمنطقة محددة ومناخها، وبالتالي فإن صنف البن الذي ثبت نجاحه في منطقة ما قد لا يسهل نقله واستخدامه في منطقة مختلفة. وفي كثير من الحالات، يتعين على مؤسسات البحوث في مختلف البلدان المنتجة للبن أن تطوّر أصنافا محددة ملائمة لبيئاتها، وأن تضاعف الجهود والاستثمارات اللازمة.

وتسعى مبادرة من منظمة بحوث البن العالمية إلى توفير الجهد والاستثمار في تحديد أصناف مقاومة من البن، من خلال تقاسم هذه الأصناف عبر بلدان في مناطق معينة في العالم. وتساعد هذه المنظمة غير الحكومية بفضل التعاون الوثيق مع الحكومات والمزارعين، في نقل التكنولوجيا من أفرقة الأبحاث إلى المزارعين.

ومن السبل الممكنة لتسهيل نقل التكنولوجيا، الاعتماد على حقوق مستولدي النباتات. وقد اعتمد عدد قليل من البلدان على هذا النظام، في إطار الاتحاد الدولي لحماية الأصناف النباتية الجديدة (الأوبوف)، لحماية أصناف نباتات البن التي طورتها. ويهدف نظام الأوبوف إلى توفير حوافز لمستولدي النباتات لتطوير أصناف نباتية جديدة وتشجيع نشرها.[54]

وسجل أول طلب لحقوق مستولدي النباتات في إطار نظام الأوبوف، عام 2004 في البرازيل.[55] وحتى اليوم، أودعت 46 وثيقة لحقوق مستولدي النباتات بشأن أصناف أرابيكا وكانيفورا، حسبما وصفت للأوبوف.[56] وأودعت هذه الوثائق في البرازيل (19) وكولومبيا (19) وكوستاريكا (1) وكينيا (7)، وأودع معظمها من قبل منظمات البحث العامة وجمعيات البن.

4.2 – الخلاصة

إن توزيع الدخل على طول سلسلة قيمة القهوة غير متساو، حالها كحال كثير من السلع المنتجة في الجنوب العالمي والمستهلكة في الشمال العالمي. ويحظى أصحاب المحامص والعلامات التجارية وتجار التجزئة في السوق النهائي في البلدان المستوردة للبن بحصة الأسد من القيمة الإجمالية للسوق.

وتؤدي الأصول غير الملموسة دورا هاما في سلسلة القيمة العالمية للقهوة. وكما بيّن الفصل 1، يمثل رأس المال غير الملموس 31 في المائة من مجموع الدخل في مجموعة الأغذية والمشروبات ومنتجات التبغ. وقد أبرز الفصل التوزيع القائم لإيرادات القهوة على طول السلسلة، وكيف تساعد ملكية الأصول غير الملموسة في تفسير هذا التوزيع.

ويهيمن قطاع الموجة الأولى على السوق بسبب حجم الاستهلاك وقيمته السوقية. والمنافسة في هذا السوق محتدمة وتعتمد على إبقاء تكلفة الإنتاج منخفضة. وتبنى القرارات المتعلقة باختيار منشأ البن واستخدام صنف أرابيكا أو روبوستا لتلبية احتياجات هذا القطاع من السوق، على أساس السعر. وحتى وقت قريب، لم يكن لأصل البن أهمية كبيرة؛ بل اعتمد المشاركون في المصب – أي المحامص الكبيرة ومصانع القهوة الفورية وكبرى شركات بيع القهوة – على التوسيم لتمييز منتجاتهم عن منتجات منافسيهم. ويجني هؤلاء حصة كبيرة من إجمالي دخل السوق، مما يعكس الأهمية الاقتصادية لهذه الأنشطة في سلسلة القيمة العالمية.

وقد أعادت سوق الموجة الثانية، التي بدأت في منتصف التسعينات، إحياء ثقافة شرب القهوة وبعثت الجانب الاجتماعي لاستهلاكها. ويركّز هذا القطاع على القهوة عالي الجودة والخدمة الشخصية، ويبرز أهمية أصل حبوب البن وكيفية الحصول عليها. وتزامن نهوض هذا القطاع مع زيادة الوعي الاجتماعي والأخلاقي بين المستهلكين؛ فأصبحت مطالب دفع أجور منصفة للمزارعين والاستدامة البيئية لزراعة البن، من حجج البيع. واستجابة لهذه المطالب، بدأ المشاركون في المصب، الناشطون في هذا القطاع، بالتركيز على قضايا الشفافية وتوفير المزيد من المعلومات عن الأنشطة المتصلة بتجارة البن من خلال إصدار شهادات التصديق والامتثال لمعايير الاستدامة الطوعية.

وقد أتى قطاع سوق الموجة الثالثة بطبقة جديدة من الجودة والمعرفة. وفضلا عن السعي إلى معالجة المخاوف الاجتماعية والأخلاقية بشأن الأجور المدفوعة للمزارعين واستدامة زراعة البن، يرتكز هذا القطاع على علاقات مباشرة بين المزارعين وتجار التجزئة المتخصصين، وعلى معرفة التجار والمستهلكين المتعمقة بأفضل طرق تحضير القهوة للتمتع بكامل نكهتها وكثافتها ورائحتها وعطرها ومذاقها.

وتغير الاتجاهات الحديثة لاستهلاك القهوة في الموجتين الثانية والثالثة المشهد العالمي لهذه الصناعة. فقد أصبحت طرق معالجة المخاوف الاجتماعية والأخلاقية التي أطلقتها شركات التحميص والتجزئة في الموجة الثانية من خلال خطط التصديق ومعايير الاستدامة الطوعية، نقطة تميّز كبيرة عند بيع القهوة. وقد يصل فارق السعر بين حبوب البن معروفة المنشأ وتلك التي لا يحدد مصدرها، إلى 8 دولارات للرطل الواحد.[57]

وتوفر العلاقات المباشرة بين تجار التجزئة والمزارعين فرص تطوير لكل المشاركين في المنبع والمصب. وتسهّل هذه الطريقة الجديدة لممارسة الأعمال في صناعة القهوة، التعلم ونقل التكنولوجيا بين المشاركين. وتساعد المزارعين على التعريف بالبن الذي ينتجونه من خلال جهود التوسيم والتسويق وإيداع طلبات حماية الملكية الفكرية الرسمية بموجب علامات تجارية ومؤشرات جغرافية. أمّا أسعار باب المزرعة التي يتلقاها المزارعون في قطاعي سوق الموجتين الثانية أو الثالثة فهي أعلى من أسعار الموجة الأولى؛ إذ يبلغ دخل المزارعين في الموجة الثالثة ثلاثة أمثال دخل المزارعين في الموجة الأولى.

ويساعد التركيز على أنشطة المنبع في سلسلة قيمة القهوة في رفع دخل المشاركين في المنبع والمصب.

وتحاول الموجتان الأولى والثانية استيعاب الطريقة الجديدة لممارسة الأعمال التجارية في الموجة الثالثة، بسبب نموها السريع وإمكاناتها الكامنة في توسيع استهلاك القهوة. ومن مؤشرات ذلك استحواذ شركة نستله، وهي من كبرى شركات الموجة الأولى، على شركة الموجة الثالثة البارزة (Blue Bottle)، مما يشير إلى نيتها دخول سوق الموجة الثالثة. ولكنّها ليست الوحيدة. فقد اشترت شركة جاب، منافستها التاريخية، شركتي (Peet's) و(Stumptown) لتركب الموجة الثالثة. وقد بدأت شركة ستاربكس، من الموجة الثانية، دخول هذه السوق بإيداع علامتها التجارية الجديدة (Reserve).[58]

ويولّد اعتماد استراتيجية أعمال الموجة الثالثة، في قطاعات أخرى من السوق، فرصا إضافية للمشاركين في الصناعة في المراحل الأولى (المنبع) لزيادة دخلهم، ولا سيما عبر الاستفادة من التوسيم. ويعتمد مدى كفاءتهم في ذلك على معرفة المستهلكين بهذه الوسوم ووعيهم بوجودها. مما يتطلب مزيدا من الاستثمار في إذكاء وعي المستهلكين وكبار تجار التجزئة في البلدان المستوردة.

ويزداد انجذاب المحامص ومصانع القهوة الفورية التقليدية إلى النمو المحتمل في الموجة الثالثة، رغم كونها سوقا ذا حصة صغيرة في الصناعة. إذ يبدو، لهذه اللحظة، أنّ هذا النموذج التجاري مربح للغاية لكل عضو في سلسلة القيمة العالمية للقهوة. وإن رغب المزارعون تحقيق استفادة أكبر من هذا الاهتمام، فينبغي أن يركزوا أكثر على فرص التميّز، وأن ينظروا في استخدام أدوات الملكية الفكرية من أجل الاحتفاظ بالقيمة التي يولّدونها.

ملاحظات

1. يستند هذا الفصل إلى دراسة أعدّها سامبر وآخرون (2017).
2. وفقا لمشروع نفذته شركة تكنوميك (2015) بالاعتماد على دراسة أعدّت بطلب من جمعية القهوة الوطنية في الولايات المتحدة الأمريكية (2015) (NCAUSA). وتحتل الولايات المتحدة، من حيث نصيب الفرد من الناتج المحلي الإجمالي، المرتبة 26 في قائمة أكثر البلدان استهلاكا للقهوة. وتتصدر فنلندا القائمة لأعلى استهلاك سنوي للفرد من القهوة وتليها النرويج وأيسلندا والدانمرك وهولندا (سميث 2017).
3. المنظمة الدولية للبن (2015a).
4. وتشمل البلدان السبعة بوروندي وإثيوبيا وغواتيمالا وهندوراس ونيكاراغوا ورواندا وأوغندا (مركز التجارة الدولية 2012؛ والمنظمة الدولية للبن 2015c).
5. المنظمة الدولية للبن (2014).
6. يتأثر تقلب أسعار القهوة بسلوك المستثمرين في أسواق السلع الأساسية.
7. ومعظم حبوب البن المستهلكة في العالم هي من صنفي أرابيكا وكانيفورا؛ ويشار إلى الأخير عادة باسم روبوستا. ويعتبر بن أرابيكا أعلى جودة، ويباع بأسعار أعلى من بن روبوستا.
8. هذا الفرق هو نطاق يحدد مدى تغير السعر، عن سعر البن الأخضر مثلا.
9. وتستثنى البرازيل من هذه القاعدة. فوفقا للمنظمة الدولية للبن (2014)، ارتفع استهلاك البن في البرازيل بنسبة 65 في المائة تقريبا، من 26.4 مليون كيس عام 2000 إلى 43.5 مليون كيس في عام 2012.
10. قدّرت دراسة سامبر وآخرين (2017) قيمة صناعة القهوة العالمية بمبلغ بين 194 مليار دولار أمريكي و202 مليار دولار أمريكي في عام 2016.
11. ذكرت المنظمة الدولية للبن (2013) أنّ صادرات القهوة الفورية من جانب البلدان المنتجة كانت أقل بنسبة 26 في المائة، في المتوسط، من صادرات القهوة الفورية للبلدان المستوردة في الفترة 2000-2011.
12. وفقا لدراسة سامبر وآخرين (2017).
13. بحسب بونتي (2002)، وبندرغراست (2010)، وموريس (2013)، وإيلافاراسان وآخرين (2016).
14. مركز التجارة الدولية (2012).
15. دليل أوكيرس (1922).
16. كتب تالبوت (1997a) أن القهوة الفورية اخترعت خلال الحرب الأهلية الأمريكية. ولكن أوّل براءة للقهوة الفورية منحت عام 1771 في بريطانيا العظمى بشأن "مركّب من القهوة". وتنسب أول قهوة فورية مباعة تجاريا إلى النيوزيلندي ديفيد سترانغ الذي منح براءة اختراع على عملية "تجفيف بالهواء الساخن" لصنع القهوة في عام 1890.
17. أودع المهندس ماكس رودولف مورجينتالر براءة في سويسرا عام 1937 بشأن "عملية لحفظ المواد العطرية لمستخلص القهوة الفورية الجافة".
18. انظر الفصل 3 من دراسة الويبو (2013).
19. دراسة من إعداد جيوفانوتشي وآخرين (2009).
20. تستند منهجية تقدير توزيع دخل القهوة هذه إلى الدراسة التي أعدها تالبوت (1997b) واستكملها فيتر وكابلينسكي (2001) وبونتي (2002). واستعرضت دراسة ليوين وآخرين (2004) ودافيرون وبونتي (2005) هذه المنهجية.
21. أبرز دافيرون وبونتي (2005) هذه النقطة جيدا في توزيعهما لتكاليف القهوة في سلسلة القيمة الأوغندية الإيطالية لبن روبوستا.
22. أشار دافيرون وبونتي (2005) إلى استراتيجيات التمايز هذه كاستثمارات في "الإنتاج الرمزي". وأطلق عليها ليوين وآخرون (2004) اسم "تكاليف خلاف البن".
23. المنظمة الدولية للبن (2014).
24. كان تالبوت (1997b) أول من حسب حصة إجمالي توزيع الدخل في سلسلة القيمة العالمية للقهوة. وغطّى تحليله الفترة من 1971 إلى 1995.
25. انظر فيتر وكابلينسكي (2001)، وبونتي (2002)، وليوين وآخرين (2004)، ودافيرون وبونتي (2005). وتستخدم هذه التقديرات الأربعة أساليب مختلفة لحساب توزيع الدخل بين البلدان المنتجة والمستوردة. ولكن، تظهر النتائج الأربعة نتائج مماثلة: انخفاض نصيب البلدان المنتجة من الدخل.
26. انظر لونغ (2017).
27. أشار ميهتا وشافاس (2008) إلى تطور أسعار باب المزرعة، وتغير مستوى بيع الجملة والتجزئة أثناء تطبيق نظام الاتفاق الدولي للبن وبعده، في حالة البرازيل.
28. أتى انخفاض سعر البن نتيجة مخزونات البن العالية التي طرحت في السوق، مما تسبب في زيادة المعروض من البن الأخضر (المنظمة الدولية للبن 2014).
29. انظر مركز التجارة الدولية (2011) للاطلاع على مختلف شهادات التصديق وأثرها على تجارة البن.
30. توثق لجنة تقييم الاستدامة (2013) الفوائد المرصودة المرتبطة بمعايير الاستدامة الطوعية.
31. انظر ولني وزيلر (2007). وقد خلص دافيرون وبونتي (2005) إلى أن المزارعين في إطار خطة التجارة المنصفة يحصلون على دخل مماثل للدخل الذي كانوا يتقاضونه في فترة نظام تقييد الحصص، أي حوالي 20 سنتا للدولار، لكن حذّرا أن الدراسة أجريت في وقت كانت فيه خطة التجارة المنصفة تغطي أقل من 1 في المائة من سوق القهوة. وحدّث دراغوسانو وآخرون (2014) البيانات واستعرضوا الأدلة العالمية، وتوصلوا إلى فوائد عامة غير شاملة.

32. يدلّ تحليل حديث أجراه غارسيا كاردونا (2016) على أن منتجي البن المشاركين في معايير التصديق المذكورة لا يحصلون بالضرورة على سعر أعلى مقابل المنتج المصدّق. وكثيرا ما تكون التكلفة التي يتحملها المزارعون في الامتثال لمعايير التصديق المختلفة والمحافظة عليها مرتفعة. وانظر أيضا المعهد الدولي للتنمية المستدامة (2014) ودراسة أعدها سامبر وكينونيز رويز (2017).

33. مؤسسة Transparent Trade Coffee (2017).

34. انظر تيوبر (2010).

35. يختلف المؤشر الجغرافي عن العلامة التجارية من حيث صلته بالمنشأ الجغرافي المحدد للمنتج، وأن هذا المنتج يتميز بصفات أو بسمعة مرتبطة بهذا الأصل، وأنه من المنتجات المحلية (terroir). وانظر الإطار 2.2 في دراسة الويبو (2013) لشرح مفصل أكثر.

36. استثنيت من هذا التحليل إيداعات العلامات التجارية الأمريكية في مكتب الولايات المتحدة للبراءات والعلامات التجارية.

37. اختيرت بيانات العلامات التجارية لمكتب الولايات المتحدة للبراءات والعلامات التجارية لسببين. أولا، كبر السوق الأميركية وأهميتها بالنسبة لاستهلاك القهوة. وثانيا، شرط الاستخدام الذي يفرضه مكتب الولايات المتحدة للبراءات والعلامات التجارية، مما يعطي صورة أكثر دقة عن المنافسة الفعلية في منتجات سلع القهوة وخدماتها (انظر الفصل 2 من دراسة الويبو (2013) بشأن نية استخدام العلامات التجارية مقارنة باستخدامها الفعلي).

38. أعادت الحكومة الصينية إحياء صناعة إنتاج القهوة عام 1988. وتنتج الصين أيضا بن روبوستا في جزيرة هاينان.

39. المنظمة الدولية للبن (2015b).

40. أودعت الصين نحو 1500 براءة اختراع لتكنولوجيا متصلة بالقهوة منذ عام 1995. ويبلغ عدد البراءات المودعة من قبل فرنسا والمملكة المتحدة في الفترة نفسها 1763 براءة و1225 براءة على التوالي.

41. إشارة إلى العدد الإجمالي لنماذج المنفعة التي أودعها المخترعون الصينيون منذ عام 1995.

42. يحتوي دليل أوكيرس (2017) على قاعدة بيانات كبيرة للشركات العاملة في صناعة القهوة، من رابطات المزارعين والمحامص وموردي الآلات والخدمات الأخرى مثل شركات تعبئة القهوة. وتصنف الشركات وفقا لموقعها في قطاعات سلسلة القيمة. ولكن قائمة الشركات لا تشمل المزارعين الفرديين في مختلف أنحاء العالم، وبالتالي يقلّ حجم المشاركين في هذا القطاع.

43. يتداخل المشاركون في هذين القطاعين عادة. فمعظم المحامص تنفذ أنشطة تجهيز الحبوب بنفسها.

44. استحدث قطاع سوق الموجة الثانية في التسعينات، ولكنه لم ينطلق حتى عام 2000. وانطلق قطاع سوق الموجة الثالثة في عام 2010 رغم أنه بدأ عام 2000 تقريبا.

45. تصدرت شركة ستاربكس نشرات الأخبار عام 2012، بعد الحديث عن التسعير التحويلي والأنشطة الضريبية التي تمارسها في المملكة المتحدة. فقد استخدمت الشركة قواعد المحاسبة الدولية لتسعير رأس مالها غير الملموس بطريقة تجنبها دفع الضرائب في المملكة المتحدة (بيرجين 2012). وانظر الفصل 1 حول التسعير التحويلي.

46. لم تذكر جامايكا والمكسيك في الشكل 4.2 لأنهما ليستا من بين أكبر خمسة بلدان منتجة للبن في العالم.

47. انظر رينا وآخرين (2008).

48. ضمّ الاتحاد التعاونيات الإثيوبية وشركات تصدير خاصة ومكتب إثيوبيا للملكية الفكرية وهيئات حكومية أخرى.

49. لمزيد من المعلومات، انظر موقع تحالف التميز على الرابط: www.allianceforcoffeeexcellence.org/en/cup-of-excellence/winning-farms

50. تحالف التميز في القهوة وشركة تكنوسيرف (2015).

51. وخلصت منظمة World Coffee Research إلى أنّ التنوع الجيني لزوجي بن أرابيكا يبلغ نسبة 1.2 في المائة فقط. أمّا حبوب روبوستا فهي أقوى وأكثر تنوعا.

52. توقّع نموذج موت وآخرين (2017) انخفاض المناطق الزراعية الصالحة في إثيوبيا بنسبة 40 إلى 60 في المائة نتيجة تغير المناخ، بفرض غياب تدخل كبير أو عوامل رئيسية مؤثرة أخرى. انظر أيضا ستيليانو (2017).

53. انظر المنظمة الدولية للبن (2015c) للاطلاع على أمثلة أفريقيا، وسامبر وآخرين (2017) لأمثلة أمريكا اللاتينية.

54. انظر يوردنز (2009).

55. يعتمد سجل الأوبوف على الإبلاغ الطوعي من جانب السلطات الوطنية. ويرجح أن تكون قائمة التسجيلات المدونة في المكاتب الوطنية بموجب نظام الأوبوف أكبر من تلك التي أوردت هنا.

56. انظر تشين وآخرين (2017).

57. منظمة Transparent Trade Coffee (2017).

58. انظر دي لا ميرسيد وستراند (2017).

المراجع

ACE and Technoserve (2015). *Cup of Excellence in Brazil and Honduras: An Impact Assessment.* Alliance for Coffee Excellence.

Bergin, T. (2012). Special report: how Starbucks avoids UK taxes. *Reuters.* London: Reuters.

Chen, W., R. Gouma, B. Los and M. Timmer (2017). Measuring the Income to Intangibles in Goods Production: A Global Value Chain Approach. *WIPO Economic Research Working Paper No. 36.* Geneva: WIPO.

COSA (2013). *The COSA Measuring Sustainability Report: Cocoa and Coffee in 12 Countries.* Philadephia, The Committee on Sustainability Assessment.

Daviron, B. and S. Ponte (2005). *The Coffee Paradox: Global Markets, Commodity Trade and the Elusive Promise of Development.* London and New York: Zed Books.

de la Merced, M.J. and O. Strand (2017). Nestlé targets high-end coffee by taking majority stake in Blue Bottle. *New York Times (NYT)*, September 14, 2017.

Dragusanu, R., D. Giovannucci and N. Nunn (2014). The economics of Fair Trade. *Journal of Economics Perspectives* 28(3), 217-236.

Elavarasan, K., A. Kumar, et al. (2016). The basics of coffee cupping. *Tea & Coffee Trade Journal*, January, 30-33.

Fitter, R. and R. Kaplinksy (2001). Who gains from product rents as the coffee market becomes more differentiated? A value-chain analysis. *IDS Bulletin* 32(3), 69-82.

García-Cardona, J. (2016). *Value-Added Initiatives: Distributional Impacts on the Global Value Chain for Colombia's Coffee.* Doctoral thesis (PhD), University of Sussex. Brighton: Institute of Development Studies, University of Sussex.

Giovannucci, D., T.E. Josling, W. Kerr, B. O'Connor and M.T. Yeung (2009). *Guide to Geographical Indications: Linking Products and Their Origins.* Geneva: International Trade Centre.

Humphrey, J. (2006). Global Value Chains in the Agrifood Sector. *UNIDO Working Research Papers.* Vienna: United Nations Industrial Development Organization.

ICO (2011). "The effects of tariffs on the coffee trade," International Coffee Organization 107th Session Document No. ICC 107-7. London: International Coffee Organization.

ICO (2013). "World trade of soluble coffee," International Coffee Council 110th Session Document No. ICC 110-5. London: International Coffee Organization.

ICO (2014). "World coffee trade (1963-2013): a review of the markets, challenges and opportunities facing the sector," International Coffee Council 112th Session Document No. ICC 111-5-Rev.1. London: International Coffee Organization.

ICO (2015a). "Employment generated by the coffee sector," International Coffee Council 105th Session Document No. ICC 105-5. London: International Coffee Organization.

ICO (2015b). "Coffee in China," International Coffee Council 115th Session Document No. ICC 115-7. Milan: International Coffee Organization.

ICO (2015c). "Sustainability of the coffee sector in Africa," International Coffee Council 114th Session Document No. ICC 114-5. London: International Coffee Organization.

ICO and World Bank (2015). Risk and Finance in the Coffee Sector: A Compendium of Case Studies Related to Improving Risk Management and Access to Finance in the Coffee Sector. *World Bank Group Report Number 93923-GLB.* Washington, DC: World Bank Group.

IISD (2014). *The State of Sustainability Initiatives (SSI) Review 2014: Standards and The Green Economy.* Geneva: International Institute for Sustainable Development.

ITC (2011). Trends in the Trade of Certified Coffees. *Sustainability Market Assessments Doc. No. MAR-11197-.E.* Geneva: International Trade Centre.

ITC (2012). *The Coffee Exporter's Guide – Third Edition.* Geneva: International Trade Centre.

Jördens, R. (2009). Benefits of plant variety protection. In *Responding to the Challenges in a Changing World: The Role of New Plant Varieties and High Quality Seed in Agriculture – Proceedings of the Second World Seed Conference.* Rome: Food and Agriculture Organisation.

Lewin, B., D. Giovannucci and P. Varangis (2004). Coffee Markets: New Paradigms in Global Supply and Demand. *World Bank Agriculture and Rural Development Discussion Paper 3.* Washington, DC: World Bank.

Long, G. (2017). Coffee sustainability: the journey from bean to barista laid bare. *Financial Times*, September 24, 2017.

Mehta, A. and J.-P. Chavas (2008). Responding to the coffee crisis: what can we learn from price dynamics? *Journal of Development Economics* 85(1), 282-311.

Moat, J., J. Williams, S. Baena, T. Wilkinson, T.W. Gole, Z.K. Challa, S. Demissew and A.P. Davis (2017). Resilience potential of the Ethiopian coffee sector under climate change. *Nature Plants,* 3(17081).

Morris, J. (2013). Why espresso? Explaining changes in European coffee preferences from a production of culture perspective. *European Review of History: Revue européenne d'histoire*, 20(5), 881-901.

NCAUSA (2015). *NCA National Coffee Drinking Trends.* New York: National Coffee Association USA.

Pendergrast, M. (2010). *Uncommon Grounds: The History of Coffee and How it Transformed Our World*. New York: Basic Books.

Ponte, S. (2002). The "Latte Revolution"? Regulation, markets and consumption in the global coffee chain. *World Development*, 30(7), 10991122-.

Reina, M., G. Silva and L. Samper (2008). *Juan Valdez: The Strategy Behind the Brand*. Bogotá: Ediciones B.

Samper, L. and X. Quiñones-Ruiz (2017). Towards a balanced sustainability vision for the coffee industry. *Resources*, 6(2), 17.

Samper, L., D. Giovannucci and L. Marques-Vieira (2017). The Powerful Role of Intangibles in the Coffee Value Chain. *WIPO Economic Research Working Paper No. 39*. Geneva: WIPO.

SCAA (2014). *Economics of the Coffee Supply Chain: An Illustrative Outlook*. Santa Ana, CA: The Specialty Coffee Association of America.

Smith, O. (2017). Mapped: the countries that drink the most coffee. *The Telegraph*, October 1, 2017.

Stylianou, N. (2017). Coffee under threat: will it taste worse as the planet warms? *BBC News*. London: BBC.

Talbot, J.M. (1997a). The struggle for control of a commodity chain: instant coffee from Latin America. *Latin American Research Review*, 32(2), 117135-.

Talbot, J.M. (1997b). Where does your coffee dollar go? The division of income and surplus along the coffee commodity chain. *Studies in Comparative International Development*, 32(1), 5691-.

Technomic (2015). The Economic Impact of the Coffee Industry. *NCA Market Research Series*. New York: National Coffee Association USA.

Teuber, R. (2010). Geographical indications of origin as a tool of product differentiation: the case of coffee. *Journal of International Food & Agribusiness Marketing*, 22(34-), 277298-.

Transparent Trade Coffee (2017). Specialty Coffee Retail Price Index – 2016, Q4: www.transparenttradecoffee.org/scrpi.

Ukers (2017). *UKERS Tea & Coffee Global Directory & Buyer's Guide*. 64th Edition. Bell Publishing Ltd.

Ukers, W.H. (ed.) (1922). *All About Coffee*. New York: The Tea and Coffee Trade Journal Company.

Wendelboe, T. (2015). 2014 *Transparency Report*.

WIPO The Coffee War: Ethiopia and the Starbucks Story. *IP Advantage*: www.wipo.int/ipadvantage/en/details.jsp?id=2621.

WIPO (2013). *World Intellectual Property Report 2013: Brands – Reputation and Image in the Global Marketplace*. Geneva: World Intellectual Property Organization.

Wollni, M. and M. Zeller (2007). Do farmers benefit from participating in specialty markets and cooperatives? The case of coffee marketing in Costa Rica. *Agricultural Economics*, 37(2,(3- 248-243.

الابتكار يحول الصناعة الفولطاضوئية

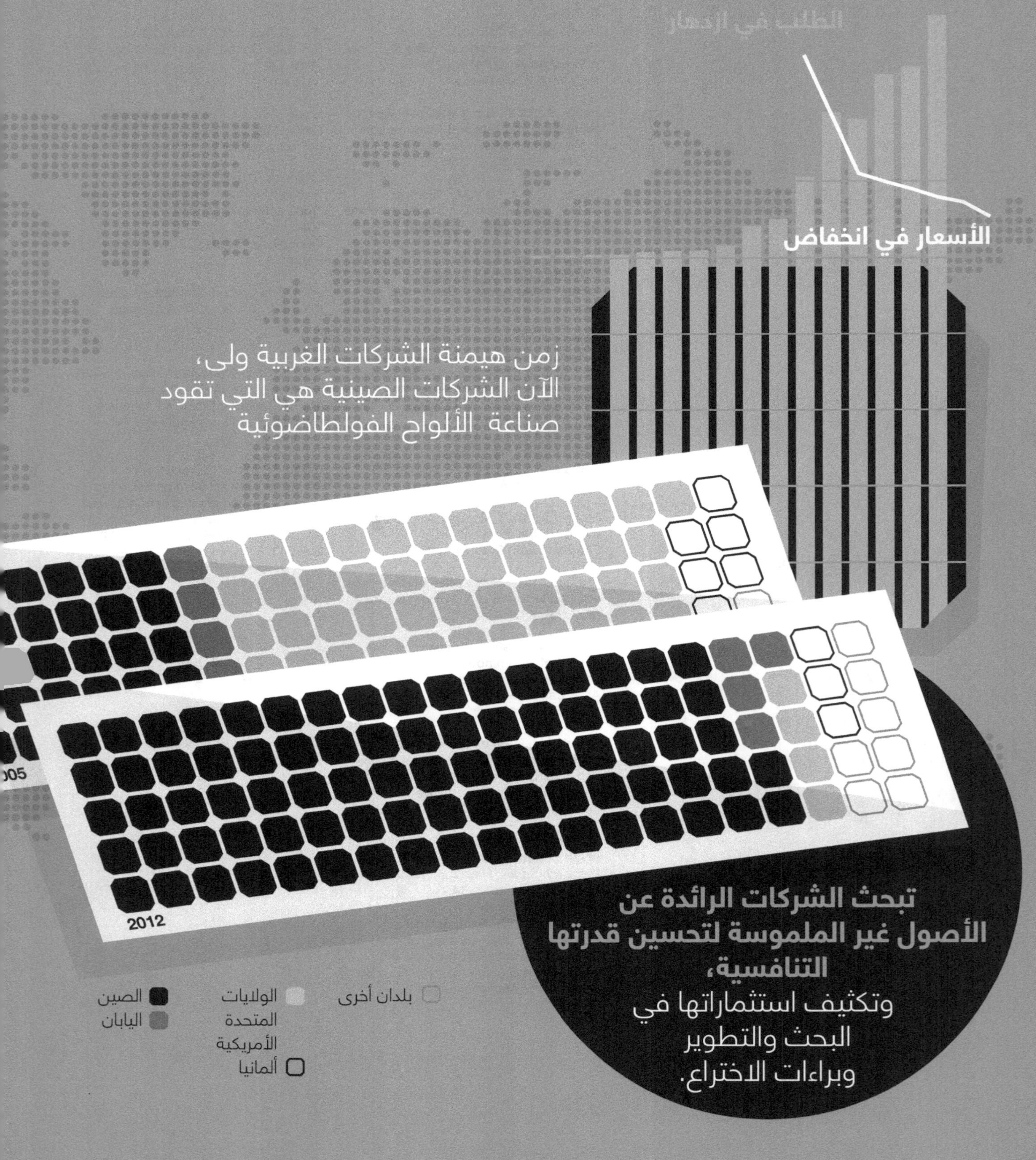

الطلب في ازدهار

الأسعار في انخفاض

زمن هيمنة الشركات الغربية ولى، الآن الشركات الصينية هي التي تقود صناعة الألواح الفولطاضوئية

005

2012

تبحث الشركات الرائدة عن الأصول غير الملموسة لتحسين قدرتها التنافسية، وتكثيف استثماراتها في البحث والتطوير وبراءات الاختراع.

◼ الصين	◼ الولايات المتحدة الأمريكية	◻ بلدان أخرى	
◼ اليابان	◻ ألمانيا		

المصدر: التقرير العالمي للملكية الفكرية 2017

الفصل 3
الظاهرة الفولطاضوئية: اللحاق بالركب التكنولوجي والمنافسة في سلسلة القيمة العالمية

تعد التكنولوجيات الجديدة المتصلة بالطاقات المتجددة دعامة للنمو الاقتصادي والتنمية على نحو مستدام. وقد شهدت العقود الأخيرة تزايد الاهتمام العالمي والطلب على الابتكارات الناجحة القادرة على تحويل الطاقة الشمسية أو طاقة الرياح أو الطاقة الحرارية الأرضية - من بين مصادر أخرى - إلى كهرباء.[1]

ويستكشف هذا الفصل كيف تطورت سلسلة القيمة العالمية لتكنولوجيات الطاقة الشمسية الفولطاضوئية لتلبية الطلب المستدام على توليد الكهرباء. ويركز على أهمية الأصول غير الملموسة كوسيلة ذات أهمية لإعطاء قيمة مضافة لمختلف أقسام سلسلة القيمة العالمية الخاصة، حيث لعب ابتكار ونشر التكنولوجيا دورا رئيسيا.

وكما هو الحال بالنسبة للعديد من التكنولوجيات، أدى اكتشاف عرضي إلى التطوير الأولي لتكنولوجيا الطاقة الشمسية الفولطاضوئية لتوليد الكهرباء. ففي أواخر الثلاثينيات وأوائل الأربعينيات من القرن العشرين في مختبرات Bell في نيو جيرسي بالولايات المتحدة، اكتشف Russell Ohl أن الضوء الساطع من مادة أحادية البلورة سجلت إمكانات كهربائية على الفولتميتر عند قياسها. وبهذا حصل على براءة اختراع جهاز يستخدم هذا المبدأ عام 1941.[2] ولم يكن Ohl أول عالم يكتشف مادة توصل الكهرباء - تعرف باسم التأثير شبه الموصل - عندما تتعرض لأشعة الشمس. فقد وُثقت الحالة الأولى قبل قرن من الزمان تقريبا في فرنسا، عندما لاحظ Edmund Becquerel إنتاج تيار كهربائي عندما تم تعريض معدنين مغمورين في سائل لأشعة الشمس. وعلى الرغم من تمكن العديد من العلماء من إنتاج الخلايا الفولطاضوئية من مواد مختلفة بين اكتشافي Ohl، كان العلماء في مختبرات Bell هم من طوروا على أرض الواقع أول الخلايا الفولطاضوئية البلورية.[3]

وفي الوقت الحاضر، يجري تسويق تكنولوجيتين مختلفتين من الخلايا الشمسية الفولطاضوئية، وهما الخلايا الفولطاضوئية البلورية السيليكونية والخلايا الفولطاضوئية ذات الأغشية الرقيقة، ولكن النوع الأسبق من هذه التكنولوجيات يغطي 90 في المائة من السوق الفولطاضوئية. ويمكن للأنظمة الحالية القائمة على أي نوع من تكنولوجيا الخلايا الفولطاضوئية أن يوفر الكهرباء على غرار محطات توليد الكهرباء التقليدية، والمعروفة باسم توليد الكهرباء لسد احتياجات المنافع العامة. ويمكن لهذه الأنظمة أن تعمل كمحطة لتوليد الكهرباء حصرا لشبكة توزيع الكهرباء. وبدلا من ذلك، يمكن للمنشآت الصناعية الكبيرة - أو غيرها من الأحمال مثل مراكز تخزين البيانات – أن تولد الكهرباء من الأنظمة الفولطاضوئية على نطاق واسع فقط لاستهلاكها الخاص، مما قد يعوض بعض أو كل استهلاكها للكهرباء من الشبكة. ويمكن أيضا استخدام الأنظمة الفولطاضوئية الصغيرة الحجم سكنيا أو تجاريا. وقد يكون هذان الاستخدامان إما متصلين بالشبكة أو يستعملان فقط هذه الأنظمة الفولطاضوئية للاستهلاك الخاص، ولا سيما في المناطق النائية خارج الشبكة. ولابد لأي نظام من الأنظمة الفولطاضوئية التي تستخدم فقط للاستهلاك الخاص أن تعتمد على البطاريات أو أن يتم خلطها مع مصادر الوقود الأخرى لضمان الإمداد المستمر من الكهرباء على مدار اليوم.

الشكل 1.3

ارتفاع الطلب على الأنظمة الفولطاضوئية بشكل مهول

الإضافات في الطاقة الفولطاضوئية السنوية للفترة 2000-2015 (بالميغاواط)

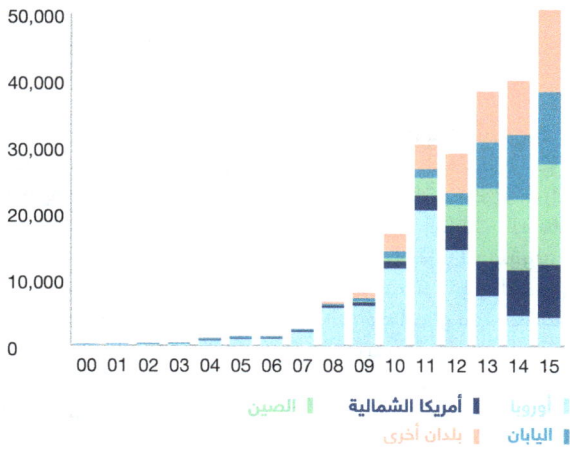

المصدر: وكالة الطاقة الدولية (2016).

وارتفع الطلب على الأنظمة الفولطاضوئية بشكل مهول منذ عام 2000 (الشكل 1.3). وفي عام 2016، تم تثبيت مجموعة جديدة إضافية من أنظمة الطاقة الفولطاضوئية بلغت نسبتها 34 في المائة في جميع أنحاء العالم مقارنة بالعام السابق، ووصلت نسبة النمو 126 في المائة في الصين. وحتى عام 2011، كانت أوروبا هي من شهدت النمو بشكل رئيسي. ومنذ ذلك الحين أصبح الطلب موزعا بشكل متساو، وأصبحت الصين الآن أكبر سوق على الإطلاق. ويبين الشكل 1.3 الإضافات التي شهدتها الطاقة الفولطاضوئية السنوية حسب مصدر الطلب في الفترة من عام 2000 إلى عام 2015. وكان اتجاه النمو هائلا، مع زيادة طفيفة من صفر إلى أكثر من صفر في عام 2000 إلى 50.6 جيغاواط في عام 2015. وقد تباطأ نمو هذه القدرة في أوروبا بشكل ملحوظ منذ عام 2011، ولكنه لا يزال قويا في الصين واليابان وأمريكا الشمالية.

وقد كانت سياسات الدعم الحكومية بمثابة الدوافع الرئيسية للتنمية في سوق الطاقة الشمسية الفولطاضوئية (الشكل 2.3) ومن الناحية التاريخية، غالبا ما استخدمت الهيئات التنظيمية التعريفات التشجيعية (feed- in tariffs)، التي تفرض أسعارا مضمونة للكهرباء المولدة من مصادر الطاقة الشمسية على مشغلي الشبكات الكهربائية. وتسمح هذه الآلية للطاقة الشمسية الفولطاضوئية المولدة بتكلفة أعلى للاستفادة من سعر أعلى من الطاقة المولدة من المصادر التقليدية، وهو ما سرع وتيرة الاستثمارات في التكنولوجيا الفولطاضوئية التي تنتشر على نحو تصاعدي من خلال سلسلة القيمة.

ومع ذلك، تحد مثل هذه الآليات من المعلومات حول الأسعار التي تُمرر من جانب المسؤولين عن الإمداد إلى الهيئات التنظيمية، مما يحد بدوره إلى حد ما في الحوافز للاستثمار في تكنولوجيات الطاقة الفولطاضوئية التي تحد من التكاليف على طول سلسلة القيمة. ونظرا لأن السعر تحدده الهيئة التنظيمية، تعتمد هوامش المسؤولين عن الإمداد على نوعية معلوماتها حول تكاليف توليد الكهرباء من خلال تكنولوجيا الطاقة الفولطاضوئية. وتثبت التجربة إلى أنه عادة ما بالغت الهيئات التنظيمية في تقدير هذه التكاليف، على اعتبار أن نظام الطاقة المثبت قد تجاوز تقريبا على نحو ممنهج الكميات التي كان مقررا في البداية أن يتم تفويضها.

وكبديل لذلك، تنزع الهيئات التنظيمية في الوقت الحالي إلى الاعتماد بشكل أكبر على المزادات والآليات التنافسية، مثل التعريفات التشجيعية من خلال اتفاقات المناقصات أو شراء الطاقة. وتعتمد هذه السياسات على وضوح إشارات الأسعار التي يوفرها المسؤولون عن الإمداد، مما يتيح للمسؤولين عن الإمداد الحاليين ولمطوري المشاريع حوافز أقوى لخفض تكاليفهم. ويمكن القول إن اتفاقات المناقصات أو شراء الطاقة يمكن أن تنشر ابتكارات الحد من التكاليف بسرعة أكبر على امتداد سلسلة القيمة بأكملها، على اعتبار أن مطوري الطاقة الشمسية الفولطاضوئية يقدمون مناقصات لتطوير مشاريع جديدة لتوليد الطاقة، وبعد ذلك توافق الحكومة على شراء أكثر المناقصات تنافسية من حيث التكلفة. غير أن التعريفات التشجيعية بدون مناقصات ما زالت تمثل نحو 60 في المائة من سوق الطاقة الفولطاضوئية في عام 2015.

وينقسم هذا الفصل إلى ثلاثة أقسام رئيسية، حيث سيحلل القسم 1.3 تطور سلسلة القيمة العالمية. ويبحث القسم 2.3 كيف حددت الأصول غير الملموسة - خاصة ابتكارات الإنتاج والتصنيع - شكل سلسلة الإمداد العالمية. ويستكشف القسم 3.3 دور حماية الملكية الفكرية، ولا سيما البراءات، في بيئة الأعمال الجديدة التي نشأت عن التغيرات الرئيسية التي شهدتها الصناعة مؤخرا. ويلخص القسم الأخير النتائج الرئيسية المُتوصل إليها.

1.3 - تطور سلسلة القيمة العالمية الفولطاضوئية

بنية سلسلة القيمة الخطية

يصف هذا القسم بنية سلسلة القيمة المتعلقة بالخلايا الفولطاضوئية البلورية السيليكونية، والتي تشكل الغالبية العظمى من سوق الطاقة الفولطاضوئية. وحسب التصنيف الوارد وصفه في الفصل 1، فإن بنية سلسلة القيمة النموذجية لتكنولوجيات الخلايا الفولطاضوئية البلورية السيليكونية هي تلك التي على شكل ثعبان، كما هو موضح في الشكل 3.3. وتتعلق أقسام المرحلة التمهيدية والوسطى بجميع العمليات التي تدخل في إنتاج أنظمة الطاقة الفولطاضوئية. وتعتمد هذه الأقسام بشكل كبير على معدات الإنتاج التي لعبت دورا هاما للغاية في نشر التكنولوجيا في صناعة الطاقة الفولطاضوئية.[4] وتتعلق أقسام المرحلة النهائية بالخدمات التي تدخل في توليد الكهرباء انطلاقا من أنظمة الطاقة الفولطاضوئية.

الشكل 2.3

الحكومات هي الموجه الرئيسي لتنمية سوق الطاقة الفولطاضوئية

توزيع حوافز سوق الطاقة الشمسية الفولطاضوئية والعوامل المساعدة لعام 2015

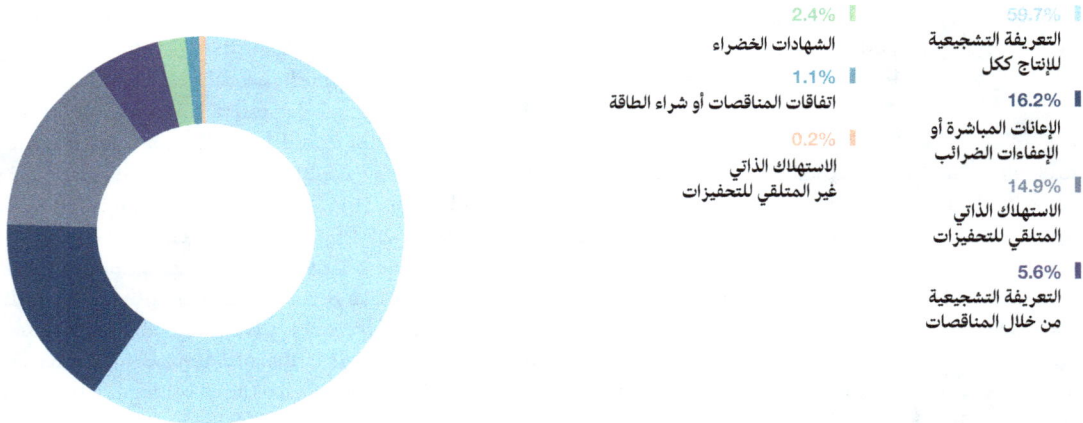

59.7%
التعريفة التشجيعية للإنتاج ككل
16.2%
الإعانات المباشرة أو الإعفاءات الضرائب
14.9%
الاستهلاك الذاتي المتلقي للتحفيزات
5.6%
التعريفة التشجيعية من خلال المناقصات
2.4%
الشهادات الخضراء
1.1%
اتفاقات المناقصات أو شراء الطاقة
0.2%
الاستهلاك الذاتي غير المتلقي للتحفيزات

المصدر: وكالة الطاقة الدولية (2016).

الشكل 3.3
سلسلة القيمة العالمية للطاقة الفولطاضوئية البلورية هي على شكل ثعبان

ويشمل إنتاج أنظمة الطاقة الفولطاضوئية البلورية خمسة أقسام رئيسية. وتتمثل المرحلة الأولى في تنقية السيليكون من السيليكا (SiO_2) الموجودة في رمال الكوارتز. ويتم الحصول على التنقية العالية التي تستوجبها صناعة الطاقة الفولطاضوئية - أكبر من 99.999 في المائة من التنقية - من خلال عملية كيميائية ضخمة ومستهلكة للطاقة بمستويات عالية جدا والتي تنتج عنها مادة تسمى البولي سيليكون. وتستخدم صناعة أشباه الموصلات أيضا مادة البولي سيلكون، ولكن صناعة الطاقة الفولطاضوئية تمثل 90 في المائة من إنتاج هذه المادة.[5] أما المرحلة الثانية فتتمثل في تصنيع السبائك والرقائق التي تتشكل من أسطوانات متنامية أو طوب من السيليكون النقي (سبائك) ثم تُقطع بعد ذلك إلى طبقات رقيقة (رقائق). في حين تتمثل المرحلة الثالثة في إنتاج الخلايا الفولطاضوئية البلورية عن طريق تجميع رقاقتين تم تعريضهما للإشابة بشكل مختلف لتشكيل الوصلة الثنائية (p-n junction) المسؤولة عن التأثير الفولطاضوئي. ويمكن تطبيق العديد من العلاجات أو تعديلات العملية في هذه المرحلة لزيادة كفاءة الطاقة الفولطاضوئية. أما في المرحلة الرابعة تُجمع الوحدات، حيث يتم لحام الخلايا الفولطاضوئية معا وتغليفها في ألواح زجاجية، لتشكل وحدة تُسخن في آلة التصفيح فيما بعد. وتتمثل المرحلة الخامسة في الاندماج في الأنظمة الفولطاضوئية، حيث تُدمج الوحدات مع المعدات التكميلية - مثل البطاريات أو المحولات - لتوصيل الكهرباء إلى الأجهزة أو إلى الشبكات الكهربائية.

وبغض النظر هل أُستخدمت تكنولوجيات الطاقة الشمسية الفولطاضوئية البلورية السيليكونية أو الفولطاضوئية ذات الأغشية الرقيقة، فهناك قسمان رئيسيان في المرحلة النهائية. يتمثل الأول في تثبيت الأنظمة الفولطاضوئية في أسواق المستخدم النهائي، والتي تتضمن جميع خدمات السوق المتعلقة بتطوير المشاريع الفولطاضوئية، والتمويل، والخدمات اللوجستية، والشهادات، والعمالة.

ويتمثل الثاني في توليد الكهرباء من الأنظمة الفولطاضوئية، بما في ذلك جميع الخدمات المتعلقة بتشغيل ورصد الطاقة الفولطاضوئية المثبتة.

رغم اندلاع الأزمة المالية لا تزال صناعة الطاقة الفولطاضوئية تزدهر مع تزايد تنافسيتها في السوق

على الرغم من الأزمة المالية التي وقعت في عام 2008، ارتفع الطلب على أنظمة الطاقة الفولطاضوئية، وبالتالي ارتفع معه الإنتاج، بين عامي 2005 و2011. ولا يزال الطلب يزدهر، مما يعني تزايد القدرة الإنتاجية في كل مكان. وعلى سبيل المثال، نمت القدرة العالمية لتصنيع السبائك بين عامي 2005 و2012 بنسبة 9,590 في المائة، ونمت القدرة على تصنيع الرقائق بنسبة 3,991 في المائة. وقد ضاعفت الأطراف الرئيسية التقليدية في هذا القطاع - ألمانيا واليابان والولايات المتحدة - فضلا عن بلدان جديدة مثل الصين والهند - من قدراتها الإنتاجية في أقسام المرحلة التمهيدية والمرحلة الوسطى من سلسلة قيمة الطاقة الفولطاضوئية البلورية بين عامي 2005 و2011.[6]

وشمل هذا الازدهار أيضا دخول فاعلين جدد إلى السوق، مما أدى بدوره إلى مزيد من المنافسة. وفي عام 2004، كانت أقسام الإنتاج المختلفة مركزة بشكل كبير، حيث يزود الفاعلين الخمسة الكبار معظم الإنتاج العالمي. وكما هو مبين في الشكل 4.3، كان المنتجين الخمسة الكبار مسؤولين في عام 2004 على ما بين 80 و100 في المائة من الإنتاج في معظم الأقسام. وكان الاستثناء الوحيد هو القسم النموذجي، حيث بلغت نسبة الخمسة الكبار أكثر من 50 في المائة من إنتاج الوحدة. مع أنه قد تراجعت حصتها من الإنتاج في الأقسام الأربعة الأخرى بشكل ملحوظ إلى حوالي 30 في المائة بحلول عام 2012.

وأسفرت هذه التطورات عن تراجع كبير في أسعار الطاقة الشمسية الفولطاضوئية ابتداء من عام 2008. وتشير التقديرات إلى انخفاض أسعار وحدات الطاقة الشمسية الفولطاضوئية بأكثر من 80 في المائة بين عامي 2008 و2015، مع انخفاض الأسعار بنسبة 26 في المائة لكل مضاعفة في القدرة.[7] وتراجعت أسعار جميع مكونات الطاقة الشمسية الفولطاضوئية، والتي تعتبر الآن إلى حد كبير مجرد سلع تتنافس على السعر فقط بدلا من أن تكون سلعا متمايزة، حيث يعد كل من السعر والجودة عاملين مهمين للنجاح في السوق. وتراجعت الأسعار بشكل حاد حتى أوائل عام 2012، واستمرت في التراجع منذ ذلك الحين، ولكن بشكل أكثر رفقا (الشكل 5.3).

ويجعل هذا التراجع في أسعار الطاقة الفولطاضوئية الشمسية أنظمة الطاقة الفولطاضوئية قادرة على المنافسة من حيث التكلفة مع مصادر الطاقة التقليدية، وخاصة في الأسواق المعروفة بفرض أسعار عالية على الكهرباء، وارتفاع مستويات الإشعاع الشمسي، وانخفاض أسعار الفائدة. وقد أدت هذه الظروف إلى زيادة الحوافز لتثبيت أجهزة التوليد الشمسي للاستهلاك الذاتي، وبالتالي زاد الطلب في هذه الأسواق أيضا. وليس من المستغرب أن تتزامن الزيادة في الطلب على الطاقة الفولطاضوئية من مناطق أخرى غير أوروبا مع الانخفاض الحاد في الأسعار الذي لوحظ منذ عام 2011. وعلاوة على ذلك، من المرجح أن تعزز سياسات الدعم الحكومية المذكورة أعلاه التي تستند إلى المزادات اتجاه الأسعار التراجعي. فعلى سبيل المثال، في عام 2016، حققت أبوظبي والمكسيك واحدة من بين أقل المناقصات لعقود التسعير في مجال الطاقة الشمسية الفولطاضوئية.

الشكل 4.3

ازدادت المنافسة بشكل ملحوظ في سوق الطاقة الفولطاضوئية

حصة الشركات الخمس الكبرى من السوق في أقسام المرحلة التمهيدية والمرحلة الوسطى من سلسلة قيمة الطاقة الفولطاضوئية البلورية للفترة 2004-2012

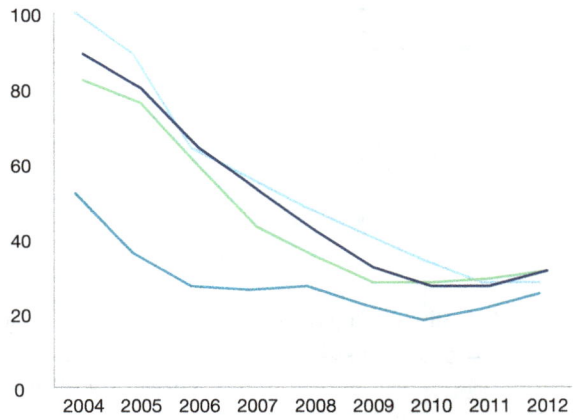

المصدر: ENF للطاقة الشمسية (2013أ، 2013ب)

الخلايا ∎ السبائك ∎ الرقائق ∎ الوحدات ∎

الشكل 5.3

تراجعت أسعار المكونات الفولطاضوئية بشكل كبير

السعر الفوري للمكونات الفردية الفولطاضوئية متعددة البلورات للفترة 2010-2017

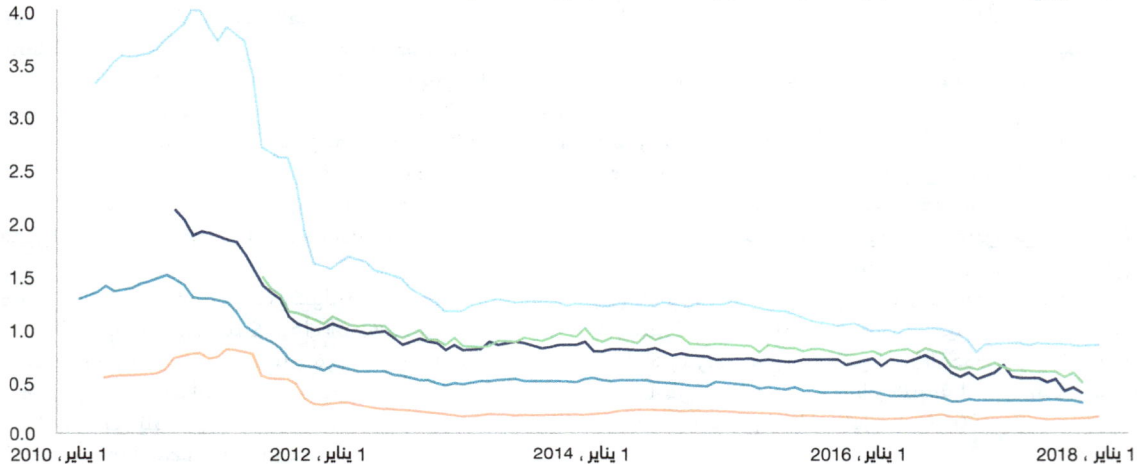

الرقائق (الوحدة بالدولار الأمريكي) ∎ الوحدات (متعددة، الواط بالدولار الأمريكي) ∎ الوحدات (أحادية، الواط بالدولار الأمريكي) ∎ الخلايا (الواط بالدولار الأمريكي) ∎ البوليسيليكون ∎

المصدر: الويبو استنادا إلى مؤسسة بلومبيرغ لتمويل الطاقة الجديدة (2017) (BNEF).

الشكل 6.3

الصين في الوقت الراهن هي أكبر اقتصاد مزود في جميع أقسام المرحلة التمهيدية والمرحلة الوسطى في سوق الطاقة الشمسية الفولطاضوئية

النسبة المئوية للقدرة التصنيعية العالمية للفترة 2004-2012

أكبر الاقتصادات المزودة في 2005

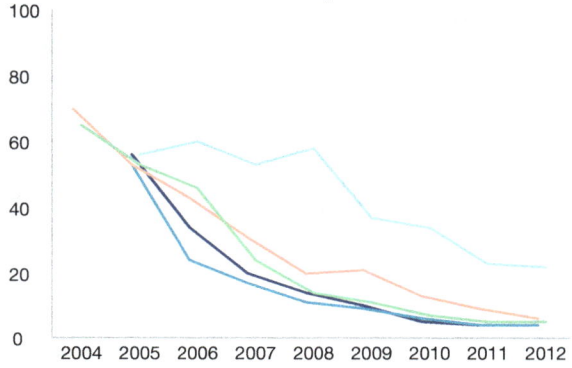

الصين

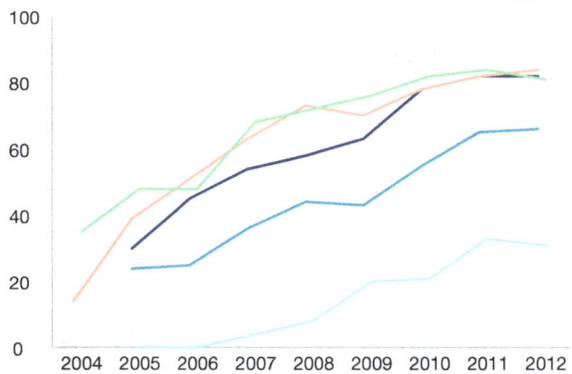

■ البولي سيليكون   ■ الألواح الفولطاضوئية البلورية
■ السبائك   ■ الخلايا الفولطاضوئية البلورية
■ الرقائق

المصدر: ENF للطاقة الشمسية (2013ب) ومؤسسة بلومبرغ لتمويل الطاقة الجديدة (2013) (BNEF).

ملاحظة: أكبر الاقتصادات المزودة في عام 2005 هي الولايات المتحدة بالنسبة إلى البولي سيليكون والألواح الفولطاضوئية البلورية، وأوروبا بالنسبة للسبائك والرقائق، واليابان بالنسبة للخلايا الطاقة الشمسية الفولطاضوئية البلورية.

الصين: فاعل كبير جديد في سلسلة قيمة الطاقة الفولطاضوئية

شهد التوزيع العالمي لسلسلة قيمة الطاقة الفولطاضوئية تغيرا هائلا في العقد الأخير، مع نقل كبير لأنشطة المرحلة التمهيدية والمرحلة الوسطى إلى الصين.[8] وإذا تمكنت الاقتصادات المنتجة التقليدية من زيادة إنتاجها وقدراتها الإنتاجية بين عامي 2005 و2011، فقد كان النمو أكبر بكثير وأسرع في الصين.

وحتى عام 2004، تركز الطلب والإنتاج إلى حد كبير في أوروبا، حيث قدمت الحكومات دعما سخيا للتعجيل بنشر القدرات الفولطاضوئية. وقد خلق هذا إشارات اقتصادية قوية في البلدان التي تمتلك صناعة قوية في مجال أشباه الموصلات - مثل ألمانيا وسويسرا واليابان والولايات المتحدة - التي كانت في البداية رائدة في توفير معدات إنتاج تكنولوجيات الطاقة الشمسية الفولطاضوئية البلورية السيليكونية. بعد ذلك بدأ الإنتاج والطلب في الاقتصادات الآسيوية يلحقان بالركب ببطء، ولا سيما في الصين. وأدى هذا إلى الإنتاجية الزائدة، وتراجع حاد في الأسعار، ورحيل العديد من الشركات الغربية المتخصصة في المرحلة التمهيدية والمرحلة الوسطى.

وبحلول عام 2015، أصبحت الصين هي السوق الفولطاضوئية الرئيسية والاقتصاد الرائد في جميع أقسام الإنتاج في المرحلة التمهيدية والمرحلة الوسطى. ويقارن الشكل 6.3 تطور الحصص الصينية في السوق مع حصص الاقتصاد الرائد في كل قسم من أقسام الإنتاج عام 2005. وبهذا يبدو التوجه واضحا للعيان: بحلول عام 2012 أصبح الاقتصاد الصيني المزود الرئيسي لسوق الطاقة الفولطاضوئية العالمية في جميع أقسام الإنتاج. وركزت أكثر من 60 في المائة من الإنتاج في جميع أقسام السلسلة باستثناء إنتاج البولي سيليكون. وقد دخلت الشركات الصينية سوق البولي سيليكون وأصبحت المزود الرئيسي في هذا المجال أيضا، وهو ما يمثل ثلث الإنتاج بحلول عام 2011 ولكن بالمقارنة مع أقسام الإنتاج الأخرى، فقد دخلوا متأخرين بكثير، وكان تركيزهم قليلا في السوق العالمية بشكل ملحوظ.

القيود التجارية: الإجراءات السياساتية وردود الفعل الاقتصادية

تسبب التراجع الحاد في الأسعار المذكور أعلاه في ضغوط تنافسية ضد شركات الطاقة الشمسية الفولطاضوئية الأمريكية والأوروبية التي حققت أرباحا كبيرة قبل عام 2008. وأدى هذا إلى ارتفاع حالات الإفلاس والاستحواذ في عامي 2011 و2012.[9]

ونتيجة لذلك، التمست جمعيات تصنيع الطاقة الشمسية الفولطاضوئية في كل من الولايات المتحدة وأوروبا من حكوماتها فرض تعريفات على منتجات الطاقة الشمسية الفولطاضوئية الصينية.[10]

وقالت هذه الجمعيات إن شركات الطاقة الشمسية الفولطاضوئية الصينية استفادت من القروض المدعومة من حكومتها، مما سمح لها ليس فقط بإنشاء مرافق الإنتاج ولكن أيضا للحفاظ على إنتاجها حتى عندما تتراجع أسعار السوق إلى ما دون تكلفة الإنتاج.[11] وقد أدى هذا إلى فرض كل من حكومات الولايات المتحدة والاتحاد الأوروبي رسوما لمكافحة الإغراق على مختلف منتجات الطاقة الفولطاضوئية البلورية الآتية من الصين في عامي 2012 و2013. ولا تزال هذه

الرسوم قائمة بسبب تمديدات العمل بها في كل من الولايات المتحدة والاتحاد الأوروبي.[12]

وعلاوة على ذلك، فرضت البلدان الأخرى التي وضعت آليات لدعم السوق الخاص بالطاقة الشمسية الفولطاضوئية متطلبات على المحتوى المحلي، مما يعني أن نسبة معينة من التكنولوجيات المستخدمة في أسواق الطاقة الفولطاضوئية المحلية يجب أن يكون مصدرها مرافق التصنيع المحلية. وقد أدخلت هذه المتطلبات في الهند وجنوب أفريقيا وأونتاريو بكندا، على الرغم من أن أونتاريو اضطرت في نهاية المطاف إلى إلغاء تدابيرها بعد صدور حكم من منظمة التجارة العالمية.[13]

وقد تجاوزت الشركات الصينية هذه الحواجز التجارية جزئيا عن طريق إنشاء مصانع في البرازيل وألمانيا والهند وماليزيا وهولندا وتايلند وفييت نام.[14] وتخدم هذه المصانع الأسواق المحلية في هذه البلدان، ولكنها تُستخدم أيضا كقاعدة تصدير إلى الأسواق الأخرى التي تفرض عليها الرسوم. وبالتالي، يمكن للعوامل الاقتصادية السياسية - مثل كيفية تأثير القيود التجارية على الوصول إلى الأسواق - أن تلعب دورا هاما في التوزيع الجغرافي لسلسلة القيمة العالمية.

الاستمرار في الوجود من خلال الدمج الرأسي

لقد شهد توزيع المكاسب في سلسلة قيمة الطاقة الفولطاضوئية تغيرا جذريا في العقد الماضي. وقبل عام 2011، حافظت الإعانات السخية المقدمة في أوروبا على بقاء الأسعار أعلى بكثير من تكاليف الإنتاج في جميع أقسام سلسلة القيمة. وفي أعقاب تراجع الأسعار في عام 2011، عانى الفاعلون في أقسام المرحلة التمهيدية والمرحلة الوسطى للإنتاج من انخفاض في هوامش الربح مما عقد الأمور على الشركات للاستمرار في الوجود (انظر الإطار 1.3 والشكل 7.3).

وعلى الرغم من تحسن البيئة الاقتصادية منذ ذلك الحين، لا تزال العديد من الشركات العاملة في أقسام مختلفة تواجه صعوبات حقيقية. وبوجه عام، لا تصل هوامش الشركات الناشطة في المرحلة الوسطى إلى المتوسط في صناعة أشباه الموصلات. ويعني تراجع أسعار السوق في أقسام المرحلة التمهيدية والمرحلة الوسطى من سلسلة القيمة أن نسبة كبيرة من القيمة في السلسلة تقع الآن في المرحلة النهائية في قسم تنمية السوق. ونتيجة لذلك، توحدت العديد من شركات الطاقة الشمسية الفولطاضوئية الناشطة في المرحلة التمهيدية والمرحلة الوسطى مع شركات المرحلة النهائية (انظر الجدول 1.3).[15]

الشكل 7.3

تراجع ربحية مصنعي الطاقة الفولطاضوئية

الأرباح الصافية للشركات الرائدة في مجال الطاقة الفولطاضوئية (بملايين الدولارات الأمريكية) للفترة 2008-2012

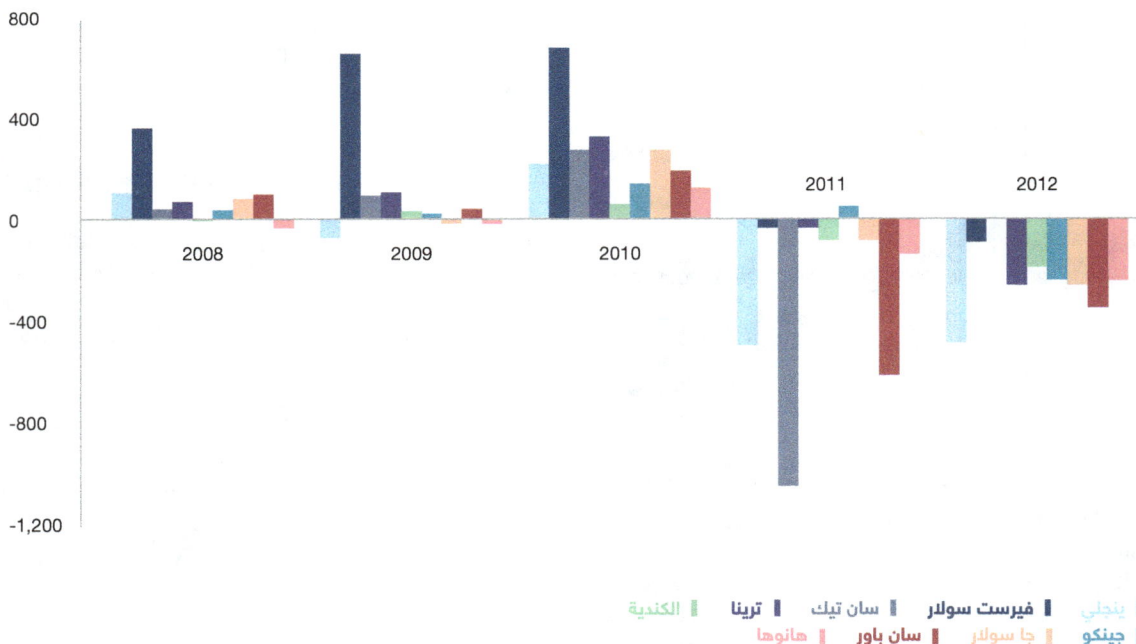

المصدر: Carvalho وآخرون (2017).

الإطار 1.3

هل هناك انهيار إبداعي في سلسلة قيمة الطاقة الفولطاضوئية؟

بدأ جميع الفاعلين الرئيسيين يخسرون الأموال في 2011 أو 2012 (انظر الشكل 7.3). ففي عام 2012، كان مصير شركة Q-Cells، وهي شركة مصنعة للخلايا يوجد مقرها في ألمانيا وقد قادت السوق في معظم العقد الأول من القرن الحادي والعشرين، هو الإفلاس لتشتريها بعد ذلك شركة هانوها من جمهورية كوريا. كما تعثرت شركة سان تيك الصينية العملاقة في مجال الطاقة الفولطاضوئية عام 2013، مما أدى إلى إعادة هيكلة نشاطها بالكامل. ومنذ ذلك الحين، أصبح الوضع أقل حدة، لكنه لا يزال صعبا. ولا تزال شركات مثل ريك سليكون وسانتروثورم الفولطاضوئية، التي تعمل في أقسام مختلفة، تواجه صعوبات حقيقية. وبوجه عام، لا تصل هوامش الشركات العاملة في قسم المرحلة الوسطى إلى المتوسط في صناعة أشباه الموصلات.

وقد كان الدمج الرأسي بمثابة الحل لكثير من الشركات في سلسلة قيمة الطاقة الفولطاضوئية. وكما هو مبين في الجدول 1.3، قام العديد من الفاعلين في المرحلة التمهيدية والمرحلة الوسطى، مثل جي سي أل ، وفيرست سولار، والكندية سولار، وسان باور، وجينكو سولار، أيضاً بدمج أنشطة المرحلة النهائية رأسيا.

ويرى الكثيرون أن الابتكار في العمليات هو استراتيجية الاستمرار في الوجود الوحيدة الممكنة للشركات الفاعلة في المرحلة التمهيدية والمرحلة الوسطى.[16]

وتُعد شركة فيرست سولار حالة مثيرة للاهتمام في هذا الصدد. فقد مكنها تخصصها في الخلايا الفولطاضوئية ذات الأغشية الرقيقة، التي تمثل حصة ضئيلة في السوق - 7 في المائة فقط في عام 2015 - من أن تصبح أكثر شركات المرحلة الوسطى ربحية. ويتمثل الدافع وراء نجاحها التجاري في قدرتها على تصنيع مكونات الطاقة الفولطاضوئية الابتكارية أقل من سعر السوق ومن تكاليف الإنتاج التي يتكبدها المنافسون. وتتميز الخلايا الفولطاضوئية ذات الأغشية الرقيقة التي تنتجها بكفاءة تحويلية للطاقة تقترب من مستويات الخلايا الفولطاضوئية البلورية، ولكن بتكاليف إنتاجية أقل بكثير من سعر سوق التجزئة الخاص بالخلايا الفولطاضوئية البلورية. ويمكن لشركة فيرست سولار الحفاظ على ميزتها النسبية لأن الشركات الأخرى لا تعرف كيف تعيد إنتاج منتجها – الذي هو عبارة عن خلية فولطاضوئية مصنوعة من مواد تيلوريد الكادميوم -ولأنها تستخدم معدات إنتاج متخصصة تحميها حقوق الملكية الفكرية.

ولكن كيف يمكن تكرار هذا المثال؟ فشركة فيرست سولار تمكنت من جذب التمويل وزيادة الإنتاج وتسويق تقنياتها عندما كانت أسعار تكنولوجيا الطاقة الشمسية الفولطاضوئية مرتفعة.[17] ومن الصعب أن نرى مثل هذه الفرصة السانحة في ظروف السوق الحالية.

الجدول 1.3

هامش الإيرادات قبل الفوائد والضريبة والاستهلاك للشركات الرئيسية في مجال الطاقة الفولطاضوئية لعامي 2015 و2016

الشركة	قطاعات السوق	هامش الإيرادات قبل الفوائد والضريبة والاستهلاك (%)
جي سي أل- بولي إينرجي	مشاريع السيليكون/الرقائق/الطاقة	25 (أ)
وايكر	إنتاج السيليكون/المواد الكيميائية الأخرى	19.8 (أ)
ريك سليكون	إنتاج السيليكون	-4 (أ)
شركة أو سي إي	إنتاج السيليكون/المواد الكيميائية الأخرى	7.4 (أ)
فيرست سولار	مشاريع الخلايا/الوحدات/الطاقة	21.6 (أ)
ترينا	السبائك/الرقائق/الخلايا/الوحدات	5.54 (أ)
جا سولار	الخلايا/الوحدات	7.55 (أ)
الكندية سولار	السبائك/الرقائق/الخلايا/الوحدات/الطاقة	8.01 (أ)
جينكو سولار	السبائك/الرقائق/الخلايا/الوحدات/الطاقة	10.6 (ب)
سان باور	مشاريع الخلايا/الوحدات/الطاقة	6.36 (ب)
إبلايد ماتيريل	معدات الإنتاج	25.2 (ب)
سانتروثورم الفولطاضوئية	معدات الإنتاج	-10.7 (أ)
سان غور	المحولات	10.6 (أ)
أس أم آي سولار	المحولات	11.3 (أ)
سولار آيدج	المحولات	10.3 (أ)

المصدر: Carvalho وآخرون (2017).

ملاحظات: (أ) 2015؛ (ب) 2016.

بدأت الشركات المصنعة للطاقة الشمسية الفولطاضوئية تنتقل بشكل متزايد إلى المرحلة النهائية من الإنتاج من خلال المشاركة في تنمية السوق. وقد لوحظ هذا التوجه لأول مرة أثناء الأزمة المالية التي ضربت عام 2008 عندما ألغيت طلبات تكنولوجيات الطاقة الشمسية الفولطاضوئية بسبب عدم تمكن مطوري المشاريع الفولطاضوئية الشمسية من الحصول على دعم تمويلي.[18] وقبل الأزمة، قام معظم المطورين بتمويل مشاريع الطاقة الشمسية الفولطاضوئية الخاصة بهم من خلال القروض المصرفية. وكانت المصارف على استعداد لتمويل مشاريع الطاقة الشمسية الفولطاضوئية - إلى جانب مشاريع الطاقة المتجددة الأخرى - لأن سياسات التعريفات التشجيعية التي وضعتها الحكومة وفرت أسعارا مضمونة لمدة 20 عاما على الأقل. غير أن الأزمة المالية ضربت سيولة المصارف وقدرتها على تقديم القروض لمطوري المشاريع.

ونتيجة لذلك، اضطرت شركات تطوير المشاريع إلى إلغاء مشاريعها، وهو ما يعني بدوره إلغاء الطلبات على منتجات الطاقة الفولطاضوئية في المرحلة التمهيدية من سلسلة القيمة. وقد واجهت الشركات المصنعة للطاقة الفولطاضوئية الشمسية التي كانت تتمتع بأرباح عالية حتى هذا الوقت إلغاء طلباتها ولم تتمكن من إعادة بيعها إلى مطوري المشاريع الآخرين. وبدأت تلك الشركات التي لديها ميزانيات قوية تنتقل في اتجاه المرحلة النهائية من الإنتاج لتنمية مشاريعها من أجل توليد الطلب على منتجاتها للمرحلة التمهيدية.

2.3 - كيف تضيف الأصول غير الملموسة القيمة لسلسلة القيمة العالمية ذات الصلة بالطاقة الفولطاضوئية؟

كما هو مبين في القسم السابق، شهد العقد الماضي ترحيلا ضخما لمعظم أنشطة المرحلة التمهيدية والمرحلة المتوسطة إلى الصين. وكنتيجة مباشرة، نُقلت أيضا حصة كبيرة من الأنشطة الاقتصادية المتصلة بسلسلة قيمة الطاقة الفولطاضوئية - بما في ذلك القيمة المضافة الإجمالية - إلى هذا البلد.

غير أن القصة المتعلقة بإنشاء الأصول غير الملموسة في مجال الطاقة الفولطاضوئية والعودة إليها أصبحت أقل وضوحا.[19] فعلى المستوى الأول، لم تكن أصول المعرفة في سلسلة قيمة الطاقة الفولطاضوئية مرتبطة بالضرورة سواء بموقع الإنتاج الرئيسي (الصين) أو مواقع الطلب (أوروبا). وعلى المستوى الثاني، وكما هو مقترح في القسم السابق، لا تتعلق أصول المعرفة فقط بالابتكارات في المنتجات، بل تتعلق أيضا بابتكار التصنيع المخفض للتكاليف. وعلى المستوى الثالث، من المهم فهم الكيفية التي اكتسبت بها الصين أصول المعرفة اللازمة لإعادة تشكيل سلسلة القيمة العالمية الحالية للطاقة الفولطاضوئية.

ويستكشف هذا القسم كيف حددت أصول المعرفة شكل الهيكل الحالي لسلسلة قيمة الطاقة الفولطاضوئية. وسيعرض القسم التالي دور الأصول المتعلقة بالسمعة في أقسام المرحلة النهائية من الإنتاج.

الإطار 2.3

الثورة الفولطاضوئية

توجد الآن أربع مجموعات مختلفة من تكنولوجيات خلايا الطاقة الفولطاضوئية الشمسية: "1" الخلايا البلورية السيليكونية، "2" الخلايا ذات الأغشية الرقيقة، "3" الخلايا ذات الكفاءة العالية (التي يشار إليها غالبا باسم المجموعة الثالثة - الخامسة)، "4" الخلايا الفولطاضوئية العضوية. ويجري حاليا تسويق النوعين الأولين فقط، في حين يبدو النوعان الأخيران واعدين. وتمثل الخلايا البلورية السيليكونية أكثر من 90 في المائة من سوق الطاقة الفولطاضوئية.[20]

وينبغي لأحدث تكنولوجيات الطاقة الفولطاضوئية التغلب على تحديين اثنين للوصول إلى السوق. ويتمثل أولهما في ضرورة توليد التكنولوجيا للكهرباء بشكل موثوق وثابت في البيئات غير المختبرية، وثانيهما هو، ضرورة أن تكون تكاليف الإنتاج أقل من أسعار السوق المنافسة المفروضة من تكنولوجيات الطاقة الفولطاضوئية الموجودة. وإلى يومنا هذا، حققت أنواع معينة من الخلايا الفولطاضوئية ذات الأغشية الرقيقة والخلايا ذات الكفاءة العالية أعلى الكفاءات في تحويل الطاقة مقارنة بالتكنولوجيات التي يجري تسويقها، ولكنها تكافح من أجل تلبية أسعار التكنولوجيات المسوقة، ويرجع ذلك جزئيا إلى أنها تُنتج على نطاق أصغر.[21]

وهذا يجعل ابتكارات التصنيع على طول سلسلة القيمة حاسما بالنسبة لصناعة الطاقة الفولطاضوئية (انظر الشكل 3.3). ويتم استخدام عمليتين إنتاجيتين رئيسيتين لإنتاج البولي سيليكون: عملية سيمنز وعملية المفاعل ذو الفرشة المميعة.[22]

وبما أن إنتاج البولي سيليكون يستهلك الكهرباء بكثافة، فإن جزءا كبيرا من التكاليف المخفضة يكمن في تحسين كفاءة استخدام الطاقة في هاتين العمليتين، بحيث أن عملية المفاعل ذو الفرشة المميعة أكثر كفاءة من عملية سيمنز. وتجرب الشركات في الولايات المتحدة وكندا والنرويج عمليات معدنية بديلة مشمولة بحقوق الملكية لتخفيض تكاليف الطاقة والإنتاج التي يفرضها البولي سيليكون. وهناك طريقة أخرى تحاول بها الشركات خفض تكاليف الكهرباء وهي نقل المصانع إلى المناطق التي تكون فيها الكهرباء رخيصة. كما تم التوصل إلى ابتكارات تُخفض تكاليف إنتاج السبائك والرقائق من خلال ابتكارات معدات الإنتاج المثبتة في تلك المصانع. وبالنسبة للسبائك، يتم ذلك من خلال زراعة أكثر عدد من البلورات، وتحسين بذور البلورات اللازمة لتقليل وقت العملية وزيادة المردود.[23] وتشمل التحسينات الأخرى في معدات الإنتاج قطع السبائك وتحويلها إلى رقائق رقيقة، وتقليل فقدان مادة السبائك غير المستخدمة (المعروفة باسم kerf)، وزيادة معدلات إعادة التدوير.[24] وتشمل الابتكارات الأخرى في العمليات خفض كمية عجائن / أحبار المعادن التي تحتوي على الفضة والألومنيوم، وهي أكثر المواد غير السيليكونية الحاسمة والمكلفة التي تستخدم في تكنولوجيات الخلايا السيليكونية البلورية الحالية.[25]

أين يتم إنشاء أصول المعرفة المتعلقة بالطاقة الفولطاضوئية؟

منذ عام 1975، يقوم المختبر الوطني للطاقة المتجددة (NREL) بتتبع أصحاب المصلحة - الشركات والمؤسسات الأكاديمية - التي تتمتع بكفاءة أعلى في تحويل الخلايا الفولطاضوئية في أي من تكنولوجيات الخلايا الفولطاضوئية المختلفة (انظر الإطار 2.3). وخلال تلك الفترة، حُطمت الأرقام القياسية العالمية في كثير من الأحيان داخل كل مجموعة من الخلايا الفولطاضوئية. وعلاوة على ذلك، تم الوصول إلى الكفاءات التحويلية القياسية عبر جميع تكنولوجيات الخلايا الفولطاضوئية كل عام تقريبا منذ عام 2010، بعد عقدين من التقدم البطيء جدا. كما أحرز تقدم سريع في جميع التكنولوجيات البديلة للطاقة الفولطاضوئية البلورية، مثل التقاطع المتعدد، والتقاطع الواحد، والخلايا الفولطاضوئية ذات الأغشية الرقيقة، وتكنولوجيات الخلايا الفولطاضوئية الناشئة.[26]

من وراء هذه الابتكارات الحالية والبديلة المتعلقة بمنتجات الطاقة الفولطاضوئية؟ كما هو مبين في الجدول 2.3، حققت الولايات المتحدة 56 في المائة من الأرقام التي تمت ملاحظتها والبالغ عددها 289 رقما قياسيا عالميا في الكفاءة، وتليها ألمانيا (12 في المائة) واليابان (11 في المائة) وأستراليا (6 في المائة). وتغطي هذه البلدان الأربعة معظم ابتكارات المنتجات الموثقة في مجال الطاقة الفولطاضوئية. وتسيطر الولايات المتحدة على المشهد الأفضل في فئتها عبر جميع أنواع الخلايا الفولطاضوئية، مع تمتعها بقوة خاصة في الابتكارات البديلة المتعلقة بالخلايا الفولطاضوئية ذات الأغشية الرقيقة والخلايا الفولطاضوئية ذات التقاطع المتعدد. وتعد أستراليا البلد الثاني من حيث تحطيم الرقم القياسي في الخلايا الفولطاضوئية البلورية الحالية، ولكنه لم يحقق أي رقم في التكنولوجيات البديلة المتعلقة بالطاقة الفولطاضوئية. وعلى العكس من ذلك، لم تسجل بلدان أخرى مثل جمهورية كوريا وكندا وسويسرا سوى أرقام في التكنولوجيات البديلة المتعلقة بالطاقة الفولطاضوئية.

الجدول 2.3

أفضل ابتكارات الإنتاج حسب نوع الخلايا الفولطاضوئية والبلد للفترة 1976-2017

الاقتصاد	خلايا السيليكون البلورية	التكنولوجيات ذات الأغشية الرقيقة	خلايا متعددة التقاطع (بوصلتين، متجانسة)	زرنيخيد الغاليوم أحادي التقاطع	الطاقة الفولطاضوئية الناشئة	مجموع البلد
الولايات المتحدة	23	72	36	10	20	161
ألمانيا	9	11	6	3	5	34
اليابان	12	7	6		7	32
أستراليا	16					16
جمهورية كوريا		1		2	5	8
كندا					7	7
سويسرا		1			6	7
الصين	2	3				5
فرنسا		2	2			4
هولاندا				3	1	4
النمسا					3	3
الهند		3				3
السويد		3				3
هونغ كونغ، الصين					1	1
اسبانيا			1			1
المجموع	62	103	51	18	55	289

المصدر: Carvalho وآخرون (2017)

ويبدو أن الابتكار داخل الحدود لم يؤد إلى هيمنة الشركات الصينية على السوق. ويظهر أن الجزء الأكبر من ابتكارات المنتجات - من حيث تحسين كفاءة التحويل في مختلف مجموعات الخلايا الفولطاضوئية – لا يزال يأخذ مكانا في بلدان أخرى. وعلى النقيض من هذه الاقتصادات، حققت الصين مرتبة التكنولوجيا الأفضل عالميا في فئتها خمس مرات فقط، بما في ذلك ثلاثة أرقام قياسية في تكنولوجيا الخلايا ذات الأغشية الرقيقة، وهي التي لم تُسوق بعد.

ويمكن رؤية صورة مماثلة ولكن أكثر تفصيلا عند تحليل طلبات البراءات للتكنولوجيات ذات الصلة بالطاقة الفولطاضوئية (انظر الشكل 8.3). وقد صاحب الطلب المتزايد في السوق على تثبيت الطاقة الشمسية الفولطاضوئية نموا موازيا في عدد طلبات البراءات في جميع أنحاء العالم. وارتفعت إيداعات البراءات الأولى من أقل من 2500 في أوائل العقد الأول من القرن الحادي والعشرين إلى أكثر من 000 16 في عام 2011. وحتى عام 2008، نشأت معظم هذه التكنولوجيات في اليابان والولايات المتحدة. ومنذ ذلك الحين، شهدت الصين نموا سريعا في براءات الاختراع المتعلقة بالطاقة الفولطاضوئية، وأصبحت أكبر اقتصاد يودع براءات الاختراع المتعلقة بالطاقة الفولطاضوئية بحلول عام 2010، وسيطرت على غالبية الإيداعات بحلول عام 2014.

الشكل 8.3

الصين – الرائد الجديد في مجال ابتكارات الطاقة الفولطاضوئية

الإيداعات الأولى من براءات الاختراع ذات الصلة بالطاقة الفولطاضوئية حسب المنشأ للفترة 2000-2015

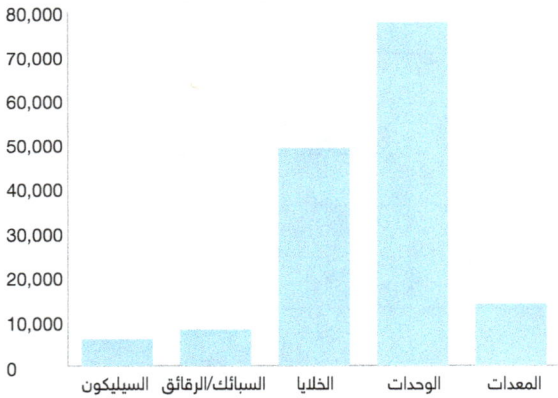

0

المصدر: الويبو استنادا إلى قاعدة البيانات PATSTAT. انظر الملاحظات التقنية.

وببلوغ نسبتها أكثر من 46 في المائة من الإيداعات الأولى في العالم في الفترة 2011-2015، أصبحت الصين الآن الرائدة عالميا في إيداعات البراءات ذات الصلة بالطاقة الفولطاضوئية (الشكل 10.3). وتحتل المرتبة الأولى في الإيداعات الأولى المتعلقة بالتكنولوجيات ذات الصلة بكل قسم من أقسام الطاقة الفولطاضوئية، ولديها غالبية هذه الإيداعات في حالة السيليكون، السبائك/الرقائق والوحدات. ولكن عندما يتم النظر في تخصص الشركات الصينية بين التكنولوجيات الحالية (البلورية) والبديلة المتصلة بالخلايا، تطفو على السطح صورة مختلفة. وكما لوحظ في الأرقام القياسية العالمية في الكفاءة، يبدو أن الصين قد تخصصت أكثر في التكنولوجيات البديلة المتعلقة بالخلايا مقارنة بالتكنولوجيات البلورية. وبالفعل لدى الصين أكبر حصة من إيداعات البراءات المتعلقة بالخلايا البديلة، في حين لا تزال وراء اليابان والولايات المتحدة وجمهورية كوريا في إيداعات التكنولوجيات البلورية. وتتناقض هذه الأرقام مع الميزة التنافسية الحالية للصين فيما يتعلق بإنتاج الخلايا الفولطاضوئية البلورية.

الشكل 9.3

تسيطر الألواح والخلايا الفولطاضوئية على إيداع براءات الاختراع فيما يتعلق بابتكارات الطاقة الفولطاضوئية

الإيداعات الأولى من براءات الاختراع ذات الصلة بالطاقة الفولطاضوئية حسب القسم للفترة 2000-2015

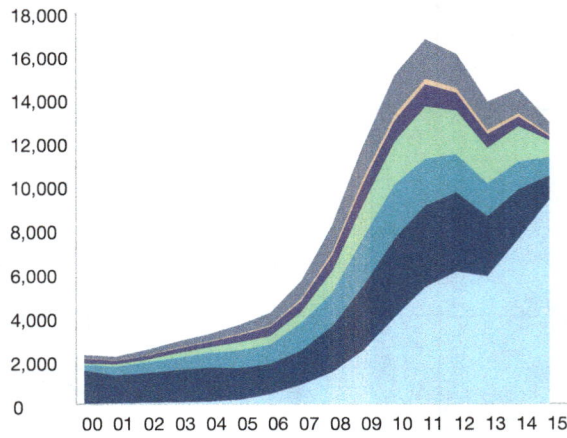

0

المصدر: الويبو استنادا إلى قاعدة البيانات PATSTAT. انظر الملاحظات التقنية.

ويقع معظم نشاط تسجيل البراءات في أقسام المرحلة الوسطى من الإنتاج. وقد أودع أكثر من نصف براءات الاختراع ذات الصلة بالطاقة الفولطاضوئية في الفترة 2000-2015 فيما يتعلق بتكنولوجيات الوحدات، وثلثها تقريبا يتعلق بتكنولوجيات الخلايا (انظر الشكل 9.3). وشكلت التكنولوجيات المتعلقة بالسيليكون والسبائك والرقائق أقل من 10 في المائة من براءات الاختراع.

الشكل 10.3

أصبحت الصين أحد أصحاب المصلحة الرئيسيين في تكنولوجيا الطاقة الفولطاضوئية

التوزيع النسبي للبراءات ذات الصلة بالطاقة الفولطاضوئية حسب المنشأ وقسم سلسلة القيمة للفترة 2011-2015

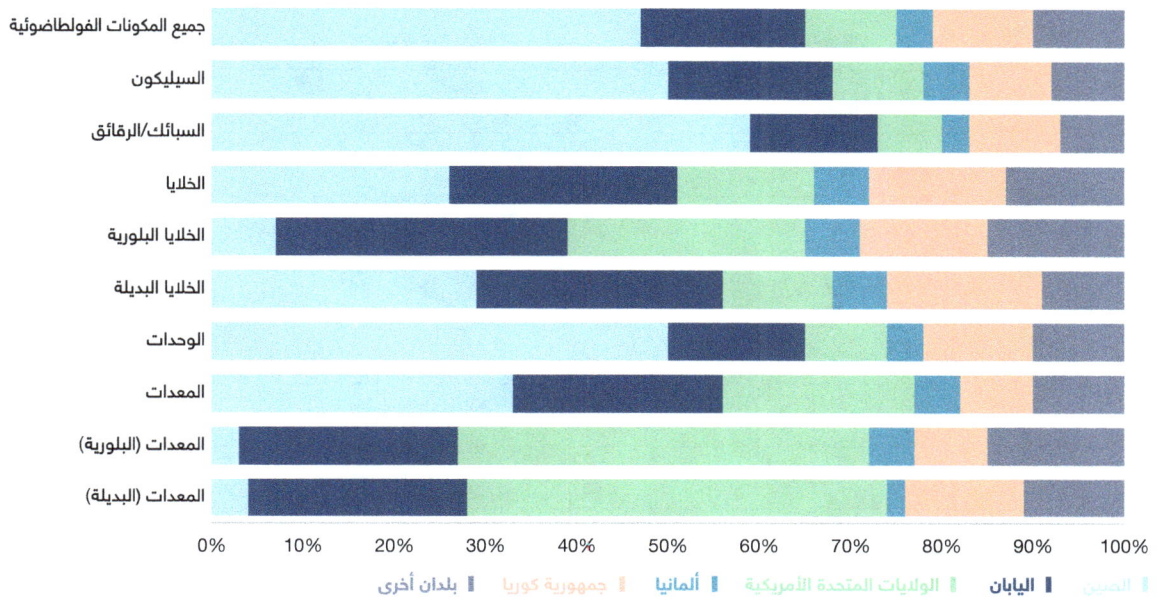

جميع المكونات الفولطاضوئية
السيليكون
السبائك/الرقائق
الخلايا
الخلايا البلورية
الخلايا البديلة
الوحدات
المعدات
المعدات (البلورية)
المعدات (البديلة)
0%
10%
20%
30%
40%
50%
60%
70%
80%
90%
100%
الصين
اليابان
الولايات المتحدة الأمريكية
ألمانيا
جمهورية كوريا
بلدان أخرى

المصدر: الويبو استنادا إلى قاعدة البيانات PATSTAT. انظر الملاحظات التقنية.

وهذا لا يعني أن الابتكار أقل شيوعا في أقسام المرحلة التمهيدية ومعدات الانتاج. وبالفعل، كشفت الدراسات الميدانية أن الشركات تسجل الاختراعات الصغيرة بشكل مكثف - وخاصة في الصين - في حين تبقي عادة الاختراعات الهامة في طي الكتمان. ويركز العديد من هذه الابتكارات الهامة على التصنيع التي غالبا ما لا تتم في أقسام محددة للبحث والتطوير ولكن مباشرة في خطوط الإنتاج، وتحميها السرية بدلا من البراءات. وهذه الحالة لا تنطبق فقط على الشركات الصينية الجديدة الوافدة ولكن أيضا على المنتجين الرئيسيين للسيليكون في الغرب واليابان، حيث طوروا طرقا متقدمة في تنقية السيليكون بتكلفة معقولة ابقوا عليها في طي الكتمان.[27]

ابتكارات التصنيع التي تحد من التكاليف

لا يمكن للأرقام القياسية في تحويل الطاقة ولا براءات الاختراع أن تضمن الاستخدام الناجح لابتكارات منتجات الطاقة الفولطاضوئية. وكما هو مبين في الإطار 2.3، فلكي تحقق تكنولوجيا الطاقة الفولطاضوئية الجديدة النجاح، لابد لها أن تكون على حد سواء موثوقة وبأسعار تنافسية. وعلى الرغم من تحقيق بعض تكنولوجيات الخلايا الفولطاضوئية البديلة لنتائج ضخمة في المختبر، فإنها لم تقدم بعد على نطاق تنافسي.

وعلاوة على ذلك، يجرى توحيد المنتجات الموجودة بالفعل في السوق على طول سلسلة القيمة الفولطاضوئية على مستويات عالية – انطلاقا من السيليكون المنقى إلى الألواح الشمسية. وتنبع تنافسية هذه الأسواق أساسا من القدرة على تصنيع منتجات تفي بمستوى معياري من الجودة بتكلفة معقولة. وفي هذا السياق، يتطلب الدخول الناجح إلى أي قسم من أقسام السوق والاستدامة فيه الحصول على أحدث تقنيات الإنتاج، وهو الأمر الذي يتطلب بدوره وجود أسواق دولية لمعدات الإنتاج التي تتسم بالتنافسية.

وهذا يعني أن ابتكارات التصنيع هي أداة أساسية لإدخال منتجات جديدة في مجال الطاقة الفولطاضوئية إلى السوق والحفاظ على المنتجات القائمة. ويمكن إدخال التكنولوجيات الجديدة إلى الأسواق ذات الأسعار التنافسية فقط إذا كانت تحقق مستويات عالية من الإنتاج وتدعمها ابتكارات تكميلية للتصنيع بغية خفض التكاليف. وفي الواقع فقد لم تستمر العديد من الشركات في أقسام المرحلة التمهيدية والمرحلة الوسطى من سلسلة قيمة الخلايا الفولطاضوئية البلورية في الوجود إلا من خلال ابتكارات تصنيعية رفيعة المستوى سمحت لها بتخفيض تكاليف إنتاجها بشكل أسرع من منافسيها العاملين في نفس القسم.[28]

الجدول 3.3

أكبر الشركات المنتجة للمعدات لعام 2011

الشركة	بلد المقر الرئيسي	القطاع الأصلي
إيلايد ماتيريل	الولايات المتحدة	أشباه الموصلات
سانتروثورم	ألمانيا	أشباه الموصلات / الإلكترونيات
ماير بورجي	سويسرا	أشباه الموصلات / الإلكترونيات
جي تي آي تي	الولايات المتحدة	الإلكترونيات
شميد	ألمانيا	الإلكترونيات
كوماتسو- أن تي سي	اليابان	أشباه الموصلات
أوارليكو	سويسرا	أشباه الموصلات
أبولو	الولايات المتحدة	الإلكترونيات
رينا	ألمانيا	الإلكترونيات
جي جاي أس تي	الصين	المجال الشمسي

المصدر: Carvalho وآخرون (2017)، Zhangg، Gallagherg (2016).

من يولد ابتكارات معدات الإنتاج في مجال الطاقة الفولطاضوئية؟ كان أصل معدات الإنتاج في مجال الطاقة الفولطاضوئية البلورية في البداية هو الشركات المتخصصة في إنتاج معدات موجهة إلى صناعة أشباه الموصلات والإلكترونيات. وقد طبقت هذه الشركات قدراتها التكنولوجية في صناعة أشباه الموصلات لإنتاج معدات مناسبة لتصنيع السبائك والرقائق والخلايا والوحدات. وكانت شركات أشباه الموصلات التي تتخذ من الولايات المتحدة وألمانيا واليابان مقرا لها على رأس قائمة الشركات من حيث حصتها في السوق وجودة المعدات لصنع معدات إنتاج الطاقة الشمسية الفولطاضوئية (انظر الجدول 3.3).

وما يكمل هذه الصورة هو إعداد خريطة خاصة ببراءات الاختراع. فحتى عام 2012، كانت الولايات المتحدة واليابان تسيطران إلى حد كبير على مشهد إيداع البراءات المتعلقة بمعدات الإنتاج. ومنذ ذلك الحين، انخفضت هذه الطلبات بشكل حاد، حيث انخفضت بنحو 60 في المائة بين عامي 2012 و2015 (انظر الشكل 11.3). وكان هذا الانخفاض أعلى بالنسبة للولايات المتحدة واليابان، مما سمح للصين بالاستيلاء على أكبر حصة في هذا القسم في عام 2012.

وراكمت الصين ثلث البراءات المودعة خلال الفترة 2011-2015. ومع ذلك، لا تزال الولايات المتحدة تغطي ما يقارب نصف جميع إيداعات البراءات المتعلقة بمعدات إنتاج الخلايا البلورية أو البديلة في هذه الفترة (انظر الشكل 10.3). وتبلغ اليابان وجمهورية كوريا أيضا مرتبة أعلى من الصين التي تملك نسبة منخفضة جدا من هذه البراءات.

كيف التحقت الصين بالركب التكنولوجي؟

أين كان يتجلى دور الأصول غير الملموسة في تحديد شكل سلسلة القيمة العالمية الحالية للطاقة الفولطاضوئية؟ يتطلب التصدي لهذه المسألة في المقام الأول فهم الطريقة التي اكتسبت بها الشركات الصينية الناشطة في المرحلة التمهيدية والمرحلة الوسطى من الإنتاج الأصول المعرفية اللازمة للدخول إلى مراحل مختلفة من سلسلة القيمة. لقد كانت هناك قناتان رئيسيتان لنقل التكنولوجيا إلى الصين: معدات الإنتاج ورأس المال البشري المتمتع بالمهارة.

الجدول 4.3

توزيع المقرات الرئيسية لمنتجي معدات تكنولوجيا الطاقة الفولطاضوئية الشمسية لعام 2016

الاقتصاد	عدد الشركات	الحصة من إجمالي عدد الشركات (%)
الصين	381	41
الولايات المتحدة	152	16
ألمانيا	125	13
اليابان	70	7
جمهورية كوريا	53	6
تايوان (مقاطعة صينية)	44	5
إيطاليا	18	2
سويسرا	15	2
بقية بلدان العالم	81	8
المجموع	939	100

المصدر: Carvalho وآخرون (2017).

الجدول 5.3

الشركات الست الكبرى في مجال الخلايا والوحدات في الصين لعام 2015

الشركة	المرتبة العالمية	الحصة من إجمالي المداخيل (%)	تاريخ الإنشاء	روابط الاستثمار الأجنبي المباشر/ شركة مشتركة
ترينا سولار	1	10	1997	لا شيء
جا سولار	2	8	2005	أستراليا (من خلال شركة JingAo)
جينكو سولار	3	7	2006	لا شيء
ينجلي	5	5	1998	لا شيء
الكندية سولار	6	5	2001	كندا
شونفانغ-سان تيك	8	3	2001	لا شيء

المصدر: Carvalho وآخرون (2017).

وحصلت الشركات الصينية في الغالب على تكنولوجيات الطاقة الفولطاضوئية من خلال شراء معدات الإنتاج من الموردين الدوليين.[29] ودخلت الشركات الصينية الرائدة إلى السوق عن طريق شراء معدات الإنتاج من المجهزين الغربيين.[30] بيد أن نقل المعارف التكنولوجية إلى الصين تجاوز نقل هذه المعدات. وبالفعل تبدو الأدلة على اللحاق التكنولوجي واضحة من خلال الظهور التدريجي لموردي سلع المعدات الذين ينحدرون فقط من الصين. وبحلول عام 2016 اتخذت حوالي نصف شركات معدات الإنتاج في العالم من الصين مقرا لها، وتلتها الولايات المتحدة وألمانيا واليابان في احتوائها على أهم مواقع المقرات الرئيسية (انظر الجدول 4.3).

وكان تداول القوى العاملة الماهرة عاملا آخر ساعد على نجاح الشركات الصينية في أقسام المرحلة التمهيدية والمرحلة الوسطى من سلسلة القيمة.[31] فعند دخولها ميدان الصناعة في العقد الأول من القرن 21، استفادت شركات الطاقة الفولطاضوئية الصينية بقوة من وصول المديرين التنفيذيين ذوي المهارات العالية الذين جلبوا رأس المال، والشبكات المهنية، والتكنولوجيا المكتسبة في الشركات والجامعات الأجنبية إلى الصين.

على سبيل المثال، درس مؤسس شركة سان تيك ورئيسها التنفيذي، أكبر شركة في الطاقة الفولطاضوئية في الصين حتى عام 2013، في جامعة New South Wales في أستراليا ثم عمل لصالح الشركة الأسترالية Pacific Solar. وأنشئت ثلاث من أكبر الشركات الصينية – Shungfeng Suntech، وYinglig، و Trina من قبل مواطنين صينيين كانوا سابقا باحثين في أستراليا، وحوالي ثلثي أعضاء مجلس إدارة أكبر أربع شركات صينية للطاقة الفولطاضوئية في عام 2016 - ترينا، جي سي آل بولي، وجينكو سولار، والكندية سولار- درسوا أو عملوا في الخارج. ولدى جميع الشركات الكبرى برامج التوظيف لجذب كبار الإداريين من الخارج.

وعلى العكس من ذلك، يوجد قليل من الأدلة التي تدعم الفرضية القائلة بأن استثمارات الشركات متعددة الجنسيات كان عاملا حاسما في ظهور الصناعة الصينية.[32] ويعرض الجدول 5.3 أكبر ستة مصنعين للخلايا أو الوحدات الموجودين في الصين. ولدى اثنان منهم فقط روابط استثمارية مع الشركات الأجنبية. وعلاوة على ذلك، اتضح أن هذه الشركات القائمة على الاستثمار الأجنبي المباشر دخلت متأخرة حيث أن إنشاءها اتبع خطى الشركات الرائدة الصينية بدقة.

3.3 - ما هو دور الملكية الفكرية في صناعة الطاقة الفولطاضوئية؟

يتناول هذا القسم بمزيد من التفصيل دور الملكية الفكرية في حماية أصول المعرفة وتلك المتعلقة بالسمعة. وينظر أولا في كيفية استخدام الملكية الفكرية لحماية أصول المعرفة ودورها في الاستيلاء التكنولوجي المستقبلي من جانب الصين، ثم دراسة الاتجاهات الحديثة في استخدام الملكية الفكرية لحماية الأصول المتعلقة بالسمعة والخصائص الزخرفية لمنتجات الطاقة الفولطاضوئية.

كيف تحمي سلسلة قيمة الطاقة الفولطاضوئية أصول معارفها؟

طوال العقد الأول من القرن الحادي والعشرين، كان هناك مزيد من التوجه نحو استخدام البراءات لحماية أصول المعرفة لصالح جميع التكنولوجيات في سلسلة قيمة الطاقة الفولطاضوئية (الشكل 11.3). وقد لوحظت أكبر الزيادات على مستوى الخلايا والوحدات التي بلغت ذروتها في عام 2011 بنحو 000 15 و000 20 طلب براءة على التوالي.

الشكل 11.3

تراجعت إيداعات البراءات المتعلقة بالطاقة الفولطاضوئية منذ عام 2011

طلبات البراءات ذات الصلة بالطاقة الفولطاضوئية في جميع أنحاء العالم حسب قسم سلسلة القيمة للفترة 2000-2015

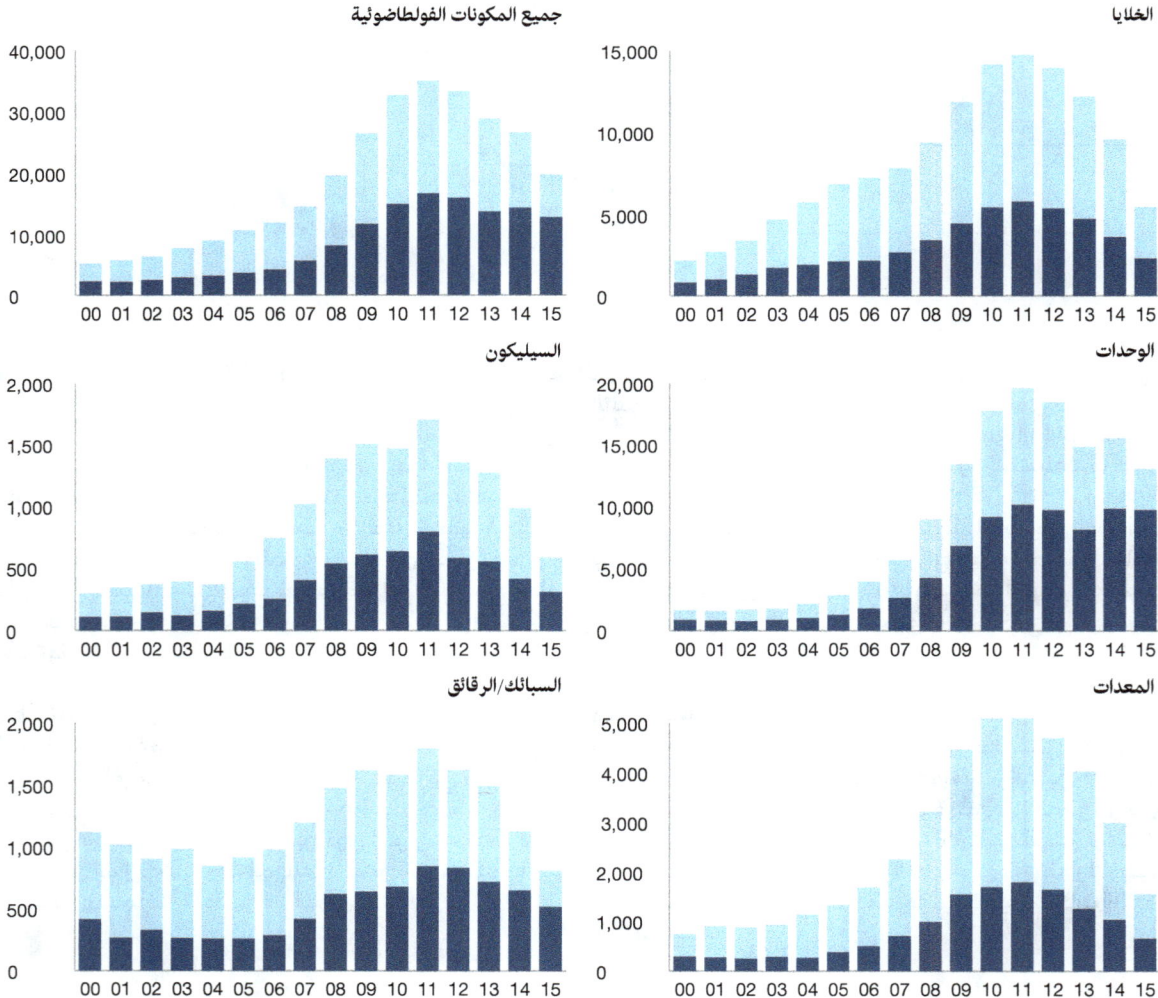

الخلايا
جميع المكونات الفولطاضوئية
الوحدات
السيليكون
المعدات
السبائك/الرقائق
الإيداعات الأولى
الإيداعات اللاحقة

المصدر: الويبو استنادا إلى قاعدة البيانات PATSTAT. انظر الملاحظات التقنية.

وقد عُكس مؤخرا اتجاه النمو في نشاط براءات الاختراع الخاصة بالطاقة الفولطاضوئية، حيث تراجع عدد طلبات البراءات ذات الصلة بالطاقة الفولطاضوئية بين عامي 2011 و2015 بنسبة 44 في المائة. كما تراجعت إيداعات البراءات الخاصة بالطاقة الفولطاضوئية كنسبة من نشاط البراءات على مستوى العالم، حيث انخفضت بنسبة 30 في المائة في أربع سنوات فقط. وحدث هذا التراجع في جميع أقسام سلسلة القيمة، من تكنولوجيات السيليكون إلى تكنولوجيات الوحدات، ولكنه كان واضحا بشكل خاص بالنسبة للسليكون والخلايا والمعدات (الشكل 11.3).

كما حدث تغير جذري على صعيد البلد الذي قَدمت منه طلبات البراءات. وتراجعت إيداعات البراءات الخاصة بالطاقة الفولطاضوئية في جميع البلدان الرئيسية الابتكارية مع الاستثناء الملحوظ في الصين (انظر الشكل 8.3).

ومن النظرة الأولى، يشير الاتجاه التنازلي لطلبات البراءات ذات الصلة بالطاقة الفولطاضوئية على المستوى العالمي منذ عام 2011 إلى أن آفاق الابتكار التكنولوجي في القطاع تظل قاتمة. هل أصبح مجال البراءات أقل جاذبية في صناعة الطاقة الفولطاضوئية؟

الجدول 6.3

كثافة البحث والتطوير وإيداع البراءات حسب أكبر شركات الطاقة الفولطاضوئية

الشركة	البلد	كثافة البحث والتطوير* (%)		متوسط إيداعات البراءات الأولى سنويا		متوسط الإنفاق السنوي على البحث والتطوير (بملايين الدولارات الأمريكية) *	متوسط إيداع البراءات المتعلقة بالطاقة الفولطاضوئية حسب الإنفاق على البحث والتطوير بملايين الدولارات الأمريكية*
		2010	2015	2009-2005	2014-2010		
السيليكون							
جي سي أل- بولي	الصين		1.12	5	3.4	20.5	0.20
وايكر	ألمانيا	2.90	3.30	6	18.6	146.5	0.08
أر إي سي	النرويج	2.10	2.50	3.4	11.6	11.65	0.64
شركة أو سي آي	جمهورية كوريا			1	1.75		
الخلايا							
فيرست سولار	الولايات المتحدة	3.70	3.60	5.6	52.2	112.8	0.26
ترينا	الصين	1	3.50	6	41.8	26.05	0.92
جا سولار	الصين	2.50	3.20	3	9.4	16.5	0.38
الكندية سولار	الصين	0.45	0.50	1	2.75	12.5	0.15
جينكو سولار	الصين	0.38	2.30	0	19.75	15.1	0.65
سان باور	الولايات المتحدة	4.10	6.30	13.8	38.4	74	0.35
هانوها كيو سالس	جمهورية كوريا-ألمانيا		6.80	12.75	14.8	28	0.49
المعدات							
إيبلايد ماتيريل	الولايات المتحدة	12.00	15.40	45.6	40.8	*1297.5	
سانتروثورم الفولطاضوئية	ألمانيا	6.80	5.30	4.4	11.8	20	0.41
ماير بورجي	سويسرا	5	17.20	0	1.3	*49.5	
المحولات							
سان غرو	الصين		4.3	2	13		
أس أم آي	ألمانيا			9	26.2	78.5	0.22
سولار آيدج	إسرائيل		6.10	6.3	5.6	22	0.27

*ملاحظة: يشمل البحث والتطوير في غير الطاقة الفولطاضوئية.

المصدر: Carvalho وآخرون (2017).

في الواقع، يبدو أن هذا التراجع يقف وراءه دافعان مختلفان. ففي المقام الأول، تعرض عدد مقدمي الطلبات للانهيار.[33] حيث تراجع عدد مقدمي الطلبات بين عامي 2011 و2014 من الولايات المتحدة وألمانيا واليابان وجمهورية كوريا، وكذلك دخول مقدمي طلبات الجدد بشكل أكثر حدة. وهذا يعني أيضا أن عدد طلبات البراءات المودعة لكل مقدم طلب، في المتوسط، ارتفع ولا سيما في البلدان الرئيسية المنتجة للطاقة الفولطاضوئية. وتُلاحظ هذه التوجهات بشكل أكثر وضوحا في الأنواع البديلة من الخلايا الفولطاضوئية، حيث كانت حدة هذا التراجع في إيداعات البراءات أكثر بكثير.

ويتسق تصاعد كثافة البحث والتطوير في الشركات الفولطاضوئية الرئيسية مع أرقام البراءات هذه (انظر الجدول 6.3). وزاد جميع الفاعلين الرئيسيين تقريبا من كثافة البحث والتطوير بين عامي 2010 و 2015 - أحيانا بشكل كبير - مع تزايد نشاطهم في تسجيل البراءات بأكثر من ذلك. وإذا كانت العلاقة بين نفقات البحث والتطوير والبراءات ليست واضحة، فإن الزيادة غير المتناسبة في نشاط تسجيل البراءات مقارنة بكثافة البحث والتطوير تشير إلى زيادة في كثافة البراءات بين الشركات المستمرة في الوجود على مستوى الصناعة.

وبعبارة أخرى، يبدو أن الأمور تحدث بالطريقة التالية. فقد غادر العديد من الفاعلين السوق ليصبح دخولهم مرة أخرى أكثر صعوبة. ومن ناحية أخرى، تفاعلت الشركات المستمرة في الوجود مع هذا من خلال زيادة جهود الابتكار وإيداع المزيد من براءات الاختراع. وبالإضافة إلى ذلك، يتفاعل هؤلاء الفاعلين مع الهزة التي ضربت الصناعة من خلال تركيز جهودهم الابتكارية على الجيل القادم من التكنولوجيات. وهذا يشير إلى أن أصول المعارف المحمية بموجب الملكية الفكرية قد تصبح أكثر قيمة في هذا الوقت الذي يعاد فيه تركيب القطاع.

ويتمثل الدافع الثاني في الحد من تدويل براءات الاختراع المتصلة بالطاقة الفولطاضوئية. ويمكن تقسيم طلبات البراءات إلى طلبات أولى لحماية براءة اختراع (تعرف باسم الإيداعات الأولى) وتوسيع نطاق الحماية ليشمل بلدا آخر لصالح طلبات البراءات الموجودة (المعروفة باسم الإيداعات اللاحقة). وزادت كل من الإيداعات الأولى واللاحقة بسرعة في صناعة الطاقة الفولطاضوئية في العقد الأول من القرن الحادي والعشرين، ولكن منذ عام 2011 تراجع كلاهما، بحيث كان تراجع الإيداعات اللاحقة أسرع من الإيداعات الأولى. وفي منتصف العقد الأول من القرن الحادي والعشرين، تم إيداع كل اختراع في مجال الطاقة الفولطاضوئية في المتوسط في ثلاثة مكاتب مختلفة للبراءات؛ وبحلول عام 2015، أصبح هذا المتوسط واحد ونصف فقط.

ويشير هذا التراجع إلى أن المزيد والمزيد من مقدمي طلبات البراءات المتصلة بالطاقة الفولطاضوئية يختارون السعي وراء الحماية الدولية. وتودع تقريبا جميع طلبات براءات الاختراع المتصلة بالطاقة الفولطاضوئية الآتية من المنشأ الرئيسي على المستوى المحلي أولا. غير أن تدويل تكنولوجيات الطاقة الفولطاضوئية يختلف كثيرا عبر المنشأ والوجهات (الجدول 7.3). ويُعد مقدمي الطلبات الأمريكيين أكثر الأجانب الذي يتلقون التوجيه في جميع أنحاء المنشأ الرئيسي. وعلى الرغم من إيداعهم أقل من 40 في المائة من طلباتهم في أي من مكاتب البراءات الرئيسية الأخرى، فإن النسبة أقل من ذلك بالنسبة لمقدمي الطلبات من أوروبا واليابان وجمهورية كوريا. أما مقدمو الطلبات الصينيون فهم الأقل احتمالا لإيداع طلب للحصول على الحماية الأجنبية، الأمر الذي يعزز التوجه الإحصائي العام بعيدا عن التدويل لأنهم الوحيدون الذي رفعوا من طلبات براءات الاختراع ذات الصلة بالطاقة الفولطاضوئية.

الجدول 7.3

النسبة المئوية من مجموعات البراءات المودعة لدى مكاتب البراءات الرئيسية حسب المنشأ للفترة 1995-2015

المنشأ	الويبو	مكتب الولايات المتحدة للبراءات والعلامات التجارية	المكتب الأوروبي للبراءات	المكتب الياباني للبراءات	المكتب الكوري للملكية الفكرية	مكتب حكومة الصين للملكية الفكرية
الولايات المتحدة	51.8	96.2	38.3	33.3	22.5	37.8
أوروبا	48.8	51.8	58.4	32.1	20.7	33.3
اليابان	28.6	45.8	21.5	99.2	17.7	26.2
جمهورية كوريا	15.2	31.7	10.1	13.9	99.5	17.1
الصين	2.0	1.7	0.7	0.6	0.3	99.7
Other	12.3	47.4	10.7	11.3	5.4	30.1
المجموع	20.0	32.8	16.9	31.0	21.3	55.5

المصدر: Carvalho وآخرون (2017).

ويُعد توسيع حماية البراءات على مستوى العالم لصالح الابتكارات المتعلقة بالابتكارات في مجال الطاقة الفولطاضوئية محدودا للغاية. وبالفعل هناك فقط حفنة من الاقتصادات - لا سيما الصين والولايات المتحدة واليابان وجمهورية كوريا والبلدان الأوروبية – التي تُعد من بين المواقع القليلة التي يلتمس فيها بعضا من حماية البراءات. ويبين الشكل 12.3أ أن تكنولوجيات الطاقة الفولطاضوئية غير محمية تقريبا في جميع الاقتصادات المتبقية، بما في ذلك أستراليا والاتحاد الروسي وأمريكا اللاتينية وأفريقيا والشرق الأوسط. وقد يؤثر العدد الهائل من طلبات البراءات المتصلة بالطاقة الفولطاضوئية المودعة مؤخرا في الصين – المحمية أكثر على المستوى المحلي فقط - على هذه النتائج (انظر الشكل 12.3 ب). ولكن التوزيع العام يظل كما هو نوعيا عند استبعاد هذه الطلبات، كما هو موضح في توزيع مجموعات البراءات المتصلة بالطاقة الفولطاضوئية الآتية من الولايات المتحدة في الشكل 12.3 ج.

الشكل 12.3

تتركز تكنولوجيات الطاقة الفولطاضوئية المحمية بموجب البراءات في عدد قليل من الاقتصادات

حصة العالم والصين والولايات المتحدة من مجموعات البراءات المتصلة بمجال الطاقة الفولطاضوئية حسب البلد المحمي للفترة 1995-2015

(أ) العالم

- 0-1%
- 1-5%
- 5-15%
- 15-30%
- 30-45%
- 45-60%

(ب) الصين

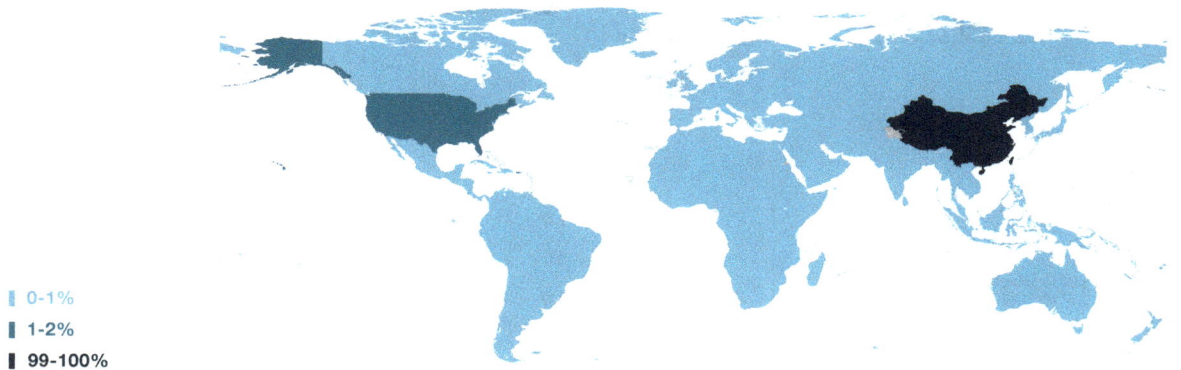

- 0-1%
- 1-2%
- 99-100%

(ج) الولايات المتحدة

- 0-1%
- 1-5%
- 5-15%
- 15-30%
- 30-40%
- 94-100%

المصدر: الويبو استنادا إلى قاعدة البيانات PATSTAT. انظر الملاحظات التقنية.

هل يمكن للصين أن تحافظ على مكانتها في إنتاج الطاقة الفولطاضوئية دون حماية الملكية الفكرية؟

من النتائج الصادمة بعد تحليل البراءات هو الغياب النسبي للطلبات الصينية في مكاتب البراءات الرئيسية. وهذه ظاهرة غير عادية من حيث النشاط الصيني في مجال إيداع البراءات عموما، وتقتصر معظم التوسعات الأجنبية لبراءات الاختراع الصينية على التكنولوجيات المتعلقة بتكنولوجيا المعلومات والاتصالات. ولم تتجاوز نسبة طلبات البراءات ذات الصلة بمجال الطاقة الفولطاضوئية التي أودعتها الصين لدى جميع مكاتب الملكية الفكرية الأجنبية الرئيسية 2 في المائة. وتزيد حصة تكنولوجيات الطاقة الفولطاضوئية قليلا عن تلك المتعلقة بالطلبات الصينية المودعة في هذه المكاتب عموما، ولكنها لا يزال انخفاضها ملحوظا.

الشكل 13.3

لا يميل مقدمو الطلبات الصينيون إلى السعي للحصول على حماية البراءات ذات الصلة بتكنولوجيات الطاقة الفولطاضوئية في الأسواق الأخرى

النسبة المئوية لمجموعات البراءات الصينية المودعة لدى مكاتب البراءات الرئيسية حسب قسم سلسلة قيمة الطاقة الفولطاضوئية للفترة 1995-2015

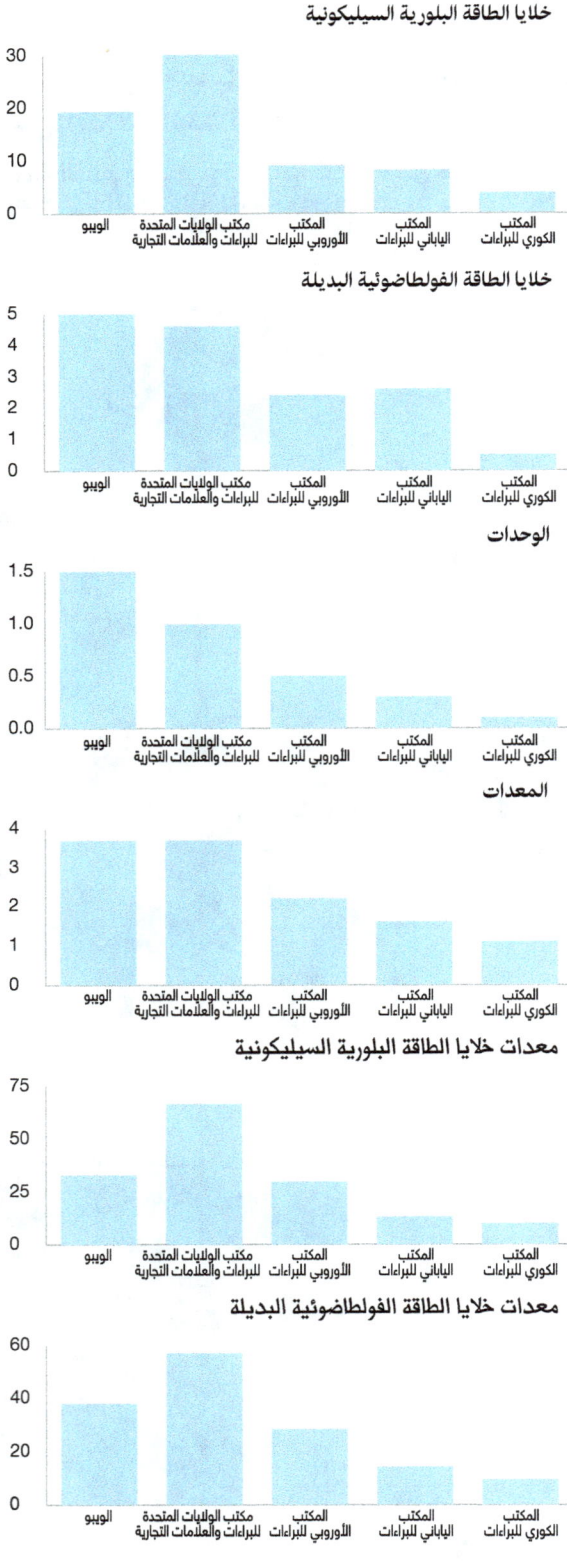

السيليكون
السبائك/الرقائق
الخلايا

خلايا الطاقة البلورية السيليكونية
خلايا الطاقة الفولطاضوئية البديلة
الوحدات
المعدات
معدات خلايا الطاقة البلورية السيليكونية
معدات خلايا الطاقة الفولطاضوئية البديلة

المصدر: الويبو استنادا إلى قاعدة البيانات PATSTAT. انظر الملاحظات التقنية.

وكما هو مبين في الشكل 13.3، هناك، بعض الاختلاف في تدويل حماية البراءات الصينية عبر أقسام إنتاج الطاقة الفولطاضوئية. ومن المرجح أن يتم إيداع البراءات دوليا فيما يتعلق بالخلايا الفولطاضوئية أكثر مقارنة بأي قسم آخر من أقسام إنتاج الطاقة الفولطاضوئية. وعلى وجه الخصوص، بلغت الإيداعات الدولية المتعلقة بالخلايا الفولطاضوئية ذروتها عند حوالي 7 في المائة في كل من الولايات المتحدة ومن خلال نظام معاهدة التعاون بشأن البراءات. وعموما، في الصين، تتباين معدلات التدويل المنخفضة جدا فيما يخص إيداع البراءات المتصلة بمجال الطاقة الفولطاضوئية مع حصة الشركات الصينية في السوق التي تبلغ حوالي 80 إلى 90 في المائة في معظم أقسام سلسلة قيمة الطاقة الفولطاضوئية.

ومع ذلك، هناك بعض الاختلافات عبر نوع تكنولوجيا الطاقة الفولطاضوئية. فمعدل التدويل يرتفع بكثير بالنسبة لإيداعات البراءات الصينية المتعلقة بتكنولوجيات الخلايا البلورية ومعدات الإنتاج لكل من الخلايا البلورية والبديلة (الشكل 13.3). ولدى الصين عدد قليل نسبيا من البراءات في هذه التكنولوجيات الثلاث، ولكن من المحتمل بشكل ملحوظ أن تكون موسعة أجنبيا، وخاصة في الولايات المتحدة.

وما تبقى هو رؤية ما سيكون عليه الأثر الطويل الأجل لغياب الحماية الدولية لصالح معظم تكنولوجيات الطاقة الفولطاضوئية المملوكة للصين. هل حمايتها داخل الصين فقط كاف للحفاظ على النجاح التجاري للمنتجين الصينيين، أم أنها تعطي للفاعلين الآخرين في الصناعة فرصة للعودة؟ الزمن وحده كفيل بإثبات ذلك.

هذا ما سيكون عليه الحال بشكل خاص إذا وجدت التكنولوجيات البديلة المتعلقة بالخلايا الفولطاضوئية البلورية في النهاية طريقها إلى السوق. وفي هذا الصدد، قد يتمتع عدد قليل من الشركات الابتكارية ومعاهد البحوث التي لديها حوافظ كبيرة من البراءات وخلايا ذات كفاءة عالية – مثل Fraunhofer ISE، وSharp، وIPFL، وBoeing Spectrolab - بوضع أفضل لاستغلال منتجات الطاقة الفولطاضوئية غير المستخدمة حاليا.

عالم جديد تماما خاص بالطاقة الفولطاضوئية؟

هناك أدلة تكثر كل يوم بشأن تزايد دور الأصول المتعلقة بالسمعة في أقسام المرحلة النهائية من الإنتاج. وهذا يرجع على نحو وثيق إلى سببين على الأقل. فمن ناحية أولى تعد هذه الأقسام الأكثر ربحية، حيث يجب أن تنتج القيمة المضافة إلى حد كبير محليا. ومن ناحية ثانية، تتسم هذه الأقسام بتوزيع جغرافي أوسع نطاقا من تلك التي تنتمي إلى المرحلة التمهيدية والمرحلة النهائية من الإنتاج، مما يجعلها متواجدة على نحو أوسع في الاقتصادات الصناعية مثل أوروبا والولايات المتحدة.

ومن دلائل التعزيز في صناعة الطاقة الفولطاضوئية تزايد أهمية الأنشطة ذات الصلة بالعلامة التجارية. ومع ازدياد الطلب على تكنولوجيات الطاقة الفولطاضوئية وقدرتها بشكل كبير خلال السنوات العشر الماضية، وقع الأمر نفسه فيما يتعلق باستخدام حماية العلامات التجارية لمنتجات وخدمات الطاقة الفولطاضوئية.

ويوضح الشكل 14.3 هذا الاتجاه. وتدعم جميع المصادر الرئيسية لبيانات العلامات التجارية - مكتب الولايات المتحدة للبراءات والعلامات التجارية، وقاعدة بيانات الويبو العالمية للعلامات التجارية ونظام مدريد - هذه النتيجة، مع ارتفاع الأرقام في عام 2016 بأربعة أو ست مرات عما كانت عليه في عام 2005.

الشكل 14.3

تكتسي حماية العلامة التجارية أهمية متزايدة في سوق الطاقة الفولطاضوئية

طلبات العلامات التجارية ذات الصلة بالطاقة الفولطاضوئية للفترة 1990-2016

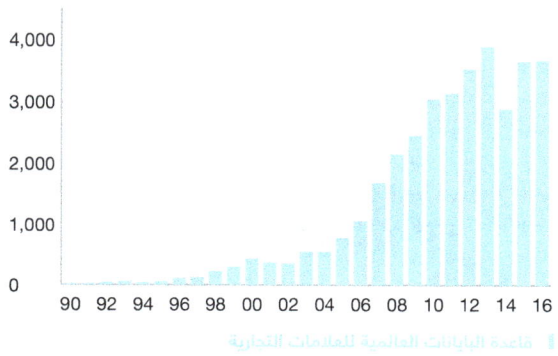

قاعدة البيانات العالمية للعلامات التجارية

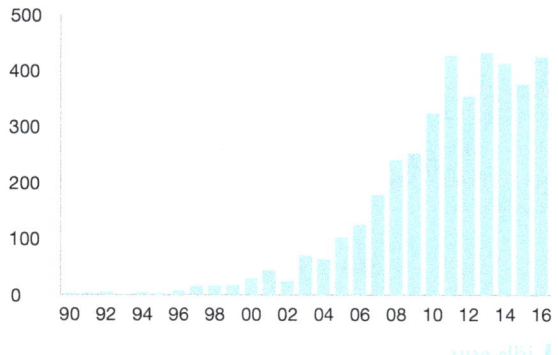

نظام مدريد

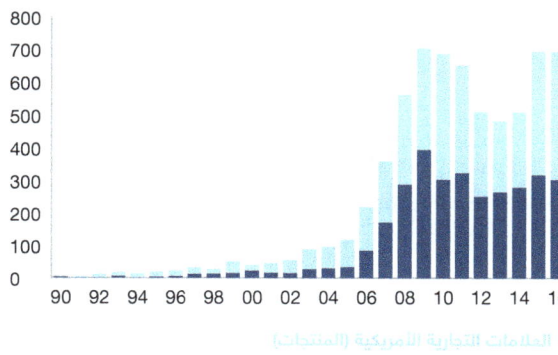

العلامات التجارية الأمريكية (المنتجات)

العلامات التجارية الأمريكية المتعلقة بالخدمات

المصدر: الويبو استنادا إلى مكتب الولايات المتحدة للبراءات والعلامات التجارية وقاعدة بيانات العلامات التجارية العالمية ونظام مدريد.

ما الذي يكمن وراء هذا التوجه؟ بكل ببساطة، السبب الوحيد وراء ذلك هو النمو السريع الذي يشهده السوق. أما التفسير التكميلي لذلك فيتعلق بالهوامش الضيقة والدمج الرأسي اللذين نوقشا قبلا. وتُمول معظم مشاريع الطاقة الشمسية الفولطاضوئية من خلال أموال الديون التي تقدمها المصارف، مما يعني أن أسعار الفائدة تغطي جزءا كبيرا من تكلفة المشروع. ولا تُحدد هذه الأسعار فقط من خلال مخاطر السوق، بل أيضا بسبب المخاطر التكنولوجية، مما يجعل أمر حصول مطوري مشاريع الطاقة الشمسية الفولطاضوئية على التكنولوجيات من فاعلين معترف بهم من الأهمية بمكان، لأنه ينبغي للمصارف أن تثق في سمعة مطور المشروع والمدخلات التكنولوجية التي سيتم توظيفها. وستُعتبر مشاريع الطاقة الفولطاضوئية "قابلة للتعامل المصرفي" إذا أثبتت توفرها على تكنولوجيات جيدة الأداء في السوق، بحيث تولد الكهرباء على نحو مستدام وتحقق عائدات موثوقة.

وتتمثل إحدى الطرق التي تمكنت بها الشركات الناشطة في المراحل التمهيدية والمتوسطة من الإنتاج من الحفاظ على هوامش أرباحها في نقل المرحلة النهائية من الإنتاج إلى تنمية المشاريع، لإظهار مدى كفاءة تكنولوجياتها في السوق. وفي هذه العملية، استثمرت الشركات المدمجة رأسيا في بناء سمعة في المرحلة التمهيدية والمرحلة الوسطى من الإنتاج - ما يسمى العلامات التجارية من المستوى 1 و2.

كما أن الأهمية المتزايدة للمستخدمين النهائيين للتكنولوجيات الفولطاضوئية على الصعيد الخاص قد تغير أيضا دور الأصول الأخرى المتعلقة بالمعرفة والسمعة على طول سلسلة قيمة الطاقة الفولطاضوئية. وهناك زيادة غير متناسبة في العلامات التجارية المتعلقة بالخدمة ذات الصلة بالطاقة الفولطاضوئية تلمح إلى سحب المرحلة النهائية المتعلقة بأنشطة العلامات التجارية في صناعة الطاقة الفولطاضوئية. ويتعلق جانب آخر متزايد الأهمية فيما يخص الأصول غير الملموسة بجماليات الألواح الفولطاضوئية التي تُثبت في إقامات المستهلكين على الصعيد الخاص. وفي أعقاب هذا الاتجاه، من المرجح أن تصبح أشكال الملكية الفكرية الأخرى - ولا سيما التصاميم الصناعية - أكثر أهمية في صناعة الطاقة الفولطاضوئية (انظر الشكل 15.3).

4.3 - الخلاصة

يشبه التطور المكاني الذي تشهده سلسلة قيمة الطاقة الفولطاضوئية الشمسية ما تعرضت له العديد من الصناعات الأخرى مثل أشباه الموصلات والالكترونيات والأجهزة المنزلية.

وتعد الألواح وأنظمة الطاقة الفولطاضوئية الآن في معظمها سلعا بدلا من كونها سلعا متمايزة، حيث تتمثل جودتها التي تكتسي أهمية كبرى في كمية الكهرباء التي يمكن إنتاجها لكل دولار تم استثماره. وفي هذا السياق، كانت استراتيجيات الحد من تكاليف الإنتاج بدلا من ابتكار المنتجات.

وهناك مؤشر على أن السوق لا تزال تهيمن عليه التكنولوجيا الأكثر نضجا - الطاقة الفولطاضوئية البلورية – عندما كانت التكنولوجيات الفولطاضوئية البديلة تحمل آمالا كبيرة في أوائل العقد الأول من القرن 21، إذ كان الطلب في السوق وأسعار تكنولوجيات الطاقة الشمسية الفولطاضوئية عالية بسبب آليات دعم السياسات في أوروبا.

ونتيجة لذلك، لم تعد منتجات الطاقة الفولطاضوئية التي اخترعها العالم الغربي في العقود الماضية محمية ببراءات الاختراع، وكانت الشركات الصينية تحتاج فقط إلى اكتساب المعرفة لتصنيع مكونات هذه الطاقة بكفاءة على طول سلسلة القيمة. وهذا يسلط الضوء على قناتين لنقل التكنولوجيا. أولا، تمكنت الشركات الصينية من الحصول على معدات الإنتاج وخطوط التصنيع الجاهزة التي قدمتها الشركات الأمريكية والأوروبية واليابانية. وكانت معدات الإنتاج محمية بالبراءات إلى حد ما، ولكن كانت هناك منافسة كافية في الأسواق الدولية للحفاظ على الأسعار في مستواها المعقول. ثانيا، اعتمدت الشركات الصينية أيضا على نقل المعرفة من خلال رأس المال البشري، في شكل مؤسسيها وعمالها الذين درسوا في الخارج في المناطق الناشطة في ميدان الابتكار في تكنولوجيات الطاقة الشمسية الفولطاضوئية. وتعتبر صناعة الطاقة الفولطاضوئية دراسة حالة كاملة الصيغة فيما يتعلق بنقل التكنولوجيا إلى اقتصاد ناشئ، على النحو الذي تشير إليه حقيقة تحول الشركات الصينية الآن إلى شركات رائدة في معدات إنتاج الطاقة الفولطاضوئية.

إن فهم كيفية تأثير قنوات نقل المعرفة على التوزيع المكاني لسلسلة القيمة له انعكاسات على الابتكار في المستقبل. ويحقق سوق الطاقة الفولطاضوئية الشمسية إشباعا الآن من التكنولوجيا القائمة، حيث توفر أسعارها المنخفضة هوامش ربح ضيقة للشركات. ويمكن للشركات أن تكرس جهودها في مجال البحث والتطوير إما للابتكارات العملية الرفيعة المستوى التي من شأنها أن تقلل من تكاليف الإنتاج في التكنولوجيا المهيمنة، أو لابتكارات منتجات الطاقة الشمسية الفولطاضوئية الجديدة التي تعد أسعار إنتاجها أقل من تلك المتعلقة بالتكنولوجيا القائمة.

وقد رافقت التغييرات الرئيسية التي شهدتها صناعة الطاقة الفولطاضوئية العالمية خلال العقد الماضي الاهتمام المتجدد بحماية الملكية الفكرية، كما يتضح من حقيقة أن الشركات التي نجت من الانهيار في أسعار الطاقة الفولطاضوئية في جميع أنحاء العالم زادت من ميلها إلى مجال البراءات مؤخرا.

وكما وثق هذا الفصل، لم تكن حماية الملكية الفكرية للأصول غير الملموسة عاملا رئيسيا في نجاح الشركات الصينية، ولكنها قد تصبح مع ذلك عنصرا رئيسيا للنجاح التجاري في العقود المقبلة.

الشكل 15.3

أصبحت تصاميم الألواح الشمسية أكثر إبداعا

عينة من التصاميم الصناعية للألواح الشمسية تم إيداعها من خلال نظام لاهاي للتسجيل الدولي للتصاميم

المصدر: نظام لاهاي، الويبو.

ملاحظات

1. يستند هذا الفصل إلى Carvalho وآخرين (2017).
2. براءة اختراع أمريكية رقم 2402662، تم إيداعها بتاريخ 27 مايو 1941.
3. انظر Fraas (2014) Perling (1999).
4. انظر Carvalho (2015)، وde la Tour، وGlachant وMénière (2011) و Fu، و Zhang (2011)، وWu، و Mathews (2012)
5. Schmela وآخرون (2016).
6. مؤسسة بلومبرغ لتمويل الطاقة الجديدة (BNEF) (2014).
7. مؤسسة بلومبرغ لتمويل الطاقة الجديدة (BNEF) (2017).
8. انظر مؤسسة بلومبرغ لتمويل الطاقة الجديدة (BNEF) (2014) و ENF للطاقة الشمسية (2012، 2013أ، 2013ب).
9. Wesoff (2015).
10. Ghosh (2016).
11. Goodrich وآخرون (2011).
12. Schmela وآخرون (2016).
13. Johnson (2013).
14. Schmela وآخرون (2016).
15. انظر وكالة الطاقة الدولية (2016).
16. وكالة الطاقة الدولية (2016) ومجموعة SEMI PV (2017).
17. انظر Carvalho (2015أ).
18. انظر مؤسسة بلومبرغ لتمويل الطاقة الجديدة (BNEF) (2013).
19. انظر المناقشة العامة في الفرع 4.1 من الفصل الأول.
20. انظر وكالة الطاقة الدولية (2016)، ومجموعة SEMI PV (2017)، وSchmela وآخرون (2016).
21. Ekins-Daukes (2013) والمختبر الوطني للطاقة المتجددة (2017).
22. مجموعة SEMI PV (2017).
23. وكالة الطاقة الدولية (2016)
24. وكالة الطاقة الدولية (2016)، ومجموعة SEMI PV (2017).
25. مجموعة SEMI PV (2017).
26. المختبر الوطني للطاقة المتجددة (2017).
27. de la Tour وآخرون (2011).
28. وكالة الطاقة الدولية (2016)، ومجموعة SEMI PV (2017).
29. de la Tour وآخرون (2011)، و Fu، و Zhang (2011) وWu، وMathews (2012).
30. de la Tour وآخرون (2011)، وWu، و Mathews (2012).
31. Luo وآخرون (2017)
32. de la Tour وآخرون (2011).
33. انظر Carvalho وآخرون (2017).

المراجع

BNEF (2013). *PV Market Outlook Q1 2013*. London: Bloomberg New Energy Finance (BNEF).

BNEF (2014). *Q1 2014 Solar Market Outlook*. London: BNEF.

BNEF (2017). *Solar Price Indexes*. London: BNEF.

Carvalho, M.D. (2015a). How does the presence – or absence – of domestic industries affect the commercialisation of technologies? In *The Internationalisation of Green Technologies and the Realisation of Green Growth*. London: London School of Economics and Political Science, chapter 5.

Carvalho, M.D. (2015b). *The Internationalisation of Green Technologies and the Realisation of Green Growth*. London: London School of Economics and Political Science.

Carvalho, M.D., A. Dechezleprêtre and M. Glachant (2017). Understanding the Dynamics of Global Value Chains for Solar Photovoltaic Technologies. *WIPO Economic Research Working Paper No. 40*. Geneva: WIPO.

de la Tour, A., M. Glachant and Y. Ménière (2011). Innovation and international technology transfer: the case of the Chinese photovoltaic industry. *Energy Policy*, 39(2), 761770-. doi.org/10.1016/j.enpol.2010.10.050.

Ekins-Daukes, N.J. (2013). Silicon PV. In *SEF MSc Lecture*. London: Imperial College London.

ENF (2012). *Taiwan Cell and Panel Manufacturers Survey*. London: ENF Ltd.

ENF (2013a). *Chinese Cell and Panel Manufacturers Survey*. London: ENF Ltd.

ENF (2013b). *Global Ingot and Wafer Manufacturers Survey*. London: ENF Ltd. Fraas, L.M. (2014). History of solar cell development. In Fraas, L.M. (ed.), *Low-Cost Solar Electric Power*. Switzerland: Springer. doi.org/10.10073-07530-319-3-978/.

Fu, X. and J. Zhang (2011). Technology transfer, indigenous innovation and leapfrogging in green technology: the solar-PV industry in China and India. *Journal of Chinese Economic and Business Studies*, 9(4), 329347-. doi.org/10.108014765284.2011.618590/.

Ghosh, A. (2016). Clean energy trade conflicts: the political economy of a future energy system. In T. Van de Graaf, B.K. Sovacool, A. Ghosh, F. Kern and M.T. Klare (eds), *The Palgrave Handbook of the International Political Economy of Energy*. Basingstoke: Palgrave, 397416-. doi.org/10.10578-55631-137-1-978/.

Goodrich, A., T. James and M. Woodhouse (2011). *Solar PV Manufacturing Cost Analysis: U.S. Competitiveness in a Global Industry*. Stanford, CA: NREL. www.nrel.gov/docs/fy12osti/53938.pdf.

IEA (2016). *Trends in Photovoltaic Applications 2016: Survey Report of Selected IEA Countries between 1992 and 2015*. Paris: International Energy Agency.

Johnson, O. (2013). Exploring the Effectiveness of Local Content Requirements in Promoting Solar PV Manufacturing in India. *German Development Institute Discussion Paper No. 112013/*. Bonn: German Development Institute: www.die-gdi.de/uploads/media/DP_11.2013.pdf.

Luo, S., M.E. Lovely and D.C. Popp (2017). Intellectual returnees as drivers of indigenous innovation: evidence from the Chinese photovoltaic industry. *World Economy*, 00, 131-. doi.org/10.1111/twec.12536.

NREL (2017). *NREL Best Research-Cell Efficiencies 2017*. Oak Ridge, TN: NREL.

Perlin, J. (1999). *From Space to Earth: The Story of Solar Electricity*. Ann Arbor, MI: Aatec Publications.

Schmela, M., G. Masson and N.N.T. Mai (2016). *Global Market Outlook for Solar Power*, 20162020-. Brussels: Solar Power Europe.

SEMI PV (2017). *International Technology Roadmap for Photovoltaic (ITRPV): 2016 Results*. Milpitas, CA: VDMA Photovoltaic Equipment.

Wesoff, E. (2015). The mercifully short list of fallen solar companies: 2015 edition. *GTM Solar*. Greentech Media. www.greentechmedia.com/articles/read/The-Mercifully-Short-List-of-Fallen-Solar-Companies-2015-Edition.

Wu, C.-Y. and J.A. Mathews (2012). Knowledge flows in the solar photovoltaic industry: insights from patenting by Taiwan, Korea, and China. *Research Policy*, 41(3), 524540-. doi.org/10.1016/j.respol.2011.10.007.

Zhang, F. and K.S. Gallagher (2016). Innovation and technology transfer through global value chains: evidence from China's PV industry. *Energy Policy*, 94, 191203-. doi.org/10.1016/j.enpol.2016.04.014.

النجاح في صناعة الهواتف الذكية مرده الأصول غير الملموسة

متوسط السعر العالمي
708 دولار
سامسونج جالاكسي إس 7
تكلفة المواد
%23
التوزيع والبيع بالتجزئة
%20
مراحل أخرى
%23
القيمة المحصلة لسامسونج
%34
متوسط السعر العالمي
809 دولار
أبل أيفون 7
تكلفة المواد
%22
التوزيع والبيع بالتجزئة
%15
مراحل أخرى
%21
القيمة المحصلة لأبل
%42
متوسط السعر العالمي
449 دولار
هواوي بي 9
تكلفة المواد
%20
التوزيع والبيع بالتجزئة
%15
مراحل أخرى
%23
القيمة المحصلة لهواوي
%42

تعكس أبعاد الرسوم التوضيحية للهواتف المحمول متوسط أسعار التجزئة العالمية.

تستخدم الشركات الرائدة **التكنولوجيا والتصميم والتوسيم** لتأمين حصة كبيرة من قيمة السوق.

يمكن أن تصل البراءات المتعلقة بالهواتف الذكية إلى 35% من مجموع البراءات المودعة في العالم منذ عام 1990.
تحظى تصاميم وواجهات المستخدم بحماية كبيرة أيضا.

المصدر: التقرير العالمي للملكية الفكرية 2017

الفصل 4
الهواتف الذكية: ماذا يوجد داخل الصندوق؟

الهواتف الذكية هي هواتف جوالة ذات نظام تشغيل يسمح للمستهلكين بالانتفاع بتطبيقات الهواتف الجوالة التي تزداد ثراءً يوماً بعد يوم. وهذه الهواتف الذكية تُنتجها سلاسل قيمة عالمية تتكون من عدد قليل من الشركات المُصنِّعة للهواتف التي تعتمد على مجموعة كبيرة من مُورِّدي تكنولوجيا الاتصالات، والمكونات، والبرمجيات.

ويُلقي هذا الفصل نظرة من الداخل على سلسلة القيمة العالمية للهواتف الذكية. ويُحدِّد مقدار تحصيل القيمة لأغلى ثلاثة هواتف ذكية طرحتها مؤخراً الشركات الرائدة في السوق، ألا وهي شركة أبل وهواوي وسامسونج، مع التركيز على إنشاء أصول غير ملموسة ورفع قيمتها.[1] ويعرض القسم 1.4 بالتفصيل خصائص سلسلة القيمة العالمية الأساسية، ويُحدِّد القسم 2.4 مَنْ الذي يُحصِّل قيمة مبيعات الهواتف الذكية، ويُقيِّم القسم 3.4 دور الأصول غير الملموسة والملكية الفكرية في تحصيل القيمة، ويناقش القسم 4.4 عملية التعلم التكنولوجي.

1.4 - سلسلة القيمة العالمية للهواتف الذكية

رغم قلة عدد الشركات الرائدة من حيث حصص السوق الاستهلاكية، توجد شبكة واسعة من الشركات العاملة في صناعة الإلكترونيات والبرمجيات وهي المسؤولة في نهاية المطاف عن تصميم الهواتف الذكية وإنتاجها.

1.1.4 - الطابع المتطور لسوق الهواتف الذكية

على مدار السنوات العشرين الماضية، تحولت الاتصالات الخلوية من هواتف بدائية تُستخدم من أجل إجراء اتصالات صوتية إلى هواتف ذكية تُستخدم أيضاً لتشغيل تطبيقات ذات محتوى كثيف البيانات. وقد نمت صناعة الهواتف الذكية من 124 مليون وحدة مبيعة في عام 2007 إلى 1.47 مليار وحدة مبيعات في عام 2016 بقيمة سوقية إجمالية بلغت 418 مليار دولار أمريكي.[2] وعلى الصعيد العالمي، يوجد في الوقت الحالي 3.8 مليار مستخدم، ومن المتوقع أن يصل عدد المستخدمين إلى 5.8 مليار بحلول عام 2020، ويُعزى هذا النمو في المقام الأول إلى الإقبال على هذه الهواتف في البلدان النامية.[3]

ومع أن النمو في سوق الهواتف الذكية كان، ولا يزال، ثابتاً وقوياً، فإن شركات الهواتف التي تقود هذه الصناعة تغيرت بمرور الوقت. فكانت شركتا نوكيا وبلاك بيري تستحوذان في البداية على مبيعات الهواتف الذكية على الصعيد العالمي، ولكن حلّت شركتا أبل وسامسونج محلهما منذ عام 2011. ولا تزال السوق تشهد خروج شركة ودخول أخرى (الجدول 1.4). فشركة هواوي، التي لم تدخل السوق إلا في عام 2010، احتلت المركز الثالث في عام 2015.

الجدول 1.4

حصص السوق العالمية للهواتف الذكية، حسب النسبة المئوية للوحدات المبيعة

الشركة	2007	2010	2013	2016
سامسونج للإلكترونيات	1.8	7.5	31.1	21.1
أبل	3.0	15.6	15.1	14.6
هواوي	–	0.6	4.8	9.5
شاومي	–	–	4.7	3.7
إلّ جي	–	–	1.8	3.6
لينوفو	0.0	0.2	4.5	3.5
موتورولا	6.1	4.6	1.2	*
إتش تي سي	2.4	7.2	2.2	1.0
نوكيا	49.2	32.8	3.0	*
بلاك بيري	9.9	16.0	1.9	.05

ملاحظة: *قطاع الهواتف الذكية في شركة نوكيا اشترته شركة مايكروسوفت، وشركة موتورولا اشترتها شركة لينوفو.

المصدر: شركة IDC العالمية لتتبع الهواتف المحمولة، 2017.

وتهيمن شركتا أبل (57 في المائة) وسامسونج (25 في المائة) على سوق الهواتف الفاخرة – تلك التي تزيد تكلفتها على 400 دولار أمريكي.[4] وقد انخفض متوسط سعر بيع الهاتف الذكي من 425 دولاراً أمريكياً في الفترة من 2007 إلى 2011 إلى 283 دولاراً أمريكياً في عام 2016، والهواتف الجوالة التي تعمل بنظام أندرويد أصبحت الآن أرخص بكثير من أجهزة أبل التي تعمل بنظام "آي أو إس" (iOS) (انظر الجدول 4-2). ونسبة الهواتف الذكية الفاخرة المبيعة كحصة من سوق الهواتف الذكية بأكملها آخذة في التناقص أيضاً، ويرجع ذلك في جزء منه إلى المنافسة في شريحة الهواتف الفاخرة، وفي جزء آخر إلى ظهور أنواع صينية أرخص في الشريحتين المتوسطة والدنيا.[5] ومع أن الشركات الصينية المُصنِّعة للهواتف الذكية، وهي "شاومي" و"أوبو" و"فيفو"، لا تزال غير معروفة نسبياً للمستهلك العادي خارج الصين، فهي الآن من بين أكبر 10 شركات من حيث مبيعات الهواتف الذكية على مستوى العالم.[6]

الجدول 2.4

متوسط سعر بيع الهواتف الذكية حسب نظام تشغيل الهاتف، بالدولار الأمريكي

نظام التشغيل	2007	2010	2013	2014	2015	2016
"آي أو إس" (أبل)	594	703	669	680	716	690
أندرويد (غوغل)	–	441	272	237	217	214

المصدر: IDC Worldwide Mobile Phone Tracker, 2017.

الشكل 1.4

تتخذ سلسلة القيمة العالمية للهواتف الذكية شكلاً عنكبوتياً

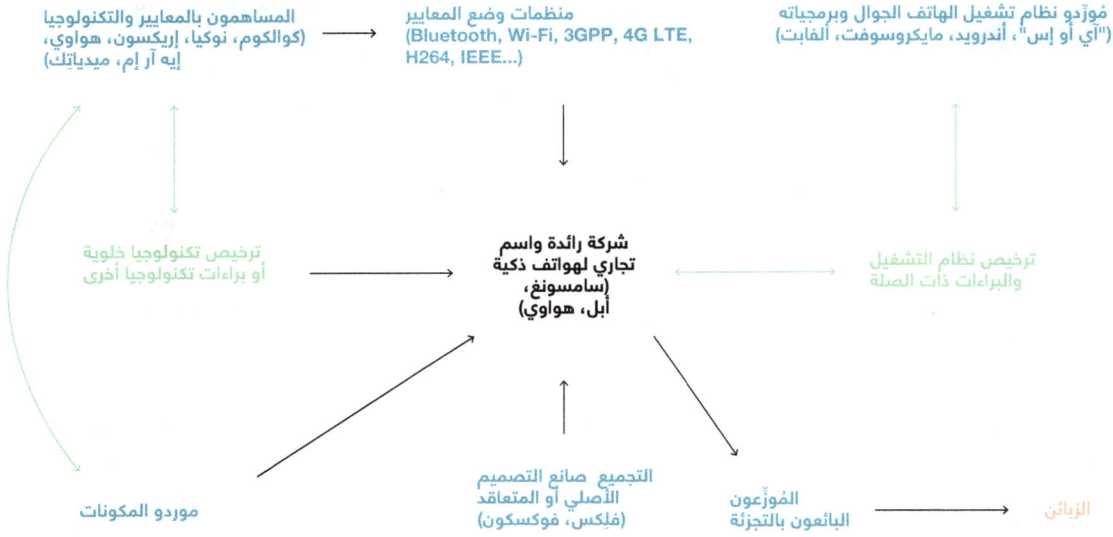

ملاحظة: تشير الخطوط السوداء إلى تدفق أجزاء أو مكونات عبر سلسلة القيمة، وتشير الخطوط البرتقالية إلى ترخيص التكنولوجيا والملكية الفكرية.

2.1.4 - الابتكار في سلسلة القيمة العالمية للهواتف الذكية وشكل هذه السلسلة

تنطوي سلسلة القيمة العالمية للهواتف الذكية على المراحل المعتادة المتمثلة في البحث والتطوير، والتصميم، والتصنيع، والتجميع، والتسويق، والتوزيع، والمبيعات. ولا تتخذ سلسلة القيمة شكلاً خطيّاً، بل تتخذ شكلاً "عنكبوتياً" قائماً على المُنتِج – حسب المفاهيم الواردة في الفصل الأول (انظر الشكل 1.4).

وبهذا الوضع، تعمل الشركة الرائدة في ظل علامة تجارية قوية، وتكون مسؤولة عن قدر كبير من البحث والتطوير وتصميم المنتجات ومواصفاتها. ولكن تحصل شركة أبل وهواوي وسامسونج على المكونات والتكنولوجيا من أطراف أخرى، وفي بعض الأحيان تكون هذه الأطراف الأخرى على نفس القدر من الابتكار والنشاط في إنتاج الأصول غير الملموسة.

أولاً، تحتاج هذه الشركات الرائدة إلى الحصول على مكونات والنفاذ إلى التكنولوجيا المتعلقة بالمعايير. وتحصل شركة أبل على ذلك من مُورِّدين خارجيين في الغالب، بينما تحصل شركتا هواوي وسامسونج على ذلك في الغالب من داخل شركتيهما. وقد تحولت بعض المدخلات إلى سلع، مثل المقاومات والأسلاك، أما المكونات الأخرى ذات القيمة الكبيرة، مثل أغلفة الهواتف ومجموعات الرقائق، فهي بالغة التخصص.

كما أن لجميع هذه المكونات سلاسل توريد عالمية خاصة بها. على سبيل المثال، قد تُصمِّم شركة أمريكية متخصصة رقاقةً إلكترونيةً لصالح أحد مُورِّدي الهواتف الذكية، ثم تُصنَّع هذه الرقاقة في الصين، ثم تُغلَّف في ماليزيا للوصول إلى المستهلك النهائي.

ثانياً، يحتاج مُنتجو الهواتف الذكية إلى النفاذ إلى التكنولوجيا المستخدمة في معايير التشغيل البيني والاتصال الإلكتروني، مثل معيار الجيل الرابع (4G) الخلوي للتطور الطويل الأمد (LTE) أو معيار واي فاي 802.11. وتساهم شركات كبيرة مثل "نوكيا" و"إريكسون" و"كوالكوم" و"إنترديجيتال" و"هواوي" و"سامسونج" و"إنّ تي تي دوكومو" و"زد تي إي" بتكنولوجيات مشمولة ببراءات في تطوير هذه المعايير التي تُحدِّدها منظمات وضع المعايير. وعادةً ما تُرخَّص هذه التكنولوجيات بشكل منفصل، مما يقتضي دفع رسوم ترخيص.

ثالثاً، تحتاج شركات الهواتف الذكية إلى برمجيات – ليس نظام تشغيل هاتف جوال فحسب، بل تحتاج أيضاً إلى تطبيقات برمجية أخرى مُخصَّصة الغرض، وغالباً ما تحصل على ذلك من أطراف أخرى. وتستخدم شركة سامسونج وهواوي وغيرهما نظام أندرويد الذي أعدته شركة غوغل، بينما تنتج شركة أبل نظامها الخاص، ألا وهو نظام "آي أو إس" (iOS).

الجدول 3.4

نفقات البحث والتطوير التي تنفقها شركات تكنولوجيا الهواتف الذكية وترتيب تلك الشركات بين أكبر المُنفقين

الترتيب بين كبرى الشركات المنفقة على البحث والتطوير في جميع أنحاء العالم	الاسم	الاقتصاد أو البلد	القطاع الصناعي	البحث والتطوير في 2016/2015 مليون يورو	البحث والتطوير النمو السنوي المركب خلال ثلاث سنوات، من 2014 إلى 2016 (%)	كثافة البحث والتطوير حسب النسبة المئوية من الإيرادات، 2016/2015
2	سامسونج للإلكترونيات	جمهورية كوريا	الأجهزة الإلكترونية والكهربائية	12,527.9	10.7	8.0
3	إنتل	الولايات المتحدة	المعدات والأجهزة التكنولوجية	11,139.9	5.1	6.1
4	ألفابت	الولايات المتحدة	البرمجيات وخدمات الحاسوب	11,053.6	22.4	22.2
5	مايكروسوفت	الولايات المتحدة	البرمجيات وخدمات الحاسوب	11,011.3	-0.5	4.8
8	هواوي	الصين	المعدات والأجهزة التكنولوجية	8,357.9	26.3	15.0
11	أبل	الولايات المتحدة	المعدات والأجهزة التكنولوجية	7,409.8	33.6	3.5
17	سيسكو سيستمز	الولايات المتحدة	المعدات والأجهزة التكنولوجية	5,701.3	4.2	12.6
25	كوالكوم	الولايات المتحدة	المعدات والأجهزة التكنولوجية	5,042.7	11.9	21.7
35	إريكسون	السويد	المعدات والأجهزة التكنولوجية	3,805.6	2.7	14.2
54	نوكيا	فنلندا	المعدات والأجهزة التكنولوجية	2,502.0	-15.6	18.4
57	ألكاتل-لوسنت	فرنسا	المعدات والأجهزة التكنولوجية	2,409.0	-0.4	16.9
65	زد تي إي	الصين	المعدات والأجهزة التكنولوجية	1,954.1	12.4	13.8
70	تايوان لصناعة أشباه الموصلات	مقاطعة تايوان الصينية	المعدات والأجهزة التكنولوجية	1,826.7	17.5	7.8
85	إس كيه هينيكس	جمهورية كوريا	المعدات والأجهزة التكنولوجية	1,543.0	21.2	10.5
90	هون هاي بريسيجن إندستري	مقاطعة تايوان الصينية	الأجهزة الإلكترونية والكهربائية	1,462.9	4.8	1.2
95	ميكرون تكنولوجي	الولايات المتحدة	المعدات والأجهزة التكنولوجية	1,414.5	18.8	9.5
98	ميدياتِك	مقاطعة تايوان الصينية	المعدات والأجهزة التكنولوجية	1,380.3	30.3	23.2
106	لينوفو	الصين	المعدات والأجهزة التكنولوجية	1,284.7	31.3	3.1
112	إنفيديا	الولايات المتحدة	المعدات والأجهزة التكنولوجية	1,222.6	5.4	26.6
120	إس تي ميكروإليكترونيكس	هولندا	المعدات والأجهزة التكنولوجية	1,149.1	-18.7	18.1
141	مارفل تكنولوجي	الولايات المتحدة	المعدات والأجهزة التكنولوجية	968.4	-0.1	38.7
142	برودكوم	سنغافورة	الأجهزة الإلكترونية والكهربائية	963.5	46.3	15.4
162	إنفينيون تكنولوجيز	ألمانيا	المعدات والأجهزة التكنولوجية	817.0	16.9	14.1
457	تي سي إلّ لتكنولوجيا الاتصالات	الصين	المعدات والأجهزة التكنولوجية	231.4	25.7	6.8

المصدر: الويبو استناداً إلى سجل استثمارات البحث والتطوير الصناعية للاتحاد الأوروبي، المفوضية الأوروبية، مركز البحوث المشتركة.

رابعاً، غالباً ما تتولى تجميع المنتج النهائي شركاتٌ تصنيع ضخمة تكون هي صاحبة التصميم الأصلي أو مُتعاقَد معها للقيام بالتجميع، مثل "فلِكسترونيكس" و"فوكسكون" و"ويسترون". وتتنافس شركات التجميع هذه على فرص كبيرة الحجم – ولكنها منخفضة الهامش في كثير من الأحيان. إلا أن شركة سامسونج غالباً ما تقوم بالتجميع الداخلي في مصانعها، في حين أن شركة هواوي تتّبع النهجين.

وأخيراً، تتكامل شركة أبل، عند توزيع هواتفها وبيعها بالتجزئة، تكاملاً رأسياً مع متاجرها الفعلية والإلكترونية الخاصة بها، في حين أن شركة سامسونج تعمل أكثر من خلال موزعين عاديين. وتدير شركة هواوي عدداً متزايداً من المنافذ الحصرية للبيع بالتجزئة، ليس في آسيا فحسب، بل وخارجها أيضاً. ولا تزال الشركات الصينية الأخرى تفتقر إلى قنوات توزيع دولية.[8]

وتتألف سلسلة القيمة العالمية، كما هو مُبيَّن في الجدول 3.4، من بعض من أكثر الشركات تركيزاً على البحث والتطوير في العالم. وكثيراً ما تأتي هذه الشركات أيضاً في مقدمة الشركات المبتكرة، بما في ذلك إحدى شركات الهواتف الذكية الصينية الناشئة حديثاً، ألا وهي شركة شاومي.[9] ويحدث الابتكار على امتداد سلاسل القيمة المذكورة أعلاه من أولها إلى آخرها، بما في ذلك كلّ من ابتكار المنتجات (أيْ إدخال ميزات جديدة على المنتجات) وتمايز المنتجات (أيْ مدى اختلاف المنتجات الحالية في مجموعة من الخصائص).[10] وتحدث هذه الابتكارات في جميع أجزاء سلسلة القيمة العالمية: "1" في التكنولوجيا الخلوية، "2" وفي شتى مكونات الهواتف الذكية، لا سيما في مجال أشباه الموصلات وكذلك في البطاريات والشاشات، "3" وفي تصميم الهواتف الذكية ووظائفها التشغيلية، بما في ذلك واجهات المستخدم المصورة، "4" وفي مجال البرمجيات والتطبيقات. وحتى الشركات المرتبطة عادةً بالتجميع البسيط، مثل شركة فوكسكون، تنفق مبالغ طائلة على البحث والتطوير وتمتلك محافظ براءات كبيرة (انظر الجدول 3.4).

وتكون سلسلة القيمة العالمية للهواتف الذكية التي تتسم بقدر كبير من الابتكار، وتتألف من مُقدِّمي تكنولوجيات استئثارية، أبعد ما تكون عن الاستقرار. إذ يمكن أن يؤدي تغير التكنولوجيا وتبدل أذواق المستهلكين إلى خسارة هائلة في الحصة السوقية لشركات كانت فيما سبق تحتل الصدارة، كما يتضح من تجربتي شركة بلاك بيري وشركة نوكيا. وتثبت الصحف اليومية أن التغيير يحدث أيضاً في كثير من الأحيان داخل سلسلة التوريد. فكثيراً ما تقرر شركات رائدة أن تبتعد عن مُورِّدي المكونات الذين ظلت تستعين بهم لفترة طويلة، مثلما فعلت شركة أبل مؤخراً حينما حولت مشترياتها من شركة كوالكوم إلى شركة إنتل.[11] وكثيراً ما تحاول الشركات الرائدة أيضاً بناء المكونات ذات القيمة البالغة واكتساب حقوق الملكية الفكرية داخليّاً، كما رأينا في سعي شركتي "هواوي" و"شاومي" نحو تطوير مجموعات رقائق خاصة بهما، والجهود التي تبذلها شركة "أبل" لبناء وحدات معالجة الرسومات، بعيداً عن مُورِّدها السابق، وهو شركة "إيماجينيشن تكنولوجيز غروب".[12]

وحتى تجميع الهواتف الذكية يتغير باستمرار، فكثيراً ما تسعى جاهدةً شركات رائدة إلى تلبية الطلب المرتفع، مما يؤدي إلى تجريب شركات مُصنِّعة جديدة أو مواقع تجميع جديدة مثل الهند في حالة شركة أبل وفييت نام في حالة شركة سامسونج.

2.4 - تحصيل القيمة على امتداد سلسلة قيمة الهواتف الذكية

مَنْ الذي يُحصِّل معظم القيمة المتأتية من الابتكار على امتداد سلسلة قيمة الهواتف الذكية؟

يتناول هذا القسم هذا السؤال على مستوى هواتف وشركات مُحدَّدة، هي هاتف آيفون 7 لشركة أبل، وهاتف بي9 لشركة هواوي، وهاتف غالاكسي إس7 لشركة سامسونج. وتُحسب تقديرات هذه الهواتف، التي صدرت في عام 2016، بطرح تكاليف المدخلات الوسيطة المشتراة وتكاليف العمالة المباشرة على امتداد شتى مراحل سلسلة القيمة العالمية من سعر البيع بالجملة الخاص بكل هاتف (انظر الإطار 1.4). ويذهب الرصيد المتبقي – الذي يُشار إليه هنا باسم "القيمة المُحصَّلة" أو الأرباح الإجمالية – إلى شركة أبل أو هواوي أو سامسونج بوصفها شركات رائدة في سلسلة القيمة العالمية للهواتف الذكية وفي صورة أجر مقابل الأصول غير الملموسة لهذه الشركات.

إن تحصيل القيمة على مستوى المُنتَج والشركة هو أقصر الطرق للوصل إلى مفاهيم الحساب المتبقي لسلسلة القيمة العالمية و"عائد الأصول غير الملموسة" المُوضَّحة في الفصل 1. فالعمل الأساسي في "تشن وآخرون (2017)" الذي نُوقش في ذلك الفصل يمكن اعتباره المعادل الكلي للحسابات التي أجراها "ددريك وكريمر (2017)" المعروضة هنا.

ووفقاً لهذا النهج، تُحصِّل الشركات الرائدة في مجال الهواتف الذكية ومُورِّدو المكونات الفاخرة جزءاً كبيراً من القيمة الناتجة عن بيع هذه الهواتف الثلاثة ذات الطراز الأول.

1.2.4 - نظرة داخل هاتف ذكي

تتكون الهواتف الذكية مما يتراوح بين 1500 و2000 جزء مادي. وأغلى جزء منها – الذي يصل ثمنه إلى 20 في المائة من التكلفة الإجمالية – هو الشاشة التي تعمل باللمس (انظر الجدول 4-4)، وتليها، حسب الترتيب التنازلي للأجزاء الأخرى الأغلى ثمناً، المعالجات، ثم الذاكرة والتخزين، ثم الغلاف، ثم الكاميرا، ثم البطارية، ثم الدوائر الإلكترونية المطبوعة، ثم أجهزة الاستشعار، ثم التجميع.

ويوضِّح الجدول 5.4 موقع الأنشطة الأساسية. وعادةً ما تكون أنشطة البحث والتطوير والتصميم بالقرب من مقر الشركة. ويكون التطوير بشكل مشترك بين الشركة الرائدة ومهندسين من الشركات المُصنِّعة المُتعاقَد معها.

الجدول 4.4
تكلفة المدخلات الوسيطة كنسبة مئوية من إجمالي تكاليف المواد

الوظيفة	آيفون 7 من أبل	غالاكسي إس7 من سامسونج	بي9 من هواوي
شاشة العرض/شاشة تعمل باللمس	15.9	20.5	16.8
معالجات التطبيقات/ النطاق الأساسي	10.2	18.1	14.3
التخزين	4.5	5.2	4.2
الذاكرة	6.1	10.1	7.3
الغلاف	8.2	8.6	7.8
المجموع الفرعي للمكونات الرئيسية	72.7	71.3	63.6
مئات من المكونات الأخرى	13.0	18.2	21.8
التجميع	2.2	1.6	2.4
إجمالي تكلفة التصنيع	88	88.9	88
البرمجيات	"آي أو إس"	أندرويد	أندرويد
تراخيص الملكية الفكرية للبراءات المعيارية الأساسية	12.0	11.1	12.0
تكلفة السلع المبيعة	100	100	100

المصادر: ديدريك وكريمر (2017) استناداً إلى تقرير تفكيكي لشركة "آي اتش إس ماركيت".

الجدول 5.4
موقع الأنشطة في سلسلة القيمة العالمية لصناعة الهواتف الذكية

النشاط	وضع المعايير	البحث والتطوير، والتصميم، والاستعانة بالمصادر	التطوير والهندسة	تصنيع المكونات الرئيسية	الإنتاج/التجميع النهائي
أبل	المنظمات الدولية لوضع المعايير	الولايات المتحدة	الولايات المتحدة/ مقاطعة تايوان الصينية	الولايات المتحدة/ اليابان/ جمهورية كوريا/ مقاطعة تايوان الصينية/ الصين	الصين، الهند (ابتداء من 2017)
سامسونج	المنظمات الدولية لوضع المعايير	جمهورية كوريا	جمهورية كوريا	جمهورية كوريا/ اليابان/ الولايات المتحدة/ الصين	جمهورية كوريا، فييت نام، الصين، الهند، البرازيل، إندونيسيا
هواوي	المنظمات الدولية لوضع المعايير	الصين	الصين	الصين/ جمهورية كوريا	الصين، الهند

ويقع مقر مُعظم مُورّدي المكونات الإلكترونية، سواء ذات القيمة المرتفعة أو المنخفضة، في الولايات المتحدة الأمريكية، واليابان، وجمهورية كوريا، ومقاطعة تايوان الصينية، والصين.

وعلى وجه التحديد، يتراوح دور المُورّدين الذين يتخذون من الولايات المتحدة مقراً لهم بين 29 في المائة و45 في المائة من القيمة المحصلة لأجهزة الهاتف القادمة من الولايات المتحدة وجمهورية كوريا، ولكن 9 في المائة فقط لهاتف بي-9 الخاص بشركة هواوي. وتبلغ نسبة المُورّدين الذين يتخذون من جمهورية كوريا مقراً لهم 31 في المائة من القيمة التي يحصلها مُورّدو شركة سامسونج، في حين يشكل المُورّدون الصينيون 34 في المائة من جميع مُورّدي شركة هواوي. وتقع الشركات الرائدة في الولايات المتحدة ("أبل" و"غوغل" و"كوالكوم" و"إنتل"، وعدد من الشركات الأخرى المُصنّعة للمكونات)، وجمهورية كوريا ("سامسونج" و"إل جي" و"إس كيه هاينكس")، وسنغافورة ("برودكوم")، ومقاطعة تايوان الصينية (شركة تايوان لصناعة أشباه الموصلات (TSMC)، وبعض صانعي المكونات والرقائق الأصغر حجماً)، واليابان ("جابان ديسبلاي" و"سوني" و"موراتا")، والصين ("فوكسكون" و"هواوي" وشركتها التابعة "هاي سيليكون"، بالإضافة إلى "شاومي" و"أوبو" و"فيفو" و"لينوفو").

ويُترك التجميع لمُورّدي الإنجاز الكلي، ومعظمهم في الصين واليابان وشرق آسيا، مع نشاط ضئيل في المناطق الأخرى من العالم باستثناء ما تشهده البرازيل والهند من نشاط في مراحله الأولية.

2.2.4 - تحصيل القيمة لنماذج الهواتف الذكية الفاخرة

لا يُحصّل الجزء الأكبر من القيمة في إنتاج الهواتف الذكية إلا عددٌ قليلٌ من المواقع القطرية، ومعظمها في الولايات المتحدة وبعض البلدان الآسيوية. وإلى جانب تكلفة المواد، تذهب حصة كبيرة إلى تجارة التجزئة، وإلى الملكية الفكرية، وتذهب مباشرةً إلى الشركة الرائدة كتحصيل للقيمة. أما "ميزة الشركة الرائدة" – المرتبطة في دراسات سابقة بشركة أبل فقط – فإنها في الواقع تمتد أيضاً إلى غيرها من الشركات المصنعة للهواتف الذكية الفاخرة.

ويُوضّح توزيع أسعار بيع الهواتف الذكية بالتجزئة أن القيمة التي تُحصّلها الشركة الرائدة أكثر بكثير من القيمة المجمعة التي يُحصّلها جميع المُورّدين، أو إجمالي أرباحهم: 283 دولاراً أمريكياً لشركة أبل مقابل 71 دولاراً أمريكياً للمُورّدين، و228 دولاراً أمريكياً لشركة سامسونج مقابل 76 دولاراً أمريكياً للمُورّدين، و188 دولاراً أمريكياً لشركة هواوي مقابل 47 دولاراً أمريكياً للمُورّدين (انظر الإطار 1.4).

وبتطبيق المنهجية المذكورة أعلاه، يُوضّح الشكل 4.4 القيمة المُحصّلة بالدولار الأمريكي كنسبة مئوية من سعر بيع الهواتف الذكية بالتجزئة. وتؤكد النتائج الوضع المتميز للشركات الرائدة بوجه عام، وشركة أبل بوجه خاص. وعلى الصعيد الكلي، شهد

قطاع الإلكترونيات أيضاً زيادة في حصة إيرادات الأصول غير الملموسة كنسبة مئوية من القيمة الإجمالية خلال الفترة من 2000 إلى 2014 (انظر الفصل الأول). ويؤكد أيضاً أن العائدات، في سلاسل القيمة العالمية التي يتحكم فيها المنتجون، ترجع بالفعل إلى أنشطة ما قبل مرحلة الإنتاج النهائية.

وعوضاً عن القيمة المحصلة، تحتفظ شركة أبل بنسبة 42 في المائة من سعر البيع بالتجزئة لكل هاتف آيفون (أو 270 دولاراً أمريكياً)، وتحتفظ شركة هواوي بنسبة 42 في المائة (203 دولارات أمريكية)، وتحتفظ شركة سامسونج بنسبة 33 في المائة (221.76 دولار أمريكي). وسعر بيع هواوي أقل، وذلك بفضل اعتمادها على مكونات منخفضة التكلفة في جزء تنتجه داخلياً شركة هاي-سيليكون التابعة لها، ويتجلى ذلك في استراتيجية التسعير لأنها تتنافس مع عدد كبير من شركات تصنيع هواتف أندرويد أخرى. أما تحصيل شركة سامسونج للقيمة فإنه يتضرر بزيادة اعتمادها على تجار التجزئة وشركات النقل لبيع منتجاتها. وتشمل أرقام القيمة المحصلة أجور ومرتبات للبحث والتطوير، والتصميم، والإدارة، والتسويق، وكل ما تقوم به هذه الشركات الرائدة لتحقيق ميزة تنافسية.

الشكل 2.4

كيفية التوصل إلى تقدير القيمة المحصلة

سعر بيع الهاتف الذكي بالتجزئة

- تكلفة المواد

(بترتيب تنازلي حسب التكلفة: شاشة تعمل باللمس، ومعالج تطبيقات، وغلاف خارجي، وكاميرا، ومعالج نطاق أساسي، إلخ)

- التجميع وتكاليف العمالة الأخرى

- تكاليف التوزيع

= القيمة المحصلة أو الربح الإجمالي

الإطار 1.4

نموذج تحصيل قيمة الهواتف الذكية - النهج التحليلي والقيود

تُحسب القيمة المُحصّلة في كل مرحلة من مراحل سلسلة القيمة العالمية عن طريق طرح تكاليف المدخلات الوسيطة المشتراة وتكاليف العمالة المباشرة على امتداد شتى مراحل سلسلة القيمة العالمية وتكاليف التوزيع من سعر بيع الهاتف المُحدَّد (انظر الشكل 2.4 والشكل 3.4). ويشمل هذا المبلغ التكلفة المباشرة للمواد المستخدمة في صناعة المنتج بالإضافة إلى تكاليف العمالة المباشرة المستخدمة في إنتاجه - بما في ذلك التجميع والاختبار - التي تعرَّف بأنها "تكلفة البضائع المبيعة" (COGS).[13] وتُستخدم تقارير تفكيكية من شركة "آي اتش إس ماركيت" لتقدير هذه التكاليف من أجل التوصل إلى القيمة المحصلة المتبقية.[14]

تغطي القيمة المُحصّلة نفقات البيع والنفقات العامة والإدارية، ونفقات البحث والتطوير، والتكاليف غير المباشرة الأخرى، وما يتبقى هو الربح الذي يعود على الشركة أو على المساهمين في نهاية المطاف، وهو ما يمثل أيضاً في نهاية المطاف ربح الشركة الرائدة من رأس مالها الملموس وغير الملموس. ويقارن الشكل 3.4 مفهوم القيمة المُحصّلة بالقيمة المضافة. وتوجد خمسة تحذيرات.

أولاً، قوائم المورّدين والمكونات الواردة في التقارير التفكيكية غير مكتملة، وقد تكون الأسعار - التي تسمى "الأسعار المُعلنة" - مُبالغ في تقديرها حينما تكون الشركات قادرة على التفاوض بشأن تخفيضات جماعية أو عندما تُنتج هذه المكونات داخلياً. على سبيل المثال، الشاشة في هاتف سامسونج إس 7 - وهي أغلى مكوّن - تحصل عليها شركة سامسونج إلكترونيكس من شركة سامسونج ديسبلي. وفي التقارير التفكيكية، تُطبَّق القيمة السوقية البالغة 55 دولاراً أمريكياً، في حين أن التكلفة الفعلية قد تكون أقل من ذلك.[15]

ثانياً، بغض النظر عن البلد المعني، لا تكون المعلومات الخاصة بصافي القيمة المضافة على مستوى الشركات متاحةً بسهولة لأن الشركات المسجلة في البورصة لا تكشف بوجه عام عن مقدار الأجور التي تدفعها "للعمالة المباشرة". بل إن تكاليف أجور التجميع الذي تقوم به أطراف أخرى تكون مخفية ضمن "تكلفة البضائع المبيعة" أو "تكلفة المبيعات". ونتيجة لذلك، يُستخدم الفرق بين "صافي المبيعات" و"تكلفة البضائع المبيعة" عوضاً عن القيمة المحصلة.

ثالثاً، من المفترض أن القيمة المُحصّلة المتعلقة بالبحث والتطوير وغيره من الأصول غير الملموسة تنشأ وتذهب إلى المقر الرئيسي للشركة، بما في ذلك في شكل أجور لموظفي البحث والتطوير.

واليوم، يمكن القول بأن هذه الشركات المتعددة الجنسيات تجري بعض هذه المهام في الخارج. ولذلك فإن ما يُفترض في هذه الدراسات المحاسبية من "ملازمة" "القيمة أو الأرباح" لمكان المقر الرئيسي - ومن ثمّ افتراض أن القيمة الكاملة التي تحصل عليها شركة أبل مثلاً تنشأ وتظل في موقعها الرئيسي، ألا وهو الولايات المتحدة - قد يكون مُبالغاً فيه. وفي الواقع، يوضح تقرير شركة أبل السنوي لعام 2017 أن الولايات المتحدة تحظى بأقل من نصف إيرادات الشركة التشغيلية العالمية، وأقل من ثلثي أصولها المُعمّرة. وعلاوة على ذلك، لقا كانت الأسهم العامة لشركة أبل يملكها مستثمرون عالميون، فإن أرباحها الموزعة كعوائد للأسهم أو أرباح رأسمالية توزَّع على نطاق عالمي واسع. ولذلك توجد حاجة إلى مزيد من المعلومات لتحسين تحديد المقاييس الرئيسية للكيانات التابعة داخل سلسلة قيمة عالمية متعددة الجنسيات، وإلى مزيد من البيانات لاختبار الموقع الجغرافي للنشاط الاقتصادي لتحليله على وجه التحديد، بما في ذلك الأرباح المتأتية من الملكية الفكرية، في مختلف الولايات القضائية.

رابعاً، تُركّز التقارير التفكيكية على المكونات المادية، فلا تشمل الأصول غير الملموسة، بما في ذلك المدفوعات المتعلقة بالملكية الفكرية. ولتكوين فكرة عن إجمالي عائدات الأصول غير الملموسة، لا بد من الحصول على تقديرات للقيمة المتعلقة بالملكية الفكرية، وهذا أمر صعب لأن المعاملات المتعلقة بالملكية الفكرية كثيراً ما تكون غير مُعلنة، وأحياناً غير مباشرة.[16] وعوضاً عن ذلك، تُحسب في هذه العملية إتاوات التراخيص الخاصة بالبراءات المعيارية الأساسية بنسبة 5 في المائة من تكلفة الهاتف في المتوسط (القسم 1.3.4). بل إن من الأصعب تعقب القيمة أو المدفوعات الأخرى المتعلقة بالملكية الفكرية، لا سيما تلك المتعلقة بالبرمجيات المطورة داخلياً أو المُسنَدة إلى جهات خارجية. على سبيل المثال، التكلفة الفعلية لاستخدام برمجيات الغير معروفة. وربما يؤدي ذلك إلى تضخيم القيمة التي تحصل عليها الشركة الرائدة، على الرغم من عدم تخفيض تقديرات العوائد الإجمالية لرأس المال غير الملموس. وبالإضافة إلى ذلك، فإن بعض المعاملات القائمة على الملكية الفكرية مثل الترخيص المتبادل لا تترك أثراً نقدياً، ولكنها لا تزال ذات قيمة كبيرة.[17]

وأخيراً، هذه المنهجية مستخلصة من الإيرادات الكبيرة المتداخلة لمشغلي الاتصالات السلكية واللاسلكية، والحصة المتزايدة لما تحققه الشركات الرائدة من عائدات مدفوعة بالملحقات والمحتوى والخدمات.[18]

الشكل 3.4

الفرق بين القيمة المُحصّلة والقيمة المضافة

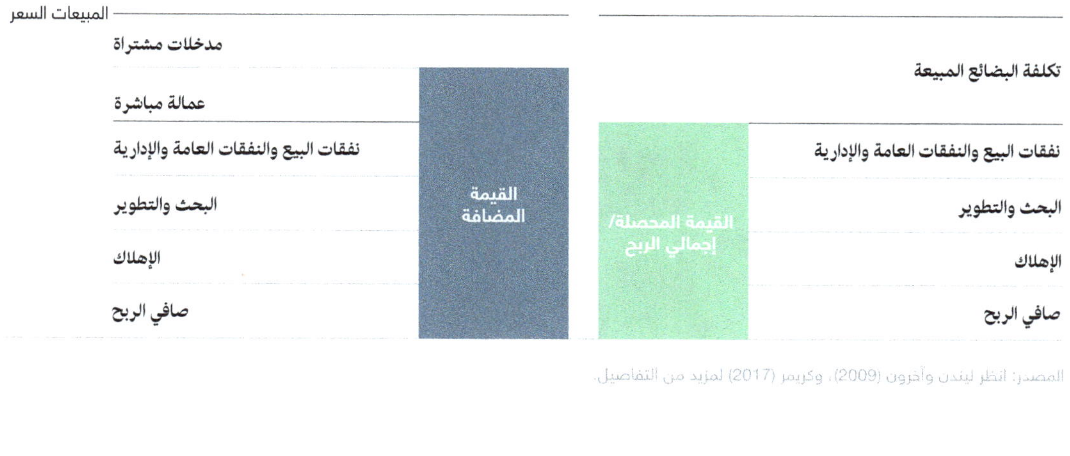

المبيعات السعر		تكلفة البضائع المبيعة
مدخلات مشتراة		
عمالة مباشرة		نفقات البيع والنفقات العامة والإدارية
نفقات البيع والنفقات العامة والإدارية	القيمة المضافة	البحث والتطوير
البحث والتطوير		الإهلاك
الإهلاك		صافي الربح
صافي الربح		القيمة المُحصلة/ إجمالي الربح

المصدر: انظر ليندن وأخرون (2009)، وكريمر (2017) لمزيد من التفاصيل.

الشكل 4.4
شركات الهواتف الذكية الرائدة تحصّل حصّة كبيرة من القيمة

القيمة المُحصّلة في كل مرحلة من مراحل السلسلة كنسبة مئوية من سعر بيع الهاتف الذكي

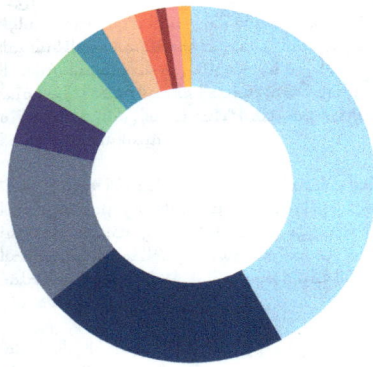

42% أبل	3% تايوان (مقاطعة صينية)
22% تكلفة المواد	2% عمالة غير محددة
15% التوزيع والبيع بالتجزئة	1% عمالة (الصين)
5% تراخيص الملكية الفكرية	1% جمهورية كوريا
5% مواد غير محددة	1% اليابان
3% مواد أخرى مصدرها الولايات المتحدة	

أبل أيفون 7

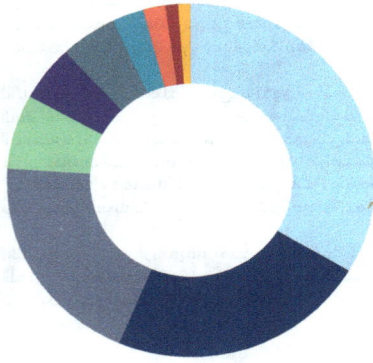

34% سامسونغ إلكترونيكس	3% مواد أخرى مصدرها جمهورية كوريا
23% تكلفة المواد	2% عمالة غير محددة
20% التوزيع والبيع بالتجزئة	1% عمالة (الصين)
7% مواد مجهولة الهوية	1% اليابان
5% تراخيص الملكية الفكرية	
5% الولايات المتحدة الأمريكية	

سامسونغ غالاكسي إس 7

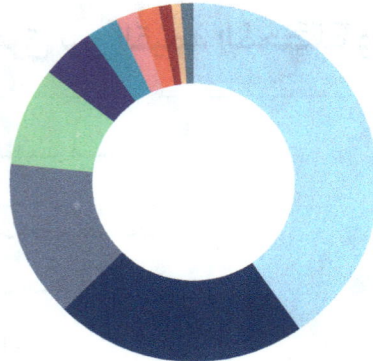

42% هواوي	2% جمهورية كوريا
20% تكلفة المواد	2% عمالة مجهولة الهوية
15% التوزيع والبيع بالتجزئة	1% العمالة (الصين)
9% مواد مجهولة الهوية	1% مقاطعة تايوان الصينية
5% تراخيص الملكية الفكرية	1% الولايات المتحدة
3% شركات صينية أخرى	

هواوي بي 9

المصدر: ديرك وكرامر (2017).

ملاحظة: مجموع الأرقام في بعض الأشكال البيانية لا يعادل 100% لأن بعض الأرقام خضعت للتدوير.

ويوضح الشكل 4.4 أيضاً القيمة التي تحصلها شركات أخرى في بلدان مختارة. على سبيل المثال، تحصل شركات أمريكية أخرى على 3 في المائة من سعر بيع كل هاتف آيفون بالتجزئة.

ومن الأهمية بمكان، كما هو مُوضَّح في الإطار 1.4، أن نتذكر أن القيمة المحصلة الكاملة قد لا تذهب إلى موقع المقر الرئيسي؛ فالشركات التابعة الموجودة في بلدان أخرى قد تقاسمه في الأرباح.[19] وشركة أبل شركة متعددة الجنسيات ولها كيانات منتشرة في جميع أنحاء العالم (مثل أيرلندا). وللتمكن من إجراء تقسيمات أكثر تفصيلاً تكون خاصة بكل بلد، سيلزم وجود مزيد من المعلومات لتحسين تحديد المقاييس الرئيسية للكيانات التابعة داخل سلسلة قيمة عالمية لشركة متعددة الجنسيات، وسيلزم وجود مزيد من البيانات لتحليل الموقع الجغرافي للنشاط الاقتصادي، بما في ذلك الأرباح المتأتية من الملكية الفكرية، في مختلف الولايات القضائية.

وأخيراً، يوضح الشكل 4.4 أن المبلغ المدفوع نظير الملكية الفكرية إلى أطراف أخرى يتراوح من 34 دولاراً أمريكياً لكل هاتف في حالة شركة سامسونج إلى 32 دولاراً أمريكياً في حالة شركة أبل وإلى 24 دولاراً أمريكياً في حالة شركة هواوي. وفي المناقشة التالية، تُطرَح هذه التكاليف لنحصل في نهاية المطاف على القيمة التي تُحصِّلها الشركة الرائدة، ولكن في تحليلنا الأوسع نطاقاً، تشكل هذه المبالغ جزءاً مهماً من عائد الأصول غير الملموسة عبر سلسلة القيمة العالمية، ويحصل عليها هنا أصحاب التكنولوجيا الخلوية. أما الشركات الأخرى، مثل كوالكوم وغيرها، التي لا تحقق إيرادات من بيع الهواتف الذكية، فإنها تنفق مبالغ كبيرة على أنشطة البحث والتطوير المتعلقة بتكنولوجيا الاتصال، مما يُمكِّن الهواتف الذكية من أداء وظيفتها. وتساعد هذه المدفوعات على تمويل هذه التكاليف المرتفعة الخاصة بالبحث والتطوير، وتسمح بالتخصص في السوق.

3.2.4 - مَنْ الذي يجني معظم قيمة مبيعات الهواتف الذكية الفاخرة؟

إن موقع إنتاج الهاتف وتجميعه ليس بالضرورة هو المكان الذي تُحصَّل فيه معظم القيمة، وينطبق ذلك على الهواتف الثلاثة جميعها.[20]

وفي حين أن نسب تحصيل الشركات الثلاث للقيمة متقاربةٌ على مستوى المنتَج (الهاتف الفردي)، فإنه على مستوى الشركات تستحوذ شركة أبل على حصة كبيرة من الأرباح الإجمالية في هذه الصناعة. فمن خلال الاقتصار على بيع الهواتف الفاخرة، تستطيع شركة أبل أن تحصل على نسبة هائلة تصل إلى 90 في المائة من أرباح جميع صانعي الهواتف الذكية، وفقاً لتقديرات أطراف أخرى، رغم أن حصتها من جميع الهواتف الذكية المبيعة تبلغ 12 في المائة فقط.[21]

وتستحوذ شركة أبل على معظم أرباح هذه الصناعة بسبب ارتفاع أسعارها، وارتفاع القيمة المُحصَّلة، وحجم مبيعات هواتف آيفون في جميع أنحاء العالم (انظر الجدول 6.4).

والقيمة التي تُحصِّلها بالدولار الأمريكي أكبر بكثير من القيمة التي تحصلها شركة سامسونج أو هواوي، حيث تبيع شركة أبل هواتف فاخرة أكثر بكثير (أكثر من 215 مليون وحدة، مقابل 88 مليون وحدة تبيعها شركة سامسونج، و25 مليون وحدة تبيعها شركة هواوي، انظر الجدول 6.4). وعند مقارنة مبيعات الهواتف الفاخرة في الشركات الثلاث في عام 2016، نجد أن شركة أبل تتجاوزهما بكثير بنسبة 83% من الأرباح المجمعة الناتجة عن بيع هاتف أبل آيفون 6 وهاتف هواوي بي8 وهاتف سامسونج غالاكسي 6 (انظر الجدول 6.4). وهذه المكاسب الكبيرة للغاية التي تحققها شركة أبل إنما هي نتاج استثماراتها في البحث والتطوير والتصميم وغيرها من الأصول غير الملموسة. كما أن هذه المكاسب تسمح لها بتوزيع تكاليفها التسويقية والعامة الكبيرة على حجم أكبر من المبيعات.

وتحصل شركتا سامسونج وهواوي على قيمة كبيرة من هواتفهما الأغلى ثمناً، ولكن هوامش أرباحهما الإجمالية تنخفض بسبب العدد الكبير من المنتجات المنخفضة التكلفة التي يبيعانها.

وعلاوة على ذلك، هذه الحسبة مستخلصة من إيرادات محتوى وخدمات الهواتف الذكية المتحققة على أساس الجهاز المحمول بعد بيعه. واستراتيجية شركة أبل لدمج كل شيء بدءاً من توريد الهاتف إلى تقديم المحتوى والخدمات والمعايير ذات الصلة تؤدي دوراً مهماً في تحصيلها للقيمة في الخارج، مدفوعةً بالتقيد بالمنصة، والعوامل الشبكية الخارجية، والقدرة على حزم المنتجات بكفاءة.[22] وهذه الإيرادات، رغم حذفها هنا، آخذة في الارتفاع بقيم مطلقة وكنسبة من إيرادات شركة أبل.[23] غير أن الشركات الرائدة الأخرى ترى أن هذه القيمة والأرباح المضافة تؤول إلى مُقدِّمي خدمات آخرين لأنها لا تقاسمهم في الإيرادات المضافة الناتجة عن بيع مواد وخدمات رقمية ومحتوى عبر الإنترنت.

ولكن ليست شركة أبل وحدها هي التي تحصل على أرباح وقيمة كبيرتين. فمُورِّدو المكونات يجنون إيرادات وهوامش ربح كبيرة أيضاً، لا سيما عند الارتباط بتكنولوجيات مُسجلة الملكية. وعلى النقيض من الآثار الناتجة عن الحجم، يواجه مُورِّدو الهواتف الذكية تبايناً كبيراً في هوامش أرباحهم. فشركة كوالكوم، على سبيل المثال، تشتهر بتحصيلها قيمة كبيرة، نتيجة لأداء مجموعات رقائق النطاق الأساسي الخاصة بها.[24] والقيمة التي تحصلها شركة كوالكوم وهوامش أرباحها أعلى بكثير من تلك التي تحققها شركة ميدياتِك، مما يعكس أنها تبيع لصانعي هواتف من الطراز الأول بينما تبيع شركة ميدياتِك لصانعي هواتف منخفضة السعر. وأيضاً في أسواق مثل أسواق الشاشات والذاكرة، نجد أن الشركة المهيمنة على السوق، وهي شركة سامسونج، تحقق هامش ربح بنسبة 60 في المائة، في حين أن شركة ميكرون تكنولوجيز التي تصنع الذاكرة تقنع بنسبة 20 في المائة.[25]

ويستمر هذا التباين الكبير على مستوى الشركات المُصنِّعة المُتعاقَد معها. فمعظم هذه الشركات تكسب هوامش منخفضة، ولكنها لا تزال تستفيد من الأنشطة ذات الحجم الكبير وتحظى بفرصة مهمة للتعلم التكنولوجي (الذي يُناقش بمزيد من التفصيل في القسم 4.4).

الجدول 6.4

مقارنة القيمة المُحصَّلة لنماذج الهواتف الفاخرة في عام 2016

نوع الهاتف الذكي	متوسط سعر البيع العالمي (بالدولار الأمريكي)	القيمة المحصلة / هامش الربح (%)	القيمة المحصلة / إجمالي الربح (دولار أمريكي لكل هاتف)	الشحنات العالمية (الوحدات التي شحنت في 2016)	مجموع الأرباح الإجمالية لعام 2016 (مليار دولار أمريكي)
أبل آيفون 6	748	42	314	199,614,814	62.4
أبل آيفون 7	809	42	339	15,871,584	5.4
مجموع أبل					67.8
سامسونج غالاكسي 6	732	34	248	52,892,898	13.1
سامسونج غالاكسي إس7	708	34	240	35,701,806	8.6
مجموع سامسونج					21.7
هواوي بي8	298	42	125	15,418,859	1.9
هواوي بي9	449	42	188	9,986,811	1.9
مجموع هواوي					3.8

المصدر: ديدريك وكريمر (2017). بيانات الشحن مأخوذة من مؤسسة البيانات الدولية (IDC) (2017).

3.4 - دور الأصول غير الملموسة في تحصيل القيمة

كيف ترتبط الأصول غير الملموسة، لا سيما الملكية الفكرية، بتحصيل القيمة الذي نُوقش أعلاه؟

إن القدرة على بيع هاتف ذكي مع تحقيق ربح تعتمد إلى حد كبير على أداء الهاتف، وميزاته، واسمه التجاري، وتصميمه، وتطبيقاته. وفي هذا الفصل، يعتبر تحصيل القيمة مقياساً لعائد أصول الشركة غير الملموسة. ولحماية أصولها غير الملموسة وجني بعض الأرباح ذات الصلة، فإن الجهات الفاعلة في صناعة الهواتف الذكية التي تستفيد من تحصيل قيمة كبيرة – على النحو الموضح في القسم 2.4– تستخدم المجموعة الكاملة من حقوق الملكية الفكرية استخداماً مكثفاً.[26]

ولكن هل الملكية الفكرية هي السبب الرئيسي لتحصيل القيمة؟

توجد دراسة رائدة بشأن هاتف آيفون الخاص بشركة أبل حسبت قيمة التكنولوجيات القابلة للحماية بموجب براءة في آيفون – كجزء من إجمالي قيمة أسهم شركة أبل.[27] وتوجد أيضاً تقديرات لقيمة الاسم التجاري، ولتصميم الهاتف الذكي، ولقيمتهما بوصفهما عاملاً محركاً للقيمة السوقية للشركة (يُناقش ذلك بمزيد من التفصيل فيما يلي القسمين 2.3.4 و3.3.4).

ولكن هذه الدراسات ترتكز على عدد من الافتراضات القوية. ورغم وجود ارتباط وثيق بين تحصيل القيمة والانتفاع بالملكية الفكرية، من الصعب تخمين وجود علاقة سببية مباشرة بين هذين العاملين، كما هو الحال بالنسبة إلى القيمة المحددة التي تحصلها أصول ملكية فكرية مختارة. وعادة ما تكون الملكية الفكرية مجرد مصدر للميزة التنافسية عندما تقترن بأصول تكميلية مثل الخبرة التنظيمية ورأس المال البشري، بالإضافة إلى مهارات الإدارة واستراتيجيات الشركات الفعالة.[28] وعندما تكون الملكية الفكرية قابلة للإنفاذ من دون تكاليف باهظة، فإن قيمتها تكون مباشرةً (أيْ تكون لها آثار على الإيرادات) وغير مباشرة (أيْ إنها تنتج قيمة دفاعية أو استراتيجية) على حد سواء. وفي ضوء هذه التعقيدات، من المُستبعَد أن يكون لدى صانعي الهواتف الذكية أنفسهم دليل قاطع على القيمة المحددة لما يمتلكونه من أصول الملكية الفكرية المختلفة.

وتسلط الأقسام التالية الضوء على دور الأصول غير الملموسة والملكية الفكرية في تحصيل القيمة. وتؤدي خطط الاستحواذ الأقل اتساماً بالطابع الرسمي، مثل الأسرار التجارية، دوراً مهماً، ولكنها غير مُدرَجة في التحليل لأن قياسها أصعب.

1.3.4 - تؤدي اختراعات الهواتف الذكية إلى عدد كبير من إيداعات البراءات

يتفق معظم الخبراء المتخصصين والأكاديميين على أن عدداً كبيراً من البراءات جزءٌ لا يتجزأ من الهواتف الذكية الحديثة.

ويذكر أحد المصادر المستخدمة على نطاق واسع أن 27 في المائة من البراءات الممنوحة في الولايات المتحدة تتعلق بالهواتف الجوالة، بعد أن كانت هذه النسبة 20 في المائة في عام 2012 و10 في المائة في عام 2002.[29] وتوضح الحسابات التالية أن هذه التقديرات ربما تكون أقل من الواقع في حالة استخدام تعريف فضفاض للبراءات المتعلقة بالهواتف الذكية (انظر الشكل 5.4).

ويدّعي مصدر آخر كثيراً ما يُستشهد به ويرجع تاريخه إلى عام 2012 أنه من بين كل ست براءات سارية، توجد براءة واحدة تتعلق بالهواتف الذكية، أو نحو 16 في المائة من جميع البراءات النشطة المودعة لدى مكتب الولايات المتحدة للبراءات والعلامات التجارية. وتشير تقديرات أخرى إلى أن عدد البراءات النشطة ذات الصلة بالهواتف الذكية اليوم قد زاد من 000 70 في عام 2000 إلى 000 250 الآن، ويرجع ذلك في المقام الأول إلى المجموعة الموسعة من الميزات والوظائف.[30] والمنهجيات التي تتبعها هذه المصادر للوصول إلى هذه الأرقام تكون في الغالب غير مُعلنة ولا يمكن التحقق منها.

ويُعتبر تحديد العدد الدقيق للبراءات المتعلقة بالهواتف الذكية مهمةً بالغة التعقيد (انظر الإطار 2.4 بشأن النهجين المتبعين في هذا الفصل). ولا يوجد في التصنيفات الدولية أو الوطنية للبراءات مجال تكنولوجي غير مُركّب يتوافق بسهولة مع مُنتَج الهاتف الذكي، وتوجد مسائل عديدة تزيد من تعقيد عملية تحديد براءات الهواتف الذكية.

أولاً، يتكون الهاتف الذكي من كثير من المكونات التكنولوجية المختلفة، وبعضها قد لا يكون حكراً على الهواتف الذكية وحدها. بل إن المكونات المُحدَّدة في القسم 2.4 تتراوح بين أشباه الموصلات والذاكرة، وأنواع أخرى من تكنولوجيات الحاسوب أو الاتصالات. ورغم أن هذه العناصر جزء لا يتجزأ من الهواتف الذكية، فإنها أيضاً مكونات أساسية في معظم منتجات تكنولوجيا المعلومات والاتصالات الأخرى، وتزداد يوماً بعد يوم أهميتها في أنواع أخرى من المنتجات التي يكون الاتصال الإلكتروني عنصراً ثابتاً فيها، مثل السيارات والثلاجات والتكنولوجيا الطبية. وسيكون من الخطأ نسبتها إلى الهواتف الذكية دون غيرها.

ثانياً، يوجد عدد من الاختراعات الجوهرية بالنسبة إلى الهاتف الذكي ولكنها لا توجد في المجالات التكنولوجية الأكثر ارتباطاً بتكنولوجيا الهواتف الذكية الحديثة، مثل تصنيفات البراءات التي تتعلق تعلقاً مباشراً "بمحطات الاتصالات المحمولة" أو "أجهزة الهواتف". وبعضها اختراعات في قطاعات تقليدية، خارج صناعة تكنولوجيا المعلومات والاتصالات، مثل البراءات المتعلقة بالزجاج التي توفر أغلفة أمتن للهواتف الذكية. والبعض الآخر اختراعات في مجالات تكنولوجية متقدمة مثل شاشات التصفح، وأجهزة الاستشعار، وتكنولوجيا بصمات الأصابع. وإذا فتحنا الباب للبرمجيات وغيرها من تطبيقات الهواتف الجوالة التي تتعلق بالتجارة الإلكترونية أو شبكات التواصل الاجتماعي أو دفع الأموال أو اللياقة البدنية أو الصحة، فسيكون عدد البراءات ذات الصلة المحتملة أكبر من ذلك. ولذلك من الصعب تحديد جميع البراءات ذات الصلة بأساليب البحث التقليدية التي تعتمد على تصنيفات البراءات أو الكلمات الدالة مثل "هاتف ذكي"، وعلى أي حال، فإن الاختراعات ذات الصلة لا تكون عادةً حكراً على الهواتف الذكية وحدها.

وفي عملية تحديد البراءات التي أُجريت من أجل هذا التقرير، حُدِّدت مجموعات براءات الهواتف الذكية تحديداً "ضيقاً" وتحديداً "واسعاً" على حد سواء (انظر الإطار 2.4). والنُّهُج المختارة في عمليات تحديد براءات الهواتف الذكية ستكون، دائماً، مُقيّدة للغاية في الفئة الضيقة أو شاملة للغاية في الفئة الواسعة. بيد أن الفجوة بين التقديرين تعطي فكرة جيدة عن العدد الهائل لبراءات الهواتف الذكية المحتملة المعنية.

ومع ذلك، زادت، بكل المقاييس، البراءات المتعلقة بالهواتف الذكية زيادةً مطردةً في السنوات الأخيرة، بما في ذلك كنسبة من إجمالي البراءات.

وفي البيانات الإجمالية، كانت طلبات البراءات المودعة في عام 2016 بموجب معاهدة التعاون بشأن البراءات في الويبو فيما يتعلق بالاتصالات الرقمية تمثل أكبر نسبة في مجموع طلبات المعاهدة، تليها تكنولوجيا الحاسوب (155 17).[31] والواقع أن الاتصالات الرقمية تجاوزت تكنولوجيا الحاسوب – التي احتلت المركز الأول في عامي 2014 و2015 – لتصبح أعلى مجال تكنولوجي في عام 2016. وقد شهد هذا المجال، ولا يزال يشهد، أسرع نمو من حيث الإيداعات الجديدة بناء على معاهدة التعاون بشأن البراءات. وفي عام 2014، وهو العام الأخير الذي تتوفر بيانات إيداع البراءات الوطنية الخاصة به، شهد أيضاً مجال الاتصالات الرقمية أسرع نمو سنوي له منذ عام 2005.[32]

وتوضح عملية تحديد البراءات التي أُجريت من أجل هذا الفصل أنه في الفترة ما بين عامي 1990 و2013 ارتفع عدد الإيداعات الأولى لبراءات الهواتف الذكية في جميع أنحاء العالم من 100 براءة تقريباً في أوائل تسعينيات القرن العشرين إلى نحو 700 2 براءة في الفئة الضيقة في عام 2013، ومن نحو 000 230 إيداع أول (أو نحو 000 350 براءة بوجه عام) في أوائل التسعينيات إلى أكثر من 000 650 إيداع أول (أو نحو 1.2 مليون براءة بوجه عام) في الفئة الواسعة. أما في الفئة الواسعة – مع الأخذ في الاعتبار أن كثيراً من هذه البراءات لا يقتصر على الهواتف الذكية – فإنها تمثل من 30 إلى 35 في المائة تقريباً من البراءات المودعة في جميع أنحاء العالم بين عامي 1990 و2013.

الإطار 2.4

تحديد براءات الهواتف الذكية

للتخفيف من تعقيد عملية تحديد براءات الهواتف الذكية، أُختيرَا نهجان لتحليل البراءات على النحو الذي نوقش في هذا الفصل. يستخدم أحد النهجين خيارًا ضيقًا من تصنيفات البراءات المطبقة بوصفه وثيق الصلة بالهواتف الذكية، ويستخدم النهج الآخر مجموعة أوسع من القوائم الأكثر شمولًا لتصنيفات البراءات ذات الصلة بالإضافة إلى أسماء الشركات والكلمات الدالة.

1. النهج الضيق:

استُخدمت قائمة رموز مُقيَّدة من رموز التصنيف التعاوني للبراءات، لا سيما H04M 1 72519/ ("محطات اتصال متنقلة ذات واجهة استخدام محسنة للتحكم في أسلوب رئيسي لتشغيل الهاتف أو للإشارة إلى حالة الاتصال") و H04M 1 247/ ("محطات طرفية هاتفية تفاعلية وقابلة للتهيئة مع تحكم المشترك في تعديل السمات")، بالإضافة إلى عدد من الرموز الفرعية ذات الصلة.[33] وهذه الخيارات الضيقة تؤدي بالضرورة إلى تقليل بالغ لبراءات الهواتف الذكية، كما توضح الأرقام الواردة في هذا الفصل.

2. النهج الواسع:

شمل هذا النهج تطبيق قائمة واسعة من رموز التصنيف الدولي للبراءات التي أُنشئت عن طريق تحديد أكثر فئات التصنيف الدولي للبراءات صلةً بالموضوع في:

القسم واو: الهندسة الميكانيكية، بما في ذلك تكنولوجيات الإضاءة أو التبريد؛

القسم زاي: الفيزياء، بما في ذلك القياس والملاحة، والبصريات، والكاميرا، وتكنولوجيات التحكم، والحوسبة مثل معالجة البيانات والصور، والفئات المتصلة بالاتصالات، والتشفير، والكلام الرقمي، وتخزين المعلومات؛

والقسم حاء: الكهرباء، بما في ذلك في عمليات الاتصال الرقمي والاتصالات السلكية واللاسلكية، وأشباه الموصلات والدوائر المطبوعة، والبطاريات، على سبيل المثال.[34]

ويرتبط بعض فئات التصنيف الدولي للبراءات ارتباطاً وثيقاً بالهواتف الذكية واتصالات الهواتف الجوالة بوجه عام. وبعضها أنشئ عن طريق إجراء عمليات بحث بالكلمات الدالة داخل فئات التصنيف الدولي للبراءات وفي قواعد بيانات البراءات – لا سيما قاعدة بيانات إسباسينيت (Espacenet) وقاعدة بيانات مكتب البراءات الألماني – بمساعدة فاحصي البراءات.[35] وقد أعدّت قائمة بالشركات المشتركة في سلسلة القيمة العالمية للهواتف الذكية من أجل إجراء مزيد من عمليات التحقق من البيانات. وكان الهدف هو انتقاء رموز التصنيف الدولي للبراءات التي قد تغطي التكنولوجيات المتعلقة بالهواتف الذكية، والتي تتجاوز مجموعة جزئية ضيقة، ولكنها تغطي أيضاً المجالات التكنولوجية المتعددة التي جرى تسليط الضوء عليها لاحقاً في الشكل 10.4، على سبيل المثال. وقد أسفرت استراتيجية البحث هذه عن براءات في مجالات مثل المركبات والكاميرات وبعض المجالات المذكورة أعلاه، ولكن مشكلة هذا النهج تكمن في أنه يُسفر عن عدد كبير من البراءات، وبعض فئات التصنيف الدولي للبراءات مثل أشباه الموصلات أو الكاميرات ضرورية ولكنها ليست حكراً على الهواتف الذكية.

الشكل 5.4

عدد إيداعات براءات الهواتف الذكية كبير ومتزايد

الإيداعات الأولى وجميع الإيداعات في جميع أنحاء العالم للبراءات المتعلقة بالهواتف الذكية (التعريفان الضيق والواسع)، من 1990 إلى 2013

ضيق

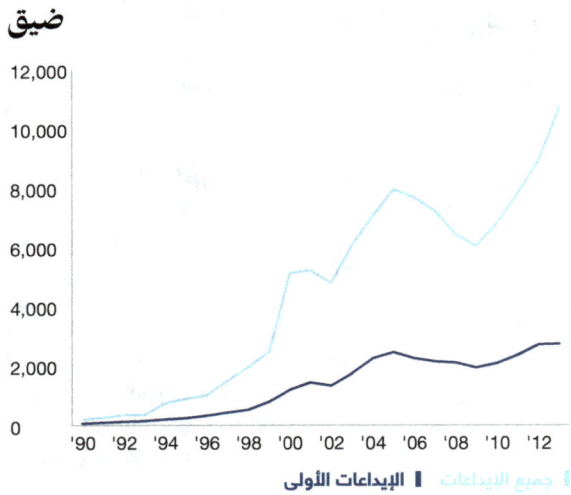

واسع

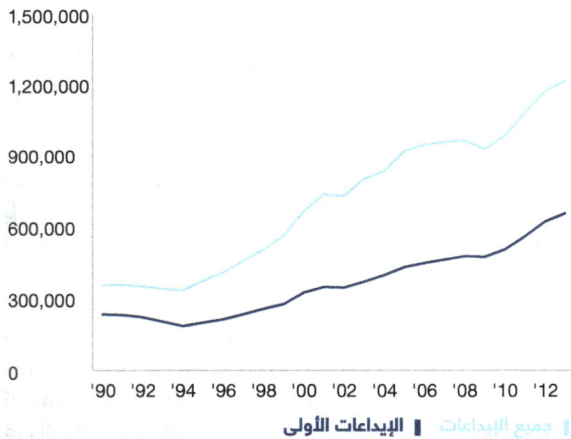

ملاحظات: للاطلاع على النهجين الضيق والواسع المتّبعين في تحديد براءات الهواتف الذكية، انظر الإطار 4-2. تمثل "الإيداعات الأولى" اختراعات فريدة تحميها براءة فريدة. ويمكن بعد ذلك الحصول على براءة للاختراع نفسه في ولايات قضائية إضافية من خلال إيداعات ثانوية، مما يؤدي إلى وجود براءات متعددة بشأن الاختراع الأساسي نفسه ("جميع الإيداعات").

المصدر: الويبو استناداً إلى قاعدة بيانات المكتب الأوروبي للبراءات (PATSTAT).

الشكل 6.4

تغيرت على مدى العقد الماضي بلدان المنشأ التي تحتل الصدارة في إيداع براءات الهواتف الذكية

الإيداعات الأولى للبراءات المتعلقة بالهواتف الذكية في جميع أنحاء العالم حسب المنشأ (التعريفان الضيق والواسع)، 1990-1999 مقابل 2005-2014

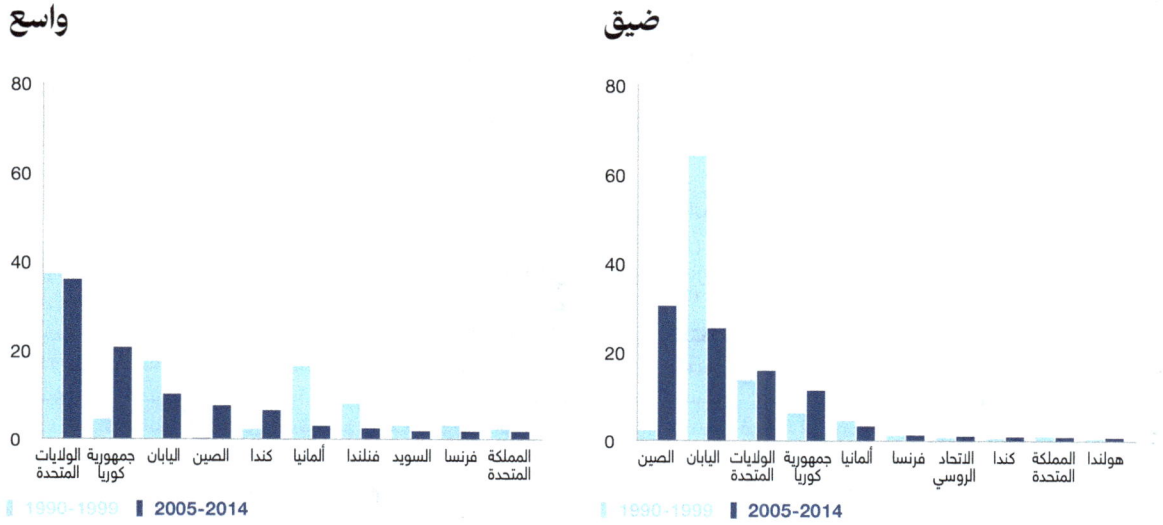

واسع ضيق

الإيداعات الأولى في مكتب الولايات المتحدة الأمريكية للبراءات والعلامات التجارية حسب منشأ البراءات المتعلقة بالهواتف الذكية (التعريفان الضيق والواسع)، 1990-1999 مقابل 2005-2014

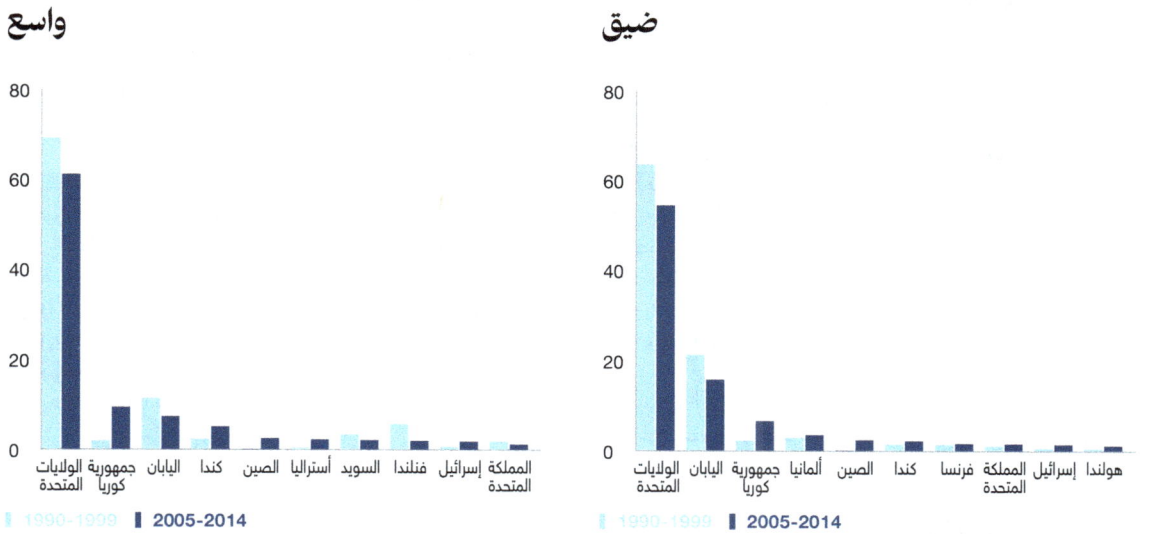

واسع ضيق

ملاحظة: يشير استخدام بيانات المنشأ في مكتب الولايات المتحدة للبراءات والعلامات التجارية في الرسم البياني السفلي إلى وجود "تحيز للوطن" على حساب مُودعي طلبات البراءات غير الأمريكيين، الذين يميلون إلى إيداع طلبات أقل في الخارج أو في مكتب الولايات المتحدة من الطلبات التي يودعونها في الولاية القضائية الخاصة بهم.

المصادر: الويبو، استناداً إلى قاعدة بيانات المكتب الأوروبي للبراءات (PATSTAT)، وقاعدة بيانات مكتب الولايات المتحدة للبراءات والعلامات التجارية.

107

وفي كلا التعريفين الضيق والواسع، نجد أن الولايات المتحدة والصين واليابان وجمهورية كوريا هي أماكن المنشأ الرائدة لبراءات الهواتف الذكية في جميع أنحاء العالم، تليها كندا وألمانيا وفنلندا في الفئة الضيقة، وألمانيا وفرنسا والاتحاد الروسي وكندا في الفئة الواسعة. وعلى صعيد كلا التعريفين، يبرز اتجاهان: "1" انخفضت حصتا اليابان وألمانيا (وألمانيا وفنلندا، في الفئة الضيقة) في الفترة ما بين 1990-1999 و2005-2014، "2" وارتفعت حصتا الصين وجمهورية كوريا ارتفاعاً ملحوظاً – وكان هذا الارتفاع في الغالب على حساب اليابان، وليس الولايات المتحدة التي تتزايد حصتها في الفئة الواسعة. ويتفق هذان الاتجاهان مع النتيجة التي مفادها أن قدرات الملكية الفكرية فيما يتعلق بالهواتف الذكية قد زادت تدريجياً بشكل ملحوظ في هذين الاقتصادين (انظر الشكل 6.4). وتعتبر الولايات المتحدة واليابان وجمهورية كوريا بلدان المنشأ الرائدة لبراءات الهواتف الذكية المودعة لدى مكتب الولايات المتحدة للبراءات والعلامات التجارية.

أين أُودعت براءات الهواتف الذكية على مستوى العالم، بما في ذلك تلك التي أودعتها شركات مثل أبل وهواوي وسامسونج؟ رغم أن الشركات الرائدة العاملة في مجال إنتاج الهواتف الذكية تتركز بكثافة في بضعة بلدان مثل الولايات المتحدة وجمهورية كوريا والصين، فإن مخترعي الهواتف الذكية يطلبون الحماية في وجهات متعددة، انظر الشكل 7.4 الذي يُصوّر أسر براءات الهواتف الذكية.[36] وتُعد الولايات المتحدة الأمريكية أكثر وجهة منشودة، تليها أوروبا، ثم اليابان والصين، ثم جمهورية كوريا، ثم كندا وأستراليا بدرجة كبيرة وإن كانت أقل. كما تتلقى ولايات قضائية أخرى في جميع أنحاء العالم طلبات تسجيل براءات هواتف ذكية، بما في ذلك كثير من الاقتصادات في أمريكا اللاتينية والاتحاد الروسي وآسيا الوسطى وأنحاء أخرى من آسيا بما في ذلك إندونيسيا، ولكن أيضاً جنوب أفريقيا وأستراليا وأنحاء أخرى من أفريقيا.

إن النمو القوي في تسجيل البراءات المتعلقة بالهواتف الذكية إنما هو، في المقام الأول، انعكاس لرغبة المخترعين في الحصول على عائدات استثماراتهم الابتكارية الكبيرة.[37]

وبالإضافة إلى ذلك، لا يقتصر الانتفاع بالملكية الفكرية على تحصيل ريع الابتكار فحسب. ففي صناعة الهواتف الذكية، تعد أيضاً الملكية الفكرية عاملاً تمكينيّاً مهماً للتعاون.[38] فلن يرى الهاتف الذكي النور من دون شراكات رأسية وأفقية واسعة، وكثيراً ما يكون من الممكن إقامة هذه الشراكات بفضل الملكية الفكرية. وفي حالة تكنولوجيات معينة، يقوم مئات، أو أحياناً آلاف، من أصحاب البراءات، سواء من الشركات أو الجامعات، بتقديم اختراعات لتشكيل تكنولوجيا جديدة.

ففي حالة بلوتوث 3.0، الذي يسمح بإنشاء اتصال قصير المدى بين الهاتف الذكي والأجهزة الأخرى، ساهم أكثر من 000 30 من أصحاب البراءات، بما في ذلك 200 جامعة.[39]

كما أن الانتفاع بالملكية الفكرية يسمح بالتخصص. وفي حين أن معظم البراءات المتعلقة بالهواتف الذكية تكون مملوكة لشركات كبيرة، بما في ذلك لأغراض دفاعية، فإن مُورِّدي المكونات الصغيرة أو المتخصصة أو كلتيهما يستخدمون نظام الملكية الفكرية على نطاق واسع، مما يتيح المجال لدخول السوق.[40] على سبيل المثال، تودع شركة كورنينغ عدداً كبيراً من البراءات – وهي الشركة المُنتجة لزجاج الغوريلا في أجهزة آيفون الخاصة بشركة أبل وإحدى شركات إنتاج الزجاج الرائدة.

وبالإضافة إلى ذلك، تُنشَر التكنولوجيات الرئيسية ذات الصلة بالهواتف الذكية عبر نظام البراءات قبل سنوات، أو في بعض الأحيان قبل عقود، من التسويق الفعلي للمعرفة، مما يؤدي إلى النقل الفعال للمعرفة والتعلم التكنولوجي المحتمل.[41]

وفي الوقت نفسه، شهدت صناعة الهواتف الذكية في السنوات الأخيرة تكدساً إلى حد ما للبراءات وما يتصل بذلك من نزاعات رفيعة المستوى. ففي الولايات المتحدة الأمريكية، على سبيل المثال، أسفرت قضية أبل وسامسونج عن أحد أكبر خمس مبالغ تعويضات أولية صدر بها حكم قضائي في الفترة 1997-2016، مما جذب اهتماماً إعلامياً كبيراً.[42] وفي هذا السياق يمكن للمرء أن يسأل: هل الانتفاع الاستراتيجي المتزايد بالملكية الفكرية وزيادة المنازعات القانونية تضر بصناعة الهواتف الذكية؟

والحق يُقال، إن تكاليف التقاضي التي تتحملها الشركات والتكاليف المتكبدة على نطاق المنظومة غير معروفة على وجه الدقة.

فمن ناحية، تعتبر هذه النزاعات وحلّها في نهاية المطاف وسيلة تستخدمها الشركات لتحاول الحصول على عائدات أصولها غير الملموسة. فهي انعكاس وحصيلة ثانوية للمنافسة في سوق مبتكرة للغاية ذات مخاطر عالية.[43] وهي أيضاً انعكاس للانتفاع الكبير بالملكية الفكرية في هذه الصناعة. ولا تعتبر صناعة الهواتف الذكية، بأي حال من الأحوال، صناعة خاصة. واستناداً إلى بيانات التقاضي الخاص بالملكية الفكرية في الولايات المتحدة الأمريكية، توجد صناعات أخرى مثل المنتجات الاستهلاكية والتكنولوجيا الحيوية والأدوية وأجهزة الحاسوب والبرمجيات تكون فيها المنازعات القضائية أكثر بكثير.[44]

ومن ناحية أخرى، ربما يُكبد التقاضي الشركات تكاليف كبيرة دون أن يخلق بالضرورة يقيناً قانونياً. وتعتبر قضية أبل وسامسونج من أبرز الأمثلة على ذلك، فهي مستمرة في ولايات قضائية متعددة، وبنتائج غير متجانسة ومتذبذبة. وفي هذا الصدد، ثمة مصدر قلق آخر ذو صلة هو عدد دعاوى التقاضي والخسائر الكبيرة المحتملة في النفقات القانونية.

الشكل 7.4

الولايات المتحدة الأمريكية هي أكبر وجهة لإيداعات براءات الهواتف الذكية

مجموع ما أُودِع من أسر براءات الهواتف الذكية الأجنبية المنحى، 1995-2014 (التعريف الضيق)

0-1%
1-5%
5-20%
20-40%
40-60%
60-80%
80-100%

مجموع ما أُودِع من أسر براءات الهواتف الذكية الأجنبية المنحى، 1995-2014 (التعريف الواسع)

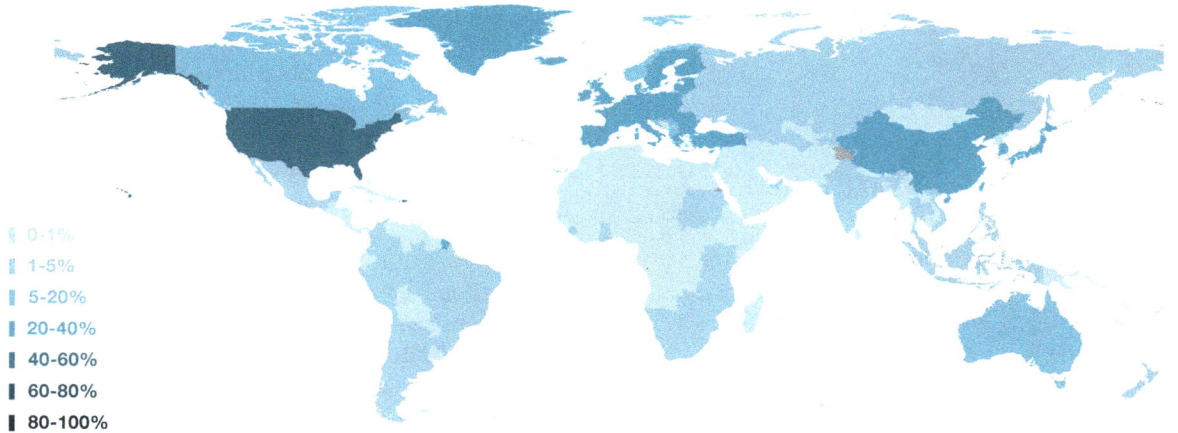

0-1%
1-5%
5-20%
20-40%
40-60%
60-80%
80-100%

ملاحظة: للاطلاع على التّهجين الضيق والواسع لتحديد براءات الهواتف الذكية، انظر الإطار 2.4.

المصدر: الويبو استناداً إلى قاعدة بيانات المكتب الأوروبي للبراءات (PATSTAT).

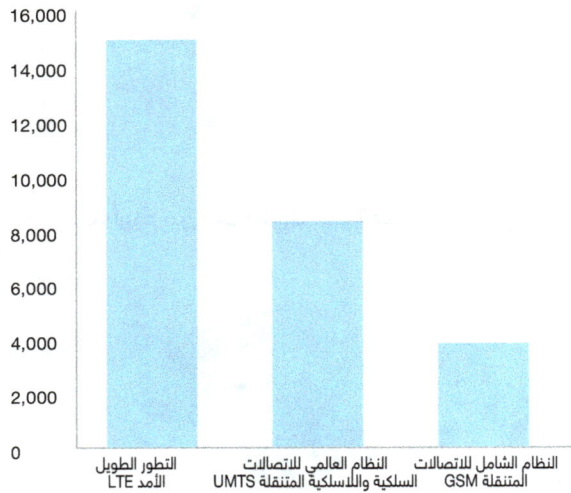

ويُطرح سؤال مهم من وجهة نظر اقتصادية: هل كبر عدد براءات الهواتف الذكية يحفز حقاً الاستثمار في الاكتشاف والابتكار؟ أم أن هذه البراءات، بدلاً من ذلك، تيسر السلوك المناهض للمنافسة عن طريق السماح للشركات القائمة بحجب التكنولوجيات الرئيسية، ومن ثمَّ تحد من المنافسة بدلاً من مكافأة الابتكار المستمر؟ وبعبارة أخرى، تعد آثار الكميات الكبيرة من براءات الهواتف الذكية على مواصلة الابتكار أو دخول السوق ذات أهمية كبيرة.

وأكرر أنه لم يصدر بعدُ حكم نهائي بشأن هذه المسألة، ولكن التاريخ الحديث يشهد على استمرار الابتكار في الهواتف الذكية من حيث كلٍّ من العتاد المادي والتطبيقات، ومن قبل كلٍّ من شركات الهواتف الذكية الرائدة ومجموعة دائمة التغير من مُورّدي المكونات والخدمات. ويبدو أيضاً أن التغيرات السريعة في الحصص السوقية للشركات الرئيسية في السنوات الأخيرة تشير إلى وجود منافسة قوية فيما بين كلٍّ من الشركات الكبيرة والأصغر حجماً.

وعلاوة على ذلك، استخدمت الشركات على نحو متزايد استراتيجيات قائمة على السوق للتغلب على حقوق الملكية الفكرية المتناثرة وحل النزاعات. وتنخرط الشركات في استراتيجيات تعاونية بشأن الملكية الفكرية تشمل الترخيص المتبادل للتكنولوجيا، ومجمعات البراءات، ومراكز تبادل البراءات، وغير ذلك من أشكال التعاون. وكثيراً ما كانت النزاعات المتعلقة بالملكية الفكرية هي المحفز الفعال للحلول الودية – ومن أحدث الأمثلة على ذلك اتفاق ترخيص البراءات الذي أبرمته شركتا نوكيا وأبل في النصف الأول من عام 2017، مما أنهى جميع القضايا المتعلقة بالملكية الفكرية بين الشركتين وأسفر عن أشكال أخرى من التعاون.

البراءات المعيارية الأساسية

إن تحديد البراءات المعيارية الأساسية المتعلقة بالهواتف الذكية أبسط من تحديد جميع البراءات المتعلقة بالهواتف الذكية. وقد استُخدمت في ذلك قاعدة بيانات IPlytics، مما يجمع بين مجموعات التصنيف الدولي للبراءات/ التصنيف التعاوني للبراءات والتوافقات الصناعية التي تركز على البراءات المعيارية الأساسية في مجال تكنولوجيا المعلومات والاتصالات.

ويوجد جزء كبير نسبياً من عملية منح براءات الهواتف الذكية يتعلق بالبراءات المعيارية الأساسية في مجال تكنولوجيات الاتصال (انظر الشكل 1.4).[45] وهذه المعايير التي تتيحها الملكية الفكرية توسع أسواق الترخيص المحتملة، مما يشجع على الاستثمار في البحث والتطوير.[46]

وبمرور الوقت، ومع تطور تكنولوجيات خلوية أسرع وأكثر تعقيداً، زادت البراءات المعيارية الأساسية المرتبطة بهذه التكنولوجيات.

وكما هو مُوضَّح في الشكل 8.4، يرتبط معيار الجيل الرابع الخلوي للتطور الطويل الأمد (LTE) بالبراءات المعيارية الأساسية المعلنة أكثر بمقدار أربعة أضعاف تقريباً من ارتباط معيار الجيل الثاني السابق الأقل تعقيداً للنظام الشامل للاتصالات المتنقلة (GSM) بها، وأكثر بمقدار الضعف تقريباً من ارتباط نظام الجيل الثالث العالمي للاتصالات السلكية واللاسلكية المتنقلة (UMTS) بهذه البراءات المعيارية الأساسية.

الشكل 8.4

تزداد البراءات المعيارية الأساسية للهواتف الذكية في تكنولوجيات الجيل الرابع للاتصالات المتنقلة

البراءات المعيارية الأساسية لتكنولوجيات الجيل الثاني والثالث والرابع للاتصالات المتنقلة بحسب عدد مجموعات البراءات الفريدة

ملاحظة: أسرة البراءات هي مجموعة من طلبات البراءات المترابطة المودعة في بلد واحد أو أكثر أو في ولاية قضائية واحدة أو أكثر لحماية الاختراع نفسه. انظر مسرد المصطلحات الوارد في "الويبو (2016)".

المصدر: الويبو استناداً إلى قاعدة بيانات IPlytics، التي تم تنزيلها في يونيو 2017.

ويوضح الشكل 9.4 توزيع النظام الشامل للاتصالات المتنقلة (GSM) (الأعلى) ومعيار التطور الطويل الأمد (LTE) الأحدث للجيل الرابع (الأسفل). وبمرور الوقت، انخفضت حصة شركات الاتصالات الأوروبية والأمريكية من البراءات المعيارية الأساسية، بينما زادت حصة وافدين جدد في الولايات المتحدة الأمريكية (معظمهم شركات إنترنت مثل غوغل) وشركات هواتف ذكية جديدة في جمهورية كوريا (سامسونج) والصين ("زد تي إي" و"هواوي") – ويرجع ذلك جزئياً إلى الاستفادة من الترخيص المتبادل، وتقليل المدفوعات، وتفادي التقاضي. وبالإضافة إلى تسليط الضوء على أن الجهات الفاعلة الآسيوية قد أصبحت نشطة جداً في المساهمة في تطوير المعايير، فإن هذه الأرقام تدل أيضاً على أن شركات مثل شركة أبل تساهم بدرجة أقل في تطوير هذه المعايير.

الشكل 9.4

تطالب جمهورية كوريا والصين والشركات القائمة على الإنترنت بحصة متزايدة في البراءات المعيارية الأساسية

حصص الشركات المقدمة لطلبات البراءات المعيارية الأساسية لمعيار النظام الشامل للاتصالات المتنقلة (GSM) على مستوى العالم على أساس عدد مجموعات البراءات

- 33.16% نوكيا كوربوريشن
- 11.20% إريكسون
- 9.53% شركة نوكيا سيمنس نيتوركس
- 9.45% كوالكوم إنكوربوريتد
- 5.56% شركة هواوي تكنولوجيز المحدودة
- 5.03% سيمنز أكتينجيسلزشافت
- 5.03% مايكروسوفت كوربوريشن
- 3.73% موتورولا موبيليتي
- 3.73% شركة إنّ تي تي دوكومو
- 3.28% شركة إنترديجيتال
- 3.05% باناسونيك كوربوريشن
- 2.52% بلاك بيري المحدودة
- 2.21% إنّ إي سي كوربوريشن
- 2.06% كور وايرليس
- 1.75% كيوسيرا كوربوريشن
- 1.52% شركة أبل
- 1.37% ألكاتل-لوسنت
- 1.14% سوني كوربوريشن
- 1.14% شارب كوربوريشن
- 0.91% إل جي إلكترونيكس
- 0.91% إنتل كوربوريشن
- 0.91% روكستار كونسورتيوم
- 0.61% شركة سامسونج للإلكترونيات المحدودة
- 0.53% كونينكليك فيليبس
- 0.46% إنفينيون تكنولوجيز
- 0.50% مؤسسات أخرى

أحدث حصص للشركات المُتنازل لها على مستوى العالم في البراءات المعيارية الأساسية لمعيار التطور الطويل الأمد (LTE) على أساس عدد مجموعات البراءات

- 13.49% شركة سامسونج للإلكترونيات المحدودة
- 9.88% شركة هواوي تكنولوجيز المحدودة
- 9.41% كوالكوم إنكوربوريتد
- 8.74% نوكيا كوربوريشن
- 6.58% إريكسون
- 6.13% إلّ جي إلكترونيكس
- 4.79% غوغل
- 4.52% شركة إنترديجيتال
- 4.28% شركة إنّ تي تي دوكومو
- 2.14% شارب كوربوريشن
- 2.08% باناسونيك كوربوريشن
- 2.05% بلاك بيري المحدودة
- 1.74% شركة أبل
- 1.61% معهد علوم وتكنولوجيا الاتصالات
- 1.56% إنّ إي سي كوربوريشن
- 1.47% أكاديمية الصين لتكنولوجيا الاتصالات
- 1.40% شركة زد تي إي
- 1.26% شركة تكساس إنسترومنتس
- 1.20% سيمنز أكتينجيسلزشافت
- 1.20% معهد بحوث الإلكترونيات والاتصالات
- 1.12% سوني كوربوريشن
- 1.12% ألكاتل-لوسنت
- 0.91% شركة نوكيا سيمنس نيتوركس
- 0.88% كيوسيرا كوربوريشن
- 0.70% مايكروسوفت كوربوريشن
- 8.15% مؤسسات أخرى

المصدر: الويبو استناداً إلى قاعدة بيانات IPlytics.

ملاحظة: تتجاوز إعلانات البراءات المعيارية الأساسية عدد البراءات التي تكون في الواقع معيارية أساسية. انظر أودنرود وآخرون (2017) للاطلاع على التفاصيل.

وبعض هذه البراءات المعيارية الأساسية نشأ داخلياً، بينما حُصِل على البعض الآخر كجزء من محافظ براءات، على سبيل المثال، اشترت شركة أبل ومايكروسوفت وغيرهما محفظة براءات شركة نورتل، واشترت شركة غوغل محفظة شركة موتورولا، واشترت شركة لينوفو محفظة براءات معيارية أساسية من شركة أنوايرد بلانيت، وكانت تلك الشركة قد استحوذت عليها في الأصل شركة إيريكسون. كما حصلت شركة لينوفو لاحقاً على أجزاء من محفظة موتورولا من شركة غوغل.[47] وعلاوة على ذلك، تزيد كيانات إعمال البراءات مثل شركة "إنتلّكتشوال فينتشرز" وشركة "روكستار" من حصتها في الملكية.[48]

ورغم أن حصة البراءات المعيارية الأساسية التي رُفعت بشأنها دعوى قضائية في مجموع البراءات المعيارية الأساسية المعلنة ظلت تتزايد بمرور الوقت حتى عام 2015، يبدو أن الملكية الأوسع نطاقاً لمحافظ البراءات قد شجعت على صفقات الترخيص المتبادل ومجمعات البراءات، مما يحتمل أن يقلل من التقاضي في السنوات القادمة. وقد لوحظ حدوث انخفاض في الدعاوى القضائية ذات الصلة منذ عام 2012.[49]

واستشرافاً للمستقبل، تسعى الشركات في الوقت الحالي إلى الحصول على حصة في تكنولوجيا الجيل الخامس للاتصالات المتنقلة، في ظل وجود دور رائد لشركة هواوي وسامسونج وشركات يابانية مختارة، ولكن أيضاً لشركات أوروبية وأمريكية مثل نوكيا وكوالكوم وإريكسون وأورانج. كما تطالب شركات إنترنت أخرى بحصتها؛ فعلى سبيل المثال، أجرت غوغل عمليات استحواذ ذات صلة.[50]

ولأغراض هذه الدراسة، توجد حاجة إلى تقديرات معقولة لقيمة مدفوعات التراخيص ذات الصلة بالبراءات المعيارية الأساسية من أجل تقريب إجمالي عائدات الأصول غير الملموسة على نحو أفضل.

ولسوء الحظ، لا يذكر معظم الموردين بيانات الترخيص في تقاريرهم، وحتى إذا ذكروها، فمن الصعب تحديد الدخل الناتج في الواقع عن البراءات المعيارية الأساسية للهواتف الذكية. ولحسن الحظ، يوجد عدد من التقارير في هذا المجال، ويشير بعضها – غالباً من معسكر المرخص لهم – إلى أن ما يسمى "تكدسات الإتاوات" مفرطة في حين أن البعض الآخر – غالباً من المرخصين – يرون أنها معقولة.[51] واستناداً إلى هذه الدراسات، يُفترض هنا أن تكاليف ترخيص البراءات المعيارية الأساسية تتراوح من 3 إلى 5 في المائة من سعر بيع الهاتف بالتجزئة (انظر الإطار 1.4 والجدول 8.4).[52]

وتكون الإيرادات ذات الصلة كبيرة على مستوى فرادى الشركات. فتوضح التقارير السنوية أن شركة نوكيا، على سبيل المثال، حققت نحو مليار دولار أمريكي من إيرادات الترخيص في عام 2016 (وتوقعت 800 مليون يورو في عام 2017)، في حين أن شركة إريكسون حققت نحو 1.2 مليار دولار في عام 2016.[53] وجاء ثلثا إيرادات شركة كوالكوم في عام 2016 من مبيعات الرقائق الإلكترونية (15.4 مليار دولار أمريكي)، والثلث الباقي من ترخيص تكنولوجيتها (7.6 مليار دولار أمريكي).

الجدول 7.4

إيرادات رسوم ترخيص البراءات المعيارية الأساسية للاتصالات المتنقلة وعائدات إتاواتها في السوق العالمية لأجهزة الهواتف، 2014

	الإيرادات (مليار دولار)	العائد*
كبار مالكي البراءات المعيارية الأساسية مع وجود برامج ترخيص: ألكاتل-لوسنت، إريكسون، نوكيا، إنترديجيتال، كوالكوم	10.6	2.6
مجمعات البراءات: Via، SIPRO (WCDMA)، Licensing، وSisvel (التطور الطويل الأمد (LTE))	4 >	1>
آخرون: بما في ذلك أبل، هواوي، آر إي إم، سامسونج، إل جي	6 >	1.5>
الحد الأقصى التراكمي: رسوم البراءات المعيارية الأساسية للاتصالات المتنقلة وعائداتها	20 ~	5~

ملاحظة: العائدات هي مجموع إيرادات رسوم الترخيص بما في ذلك المبالغ الإجمالية والإتاوات الجارية كنسبة من 410 مليارات دولار أمريكي في إجمالي العائدات العالمية لأجهزة الهواتف.

المصدر: ديدريك وكريمر (2017) استناداً إلى مالينسون (2014) وجاليتوفيتش وآخرون (2016).

والنسب المئوية المستخدمة هنا – والمستخدمة أيضاً في تحصيل القيمة في القسم 4-2 – هي تقديرات تحفظية. وعلاوة على ذلك، فإنها تستبعد إيرادات الملكية الفكرية المتولدة عن طريق تكنولوجيات مشمولة ببراءات تنفيذ.

براءات التنفيذ

تنطوي براءات التنفيذ على تكنولوجيات يمكن أن تُميّز منتجات معينة لفرادى المُصنِّعين. وتحصل الشركات الرائدة ومُورِّدو المكونات كلاهما على براءات وتراخيص لهذه التكنولوجيا. فالشركات الرائدة، على سبيل المثال، قد تحصل على ترخيص لاستخدام معالج دقيق من شركات مثل شركة "ايه آر إم".[54] وبالنسبة إلى بعض الشركات، بما فيها شركة ميكروسوفت وشركة "ريسيرش إن موشن"، يُعدّ ترخيص براءاتها للغير جوهر عملياتها، في حين أن هناك شركات مثل شركة أبل لا ترخص براءاتها.

ويوضح الشكل 10.4 المجالات التكنولوجية التي يوجد فيها معظم براءات التنفيذ خارج نطاق البراءات المعيارية الأساسية التي نُوقشت آنفاً.[55] ومن حيث المجالات التكنولوجية، فإن أهم هذه البراءات توجد في مجالات عرض الصور والشاشة (ومؤخراً، شاشات الصمام الثنائي العضوي الباعث للضوء)، والبطارية، والهوائي وغيرها من التكنولوجيات المتعلقة بالبرمجيات مثل رسم الخرائط، وإدارة التقويم، والتعرف على الصوت وغير ذلك من الميزات في مجال الذكاء الاصطناعي.[56]

الشكل 10.4
تعتمد الهواتف الذكية على عدد متزايد من المجالات التكنولوجية

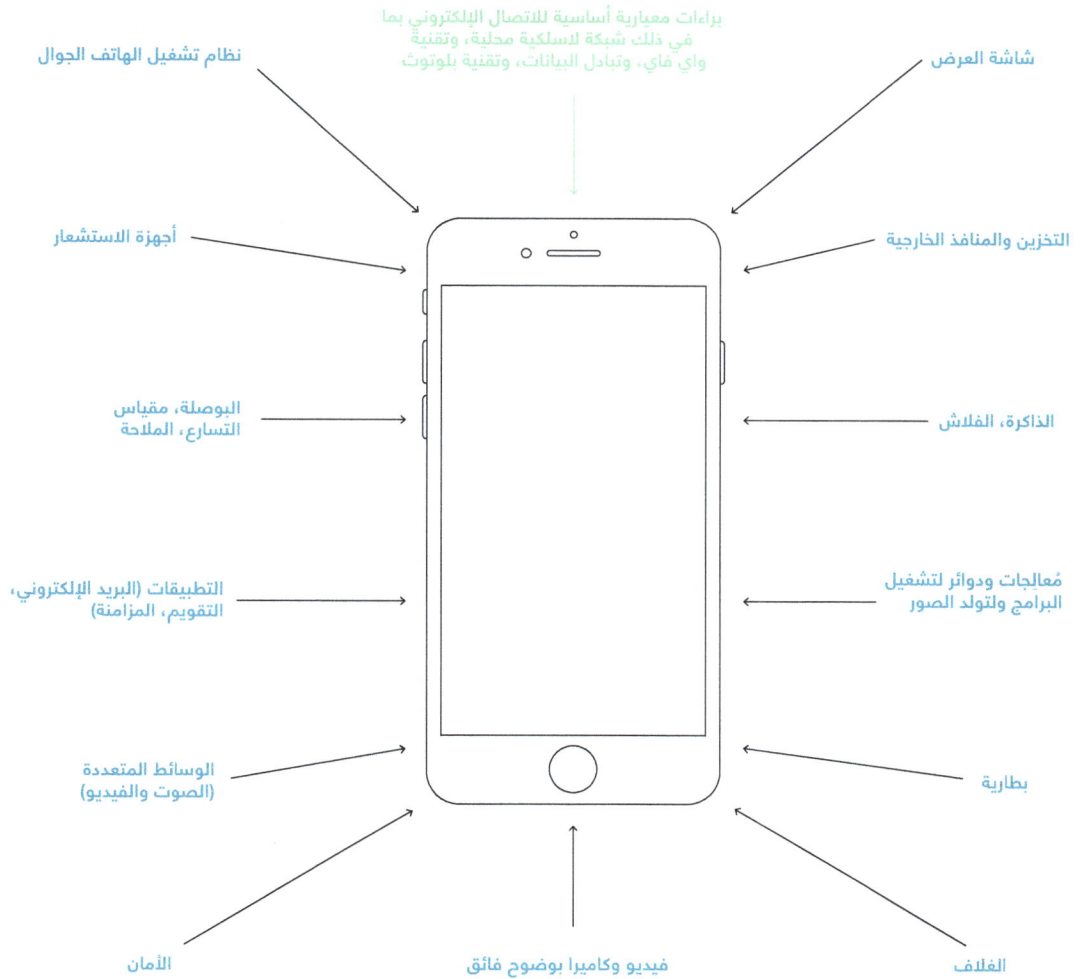

براءات معيارية أساسية للاتصال الإلكتروني بما في ذلك شبكة لاسلكية محلية، وتقنية واي فاي، وتبادل البيانات، وتقنية بلوتوث
نظام تشغيل الهاتف الجوال
شاشة العرض
أجهزة الاستشعار
التخزين والمنافذ الخارجية
البوصلة، مقياس التسارع، الملاحة
الذاكرة، الفلاش
التطبيقات (البريد الإلكتروني، التقويم، المزامنة)
مُعالِجات ودوائر لتشغيل البرامج ولتولد الصور
الوسائط المتعددة (الصوت والفيديو)
بطارية
الأمان
فيديو وكاميرا بوضوح فائق
الغلاف

وفيما يخص براءات الهواتف الذكية على مستوى العالم، تأتي في المقدمة شركة "سامسونج إلكترونيكس" و"إل جي إلكترونيكس" و"إنّ إي سي كوربوريشن" – وهي شركة يابانية لمنتجات وخدمات تكنولوجيا المعلومات – و"كوالكوم" في الفئة واسعة، وشركة "إل جي إلكترونيكس" و"سامسونج إلكترونيكس" و"ريسيرش إن موشن" و"نوكيا" في الفئة الضيقة. وبمرور الوقت، أصبحت شركتا "إنّ إي سي" و"موتورولا" من الشركات الأقل أهمية، في حين ظهرت على الساحة شركات أخرى مثل "أبل" و"مايكروسوفت" و"غوغل" (انظر الشكل 11.4). وكما هو متوقع – انظر أيضاً الجدول 8.4 – تعتبر حصة شركة "أبل" من إيداعات البراءات في الفئة الضيقة للهواتف الذكية أكبر مما لو أخذنا بعين الاعتبار مجالات واسعة من التكنولوجيات ذات الصلة التي تتفوق فيها شركات أخرى.

كانت براءات الهواتف الذكية المسجلة لدى مكتب الولايات المتحدة الأمريكية للبراءات والعلامات التجارية خلال الفترة من 2000 إلى 2015 تستأثر بها شركة سامسونج للإلكترونيات وشركة أبل عند تطبيق التعريف الضيق، وشركة آي بي إم وشركة سامسونج عند تطبيق التعريف الواسع (الجدول 8.4). وبفضل الموجة القوية الأخيرة من إيداعات البراءات، أصبحت شركة هواوي الآن من بين أكثر 40 مُودِع لبراءات الهواتف الذكية في مكتب الولايات المتحدة. ولكن، في الفئة الواسعة، تودع شركة هون هاي بريسيجن في هذا المكتب براءات أكثر من شركة هواوي، مما يتفق مع الاتجاه المشار إليه آنفاً في هذا الفصل. كما يضم الجدول 8.4 بعض الكيانات غير الممارسة مثل شركة "إلوها" (ELWHA)، وهي شركة قابضة تابعة لشركة "إنتلّكتشوال فينتشرز"، ويضم جامعات مثل جامعة كاليفورنيا.

الشكل 11.4

"سامسونج للإلكترونيات" و"إل جي إلكترونيكس" و"إنّ إي سي" و"كوالكوم" هي الشركات الرائدة عالمياً في البراءات المتعلقة بالهواتف الذكية (حسب التعريف الواسع)

الإيداعات العالمية الأولى للبراءات المتعلقة بالهواتف الذكية (حسب التعريفين الواسع والضيق)، 1999-1990 مقابل 2014-2005

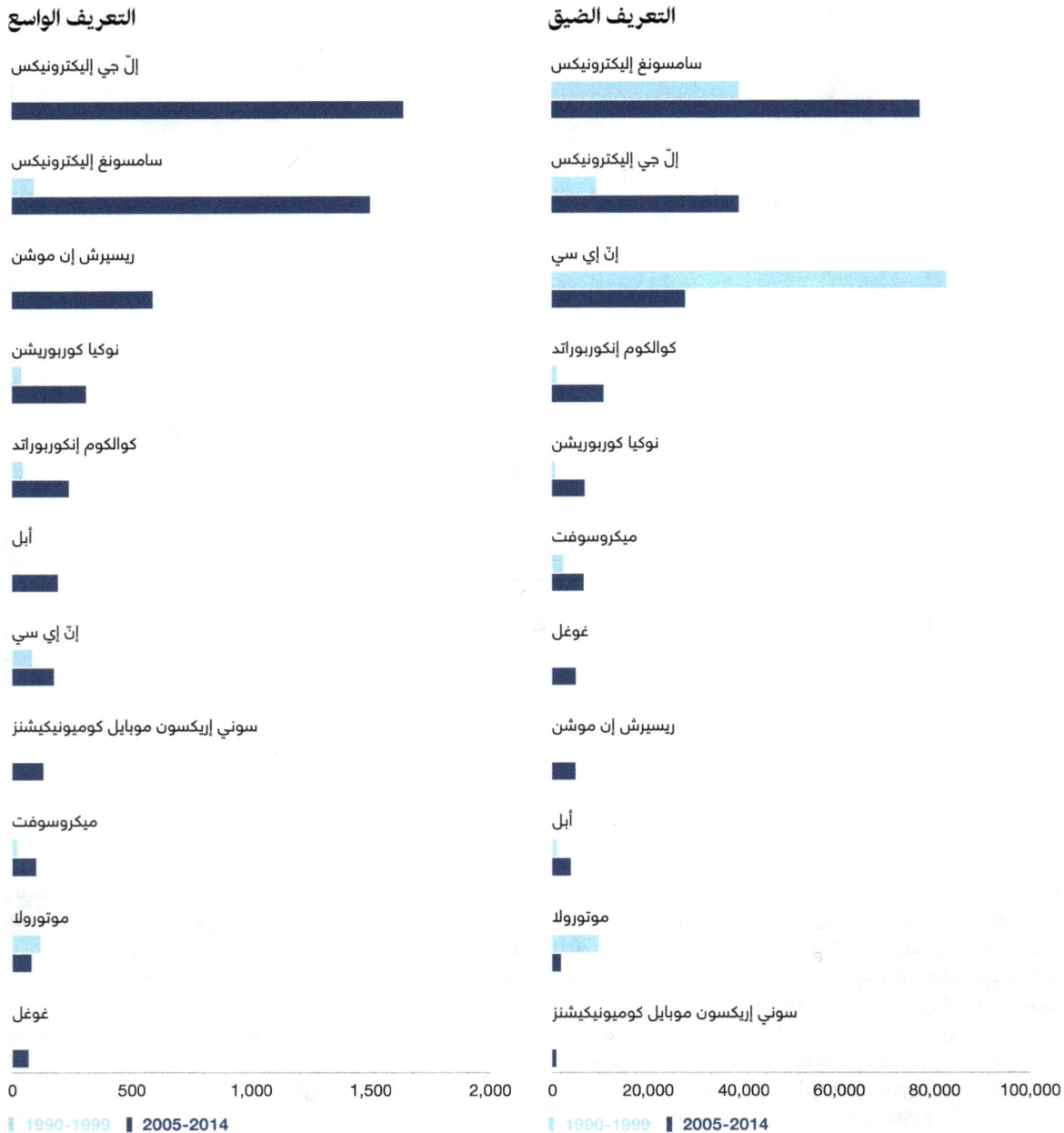

التعريف الواسع

إلّ جي إليكترونيكس

سامسونغ إليكترونيكس

ريسيرش إن موشن

نوكيا كوربوريشن

كوالكوم إنكوربوراتد

أبل

إنّ إي سي

سوني إريكسون موبايل كوميونيكيشنز

ميكروسوفت

موتورولا

غوغل

التعريف الضيق

سامسونغ إليكترونيكس

إلّ جي إليكترونيكس

إنّ إي سي

كوالكوم إنكوربوراتد

نوكيا كوربوريشن

ميكروسوفت

غوغل

ريسيرش إن موشن

أبل

موتورولا

سوني إريكسون موبايل كوميونيكيشنز

0   500   1,000   1,500   2,000

0   20,000   40,000   60,000   80,000   100,000

1990-1999   2005-2014

1990-1999   2005-2014

ملاحظة: للاطلاع على النهجين الضيق والواسع المتّبعين في تحديد براءات الهواتف الذكية، انظر الإطار 4-2.

المصدر: الويبو استناداً إلى قاعدة بيانات المكتب الأوروبي للبراءات (PATSTAT).

الجدول 8.4

البراءات المتعلقة بالهواتف الذكية في مكتب الولايات المتحدة للبراءات والعلامات التجارية (المكتب) تتصدرها شركتا "سامسونج" و"أبل" (حسب التعريف الضيق) وشركتا "آي بي إم" و"سامسونج" (حسب التعريف الواسع)

الإيداعات الأولى للبراءات المتعلقة بالهواتف الذكية (حسب التعريفين الضيق والواسع) في مكتب الولايات المتحدة للبراءات والعلامات التجارية (المكتب)، 2000-2015

التعريف الضيق

اسم الشركة	براءات المكتب	النسبة المئوية لبراءات الهواتف الذكية في المكتب
سامسونج للإلكترونيات	1,239	3.2
أبل	810	2.1
كوالكوم	522	1.4
إل جي إلكترونيكس	502	1.3
موتورولا	663	1.3
إنتيل	832	1.2
ديجي مارك	450	1.2
نوكيا	443	1.1
ميكروسوفت	556	1.1
سيلفربروك ريسيرش، أستراليا	393	1.0
سوني إريكسون موبايل	303	0.8
إنّ إي سي	293	0.8
غوغل	262	0.7
ريسيرش إن موشن	256	0.7
سوني	230	0.6
آي بي إم	201	0.5
باناسونيك	163	0.4
بلاكبيري	158	0.4
برودكوم	140	0.4
فيتبيت	140	0.4
فوجيتسو	137	0.4
بالم	134	0.3
هيدواتر بارتنرز، الولايات المتحدة	134	0.3
إيه تي أند تي	133	0.3
كيوسيرا	131	0.3
فلكسترونيكس	113	0.3
إنيرجوس	107	0.3
سايتركس سيستمز	103	0.3
نوكيا للهواتف الجوالة	100	0.3
فلير سيستمز	90	0.2
إريكسون	85	0.2
هوندا موتور	84	0.2
إيه تي أند تي موبيليتي	83	0.2
تينسنت تكنولوجي	82	0.2
نانت هولدينجس آي بي	72	0.2
هوليت-باكارد	68	0.2
هواوي	65	0.2
شارب	63	0.2
شركة إلوها المحدودة	63	0.2
إنّ تي تي دوكومو	62	0.2

التعريف الواسع

اسم الشركة	براءات المكتب	النسبة المئوية لبراءات الهواتف الذكية في المكتب
آي بي إم	57,414	1.8
سامسونج للإلكترونيات	41,421	1.3
كوالكوم	29,572	0.9
إنتيل	26,150	0.8
ميكروسوفت	22,844	0.7
كانون	18,983	0.6
فوجيتسو	18,038	0.6
سوني	18,036	0.6
باناسونيك	17,515	0.5
هوليت-باكارد	16,881	0.5
هوندا موتور	14,859	0.5
هيتاشي	11,985	0.4
غوغل	11,243	0.3
فيليبس إلكترونيكس	10,818	0.3
سيكو إبسون	10,645	0.3
أبل	10,598	0.3
موتورولا	10,489	0.3
إل جي إلكترونيكس	10,369	0.3
تكساس إنسترومنتس	10,213	0.3
شركة تايوان المحدودة لأشباه الموصلات	9,399	0.3
إنّ إي سي	9,093	0.3
إنفينيون تكنولوجيز	8,221	0.3
سيسكو تك	8,033	0.2
جنرال إلكتريك	7,764	0.2
هون هاي بريسيجن	7,613	0.2
ثري إم	7,391	0.2
هانيويل	7,284	0.2
سامسونج ديسبلاي	7,212	0.2
ميتسوبيشي إلكتريك	6,956	0.2
توشيبا	6,693	0.2
نوكيا	6,567	0.2
شارب	6,526	0.2
إريكسون	6,469	0.2
برودكوم	6,254	0.2
أدفانسد مايكرو ديفايسز	6,027	0.2
سيمنز	5,892	0.2
هواوي	5,845	0.2
سيميكوندكتور إنيرجي لاب	5,810	0.2
جامعة كاليفورنيا	5,477	0.2
صن ميكروسيستمز	5,341	0.2

ملاحظة: للاطلاع على النهجين الضيق والواسع المتّبعين في تحديد براءات الهواتف الذكية، انظر الإطار 4-2.

المصدر: الويبو استناداً إلى قاعدة بيانات مكتب الولايات المتحدة للبراءات والعلامات التجارية.

وتعد البراءات والحقوق الأخرى المتعلقة بالبرمجيات والتطبيقات أصولاً غير ملموسة مهمةً، وربما يتوقف عليها جزء كبير من تحصيل القيمة في المستقبل. فشركة أبل، من خلال استخدام نظام تشغيل هواتف جوالة خاص بها، تحقق سيطرة أكبر على سوق المحتوى والخدمات في مرحلة ما بعد الإنتاج، مثلما يحدث على أبل ستور، إذ عادةً ما تحصل أبل من مطوري التطبيقات على 30 في المائة من قيمة المشتريات التي تُجرى داخل التطبيقات، وانخفضت هذه النسبة فيما بعد إلى 15 في المائة بشروط خاصة.[57] ووفقاً للمعلومات الواردة في الدعاوى القضائية المتعلقة بالملكية الفكرية والتقارير الصحفية غير المؤكدة، دفعت شركات مثل غوغل إلى شركة أبل مليار دولار أمريكي في عام 2013 وربما ثلاثة أضعاف هذا المبلغ في عام 2017 لتكون تلك الشركات هي محرك البحث الافتراضي في متصفح سفاري في الهواتف الجوالة، وهو متصفح الويب المثبت مسبقاً على أجهزة آيفون وغيرها من الأجهزة التي تعمل بنظام آي أو إس (iOS).[58]

أما نظام أندرويد فإنه يحقق أرباحه بطريقة مختلفة، وليس من خلال تقاضي رسوم مباشرة نظير الاستخدام. فإذا كان مُصنعو الهواتف يريدون تشغيل أندرويد على هواتفهم، فلا بد لهم من تثبيت منظومة غوغل (محرك البحث، ومتجر غوغل بلاي، وخرائط غوغل) على هواتفهم. وتجني غوغل أرباحاً من نظام أندرويد بطريقتين: تحصل على نسبة من مبيعات التطبيقات والوسائط على متجر غوغل بلاي، وتعرض إعلانات مصورة لمستخدمي أندرويد. وتستثني شركة غوغل صانعي الهواتف من أي عائد من متجر غوغل بلاي، مما يقلل من قدرتهم على تحقيق عائدات من أسواق المحتوى والخدمات في مرحلة ما بعد الإنتاج.

كما قررت الشركات التي تستخدم نظام أندرويد، مثل سامسونج، أن تدفع إتاوات براءات كبيرة إلى مايكروسوفت لتسوية الدعاوى القضائية التي أقامتها شركة مايكروسوفت بحجة أن نظام أندرويد المملوك لشركة غوغل ينتهك براءات مايكروسوفت. فدفعت شركة سامسونج إتاوة تزيد على مليار دولار أمريكي إلى شركة مايكروسوفت في عام 2013، وفقاً لملفات قضائية ومقالات إخبارية.[59]

2.3.4 - تصميم الهواتف الذكية أمر بالغ الأهمية للمستهلكين

تشير المؤلفات، واستقصاءات المستهلكين، وقرارات المحاكم إلى أن تصميم الهواتف الذكية – سواء التصميم المادي أو المتعلق بالبرمجيات – أحد أهم العوامل التي تؤثر في قرارات الشراء التي يتخذها المستهلكون، وفي قبول التكنولوجيا، والولاء للاسم التجاري فيما بعد.[60] وينطبق ذلك بصفة خاصة عندما تكون الميزات التقنية واحدة في جميع الهواتف.

ولذلك فإن الشركات الثلاث الرائدة في مجال تصنيع أجهزة الهواتف تنفق مبالغ طائلة على التصميمات الجديدة والشراكات ذات الصلة، وعلى توظيف عدد كبير من المصممين.

وتكون التصاميم الصناعية في الغالب مملوكةً للشركات الرائدة الكبيرة وليس لمُورِّدي المكونات والكيانات الأصغر حجماً.[61] وتشير إحدى الدراسات الاقتصادية القياسية إلى أن إيداع التصاميم الصناعية – التي يُشار إليها في الولايات المتحدة الأمريكية باسم براءات التصاميم – في حالة شركة أبل يكون في الواقع أهم من البراءات في تطور قيمة الشركة في سوق الأوراق المالية.[62] وفي قضية أبل وسامسونج المعروفة، كان التعدي على تصميم صناعي ونَسْخُ شكل هواتف أبل الذكية – بما في ذلك عناصر واجهات المستخدم المصورة، وخاصة الأيقونات – موضوع نزاع قانوني في محاكم الولايات المتحدة وغيرها من المحاكم.[63] ومنذ صدور قرار هيئة المحلفين في قضية أبل وسامسونج في عام 2012 في الولايات المتحدة، تزداد أيضاً إيداعات التصاميم الصناعية لدى مكتب الولايات المتحدة للبراءات والعلامات التجارية، وربما يرجع ذلك جزئياً إلى التعويضات الكبيرة التي مُنحت إلى شركة أبل في البداية (انظر أيضاً الشكل 12.4).[64] وحتى كتابة هذه السطور، لم تكن هذه القضية قد أُغلقت تماماً في الولايات المتحدة، فقد نقضت المحكمة العليا قرار المحكمة الابتدائية في ديسمبر 2016. وعلاوة على ذلك، لا تزال الدعوى القضائية ذات الصلة معلقة أو أسفرت عن نتائج مختلفة في ولايات قضائية أخرى. ويوضح كل ذلك الغموض القانوني الملازم لإنفاذ التصاميم الصناعية. إلا أن القضايا المعروضة على المحاكم وما ينتج عنها من أنشطة إيداع التصاميم تعبر عن حركة أوسع نحو استخدام التصاميم الصناعية كأداة للاستحواذ على ريع الابتكار إلى جانب أشكال الملكية الفكرية الأخرى.

وبنظرة على أبرز مُودِعي التصاميم الصناعية يتضح أن "سامسونج" و"سوني" و"مايكروسوفت" و"إل جي" و"هون هاي بريسيجن (فوكسكون)" و"أبل" كانت من بين كبار مالكي براءات التصاميم في مكتب الولايات المتحدة للبراءات والعلامات التجارية في عام 2015.[65] وتحديد التصاميم الصناعية التي تتعلق بالهواتف الذكية المُحدَّدة المذكورة في القسم 4-2، أو بالهواتف الذكية على وجه العموم، أمرٌ مُعقَّد بسبب عوامل شتّى.[66] أولاً، لا يوجد تصنيف مُحدَّد للهواتف الذكية في التصنيف الدولي للتصاميم الصناعية بموجب اتفاق لوكارنو، أو في نظام الولايات المتحدة لتصنيف البراءات. والتصاميم الصناعية للهواتف الذكية لا تخص الجهاز نفسه فحسب، بل تتعلق أيضاً بواجهات المستخدم المصورة، والأيقونات، وشاشات العرض، وهلم جرا. وعلاوة على ذلك، تُستخدم بعض واجهات المستخدم المصورة والأيقونات عبر مجموعات مختلفة من المنتجات. على سبيل المثال، من المرجح أن يُستخدم تصميم صناعي لرمز أو واجهة استخدام مصورة لشركة أبل في جميع منتجات عائلة أبل (آيفون، آيباد، آيبود، وما إلى ذلك)، ومن ثمَّ لا يكون على وجه الحصر تصميماً لهاتف ذكي. وقد تُستخدم بعض واجهات المستخدم المصورة الخاصة بشركة سامسونج في غسالات أو ثلاجات أو كاميرات تصوير فوتوغرافي أو كاميرات فيديو.

ويعرض الشكلان 11.4 و12.4 التصاميم الصناعية التي تحميها شركة "أبل" و"سامسونج للإلكترونيات" و"هواوي" باستخدام بيانات من مكتب الولايات المتحدة للبراءات والعلامات التجارية ومكتب الاتحاد الأوروبي للملكية الفكرية. وفي حالة مكتب الولايات المتحدة، استُخدمت الفئة دال14 من تصنيف الولايات المتحدة للبراءات ("معدات التسجيل أو الاتصال أو استرجاع المعلومات") كنقطة انطلاق لإجراء مزيد من التصفية باستخدام عناوين البراءات. واستُخدم النهج نفسه في حالة مكتب الاتحاد الأوروبي، مع الاختلاف المتمثل في أن مجموعة البيانات الأولية شملت جميع طلبات الفئتين 14-03 (معدات الاتصالات، وأجهزة التحكم عن بعد اللاسلكية، ومكبرات المذياع) و14-04 (شاشات العرض، والأيقونات) لتصنيف لوكارنو الدولي للتصاميم الصناعية.

إن محافظ تصاميم شركة أبل وسامسونج في مكتب الولايات المتحدة للبراءات والعلامات التجارية ومكتب الاتحاد الأوروبي للملكية الفكرية كبيرة ومتنامية، وشهدت زيادة كبيرة للغاية في عامي 2012 أو 2013 (انظر الشكل 12.4). وربما يكون نجاح شركة أبل الأوليّ في إنفاذ تصميم واجهة مستخدم مصورة ضد شركة سامسونج في المحاكم الأمريكية قد ساهم في هذه الزيادة التي حدثت في إيداع واجهات المستخدم المصورة، كما ذُكر أعلاه. فعدد التسجيلات التي قامت بها شركة سامسونج للإلكترونيات تفوق بكثير تسجيلات شركة أبل، ولكن هذا على الأرجح يعبر أيضاً عن مسائل القياس المحتملة لأن شركة سامسونج عبارة عن تكتل من شركات إلكترونيات أكثر تنوعاً من أبل. ومع أن شركة هواوي بدأت تسجيل تصاميم صناعية في السنوات الأخيرة، فإن أبل وسامسونج لا يزالان يمتلكان محافظ تصاميم أكثر اتساعاً إلى حد بعيد.

كما أن محافظ التصاميم التي تحميها الشركات الثلاث متباينة. وكانت نسبة كبيرة من تصاميم هواوي المحمية لدى مكتب الولايات المتحدة (41.9 في المائة، أو 18) في الفترة 2007-2015 تصاميم للهواتف نفسها. وعلى العكس من ذلك، كانت معظم تصاميم شركة أبل في الفترة نفسها تصاميم لواجهات المستخدم المصورة (75.2 في المائة). وكانت معظم تصاميم سامسونج للإلكترونيات أيضاً تصاميم لواجهات المستخدم المصورة (43.7 في المائة من المجموع)، ولكن تلتها حسب العدد المطلق للتسجيلات تصاميم للهواتف نفسها (30.9 في المائة). وكانت معظم تسجيلات شركة أبل للتصاميم لدى مكتب الاتحاد الأوروبي بشأن واجهات المستخدم المصورة (70.1 في المائة من المجموع)، بينما كانت جميع تصاميم شركة هواوي بشأن الهواتف. وحدث ارتفاع كبير في تسجيلات التصاميم في عامي 2012-2013، في أعقاب النزاع القانوني بين شركتي أبل وسامسونج. وتمثل التصاميم الصناعية في هذين العامين دون غيرهما 42.4 في المائة من جميع تصاميم شركة أبل التي سُجِّلت لدى مكتب الولايات المتحدة في الفترة 2007-2015، و22.2 في المائة من تصاميمها التي سُجِّلت في مكتب الاتحاد الأوروبي. أما شركة سامسونج، فإن تصاميمها في هذين العامين دون غيرهما تمثل 44.1 في المائة من إجمالي ما سجلته من تصاميم في الفترة 2007-2015 لدى مكتب الولايات المتحدة و44.3 في المائة من إجمالي ما سجلته في مكتب الاتحاد الأوروبي.

الشكل 12.4

زادت التصاميم الصناعية التي سجلتها شركات الهواتف الذكية في عامي 2012 و2013

عدد التصاميم الصناعية المسجلة لدى مكتب الولايات المتحدة (على اليسار) ومكتب الاتحاد الأوروبي (على اليمين)، 2009-2014

200
0

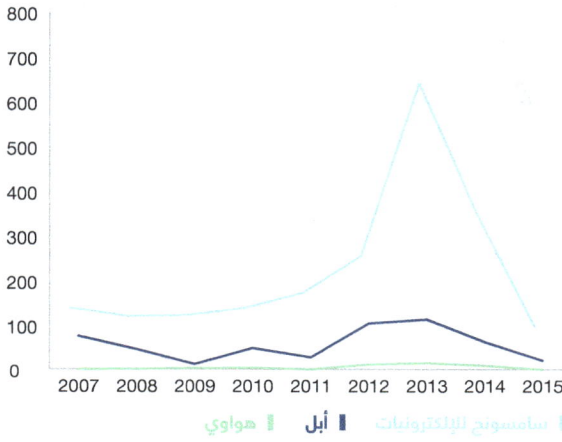

عدد التصاميم الصناعية المسجلة لدى مكتب الولايات المتحدة (على اليسار) ومكتب الاتحاد الأوروبي (على اليمين)، 2009-2014

200
0

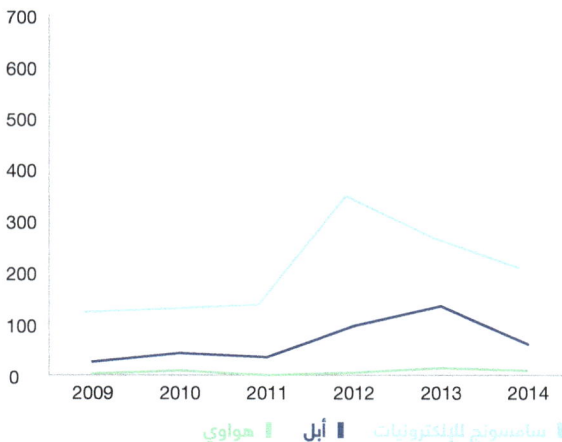

ملاحظات: تتوافق البيانات مع التصاميم الصناعية المسجلة والمنشورة. وتوضح بيانات مكتب الاتحاد الأوروبي للملكية الفكرية إجمالي عدد التصاميم الفردية المنشورة والمسجلة في جميع الطلبات المودعة. ولا يُعرض إلا بيانات شركة سامسونج للإلكترونيات. ولكن من الشائع أن التصاميم يمكن إيداعها من خلال شركات تابعة. فعلى سبيل المثال، سجّلت شركة سامسونج ديسبلاي المحدودة، وهي شركة تابعة لشركة سامسونج، 22 تصميما صناعيا في مكتب الاتحاد الأوروبي للملكية الفكرية في الفترة 2013-2015.

المصادر: الويبو استناداً إلى قاعدة بيانات مكتب الولايات المتحدة للبراءات والعلامات التجارية وقاعدة بيانات الاتحاد الأوروبي للملكية الفكرية.

وبمرور الوقت، تغيرت أيضًا محافظ تصاميم الشركات الثلاث. وكانت شركة أبل أول المتغيرين في هذه الصناعة، إذ أودعت ما مجموعه 370 تصميماً في مكتب الاتحاد الأوروبي للملكية الفكرية في عامي 2007 و2008 – 35.7 في المائة من مجموع تصاميمها في الفترة 2007-2015 – بالتزامن مع إطلاق أول آيفون. ولم يكن أي من هذه التسجيلات يتعلق بتصميم الهاتف الذكي نفسه، وإنما بواجهات المستخدم المصورة (69.2 في المائة) والأيقونات (30.8 في المائة). وليس هذا بمستغرب؛ لأن معظم تصاميم شركة أبل لا تخص آيفون، ولكنها تُستخدَم في مختلف منتجات أبل. ومنذ ذلك الحين، يقل باستمرار عدد ما تسجله شركة أبل من تصاميم صناعية (أو براءات تصاميم، كما تُسمى في الولايات المتحدة) لدى مكتب الولايات المتحدة للبراءات والعلامات التجارية ومكتب الاتحاد الأوروبي للملكية الفكرية. ومن الصعب معرفة الأسباب الدقيقة لهذا التوجه، ولكن يتمثل أحد التفسيرات المحتملة في أن منظومة تصاميم شركة أبل وهويتها قد أُنشئت وأصبحت ناضجة نسبياً.

وفي المقابل، كانت محفظة سامسونج أكثر تقلباً. فقد زادت تسجيلاتها لتصاميم واجهات المستخدم المصورة والأيقونات مع مرور الوقت، ولكن انخفضت تصاميم الهواتف الذكية نفسها. وربما تكون سامسونج تتّبع استراتيجية أبل وتتكيف مع السوق، خاصة بعد عام 2012 والنزاع القانوني بشأن واجهة المستخدم المصورة.

وأخيراً، تُعدّ شركة هواوي طرفاً فاعلاً ناشئاً في هذه الصناعة، بعدد مطلق منخفض من تسجيلات التصاميم مقارنةً بشركتي أبل وسامسونج. وجميع تسجيلات شركة هواوي لدى مكتب الاتحاد الأوروبي تخص الهاتف الذكي نفسه، رغم أنها تملك تصاميم مشمولة ببراءة لواجهات استخدام مصورة لدى مكتب الولايات المتحدة.

ويبدو أن حماية تصاميم الهواتف الذكية وما يتصل بها من واجهات المستخدم المصورة والأيقونات تزداد أهمية يوماً بعد يوم. ففي كثير من الولايات القضائية، تُعدّ هذه الأنواع من التصاميم من أسرع أنواع التصاميم نمواً ومن أكثر أنواع التصاميم الصناعية التي يسعى كلٌ من المصممين المحليين والمقيمين في الخارج إلى حمايتها.[67] فكثيراً ما تؤثر واجهات المستخدم المصورة لا في المظهر فحسب، بل وفي القدرة الوظيفية أيضاً – غير المشمولة بحقوق التصميم الصناعي – وسهولة الاستخدام. وتوفر شتى حقوق الملكية الفكرية حماية مختلفة، ولها متطلبات أهلّية مختلفة، وربما توجد تباينات كبيرة في كلٍ من معايير الحماية والأهلية في الولايات القضائية المختلفة. وتُعدّ حماية البراءات والتصاميم وحق المؤلف أرجح الخيارات المتاحة للحماية القانونية.[68] وفي الولايات المتحدة الأمريكية، قد يكون من المناسب أيضاً استخدام شكل خاص من العلامة التجارية، وهو الشكل الخارجي للمنتج، الذي يشمل مظهر المنتج أو غلافه أو شكله أو ما إلى ذلك، لحماية التصميم المميز لأغلفة أجهزة آيفون التي تنتجها شركة أبل مثلاً.

ويُوضّح الشكل 13.4 إيداعات (أو تسجيلات) شركتي أبل وسامسونج فيما يتعلق بواجهات المستخدم المصورة والأيقونات. وقد زاد عدد التصاميم الصناعية لواجهات المستخدم المصورة التي أودعتها شركتا أبلٍ وسامسونج للإلكترونيات زيادةً كبيرةً منذ عام 2012 لدى كلٍ من مكتب الولايات المتحدة للبراءات والعلامات التجارية ومكتب الاتحاد الأوروبي للملكية الفكرية. ففي مكتب الاتحاد الأوروبي، أودعت شركة أبل 222 تصميماً بشأن واجهات المستخدم المصورة بين عامي 2009 و2014، في حين أودعت شركة سامسونج 379 تصميماً. وفي عام 2007، وهو العام نفسه الذي طُرح فيه أول آيفون، كان نصف (38) التصاميم الصناعية التي أودعتها شركة أبل لدى مكتب الولايات المتحدة تصاميم لواجهات المستخدم المصورة، وكان النصف الآخر تصاميم أيقونات. وفي عام 2008، كانت التصاميم الصناعية الخاصة بواجهات المستخدم المصورة تمثل 89 في المائة (41) من إيداعات أبل لدى مكتب الولايات المتحدة. وكان نحو 66 في المائة (189) من إيداعات أبل لدى مكتب الاتحاد الأوروبي في عام 2008 لواجهات المستخدم المصورة، وكانت 34 في المائة (98) منها تصاميم أيقونات. وقد زادت أيضاً تصاميم الأيقونات، لا سيما الخاصة بشركة سامسونج التي زاد عدد طلبات تصاميم الأيقونات الخاصة بها لدى مكتب الولايات المتحدة بأكثر من ثلاثة أضعاف بين عامي 2012 و2013. ومن اللافت للنظر أن شركة هواوي أودعت 17 تصميماً فقط لشاشات العرض ذات واجهات المستخدم المصورة بين عامي 2012 و2015 لدى مكتب الولايات المتحدة، ولم تُودِع حتى الآن أي تصاميم لواجهات المستخدم المصورة على الإطلاق لدى مكتب الاتحاد الأوروبي.

إلا أن مقارنة العدد المطلق للتصاميم الصناعية التي تودعها هذه الشركات أمر صعب. وذلك، أولاً، لأن المنهجية المستخدمة لتحديد التصاميم الصناعية للهواتف الذكية ليست دقيقة. وثانياً، شركة سامسونج للإلكترونيات عبارة عن مجموعة شركات ذات أنشطة مختلفة وتودِع تصاميمها من أجل طائفة متنوعة من منتجات الهواتف الذكية وغيرها من المنتجات الإلكترونية، في حين أن شركة أبل طرحت 15 طرازاً من أجهزة آيفون في السوق منذ عام 2007.[69] وأخيراً، تُستخدم تصاميم أبل الخاصة بواجهات المستخدم المصورة والأيقونات عبر جميع منتجات شركة أبل، وتُستخدم، في كثير من الأحيان، عبر إصدارات الآيفون، مما يمكن أن يؤدي إلى تقليل عدد الإيداعات المطلقة.

وأخيراً، ينشأ، في بعض الحالات، تداخل بين العلامة التجارية وحماية التصميم حينما تقرر الشركات في وقت لاحق اتخاذ التصميم علامةً تجاريةً، مع ادعاء تميزه. ويجوز الحصول على تصميم صناعي وعلامة تجارية يشملان الموضوع نفسه:[70] فالتصميم الصناعي يمنح فترة محدودة من الحماية للتصميم، في حين أن العلامة التجارية قد توفر، في الواقع، حماية دائمة للتصميم نفسه بوصفه علامة.

الشكل 13.4

واجهات المستخدم المصورة والأيقونات لها النصيب الأكبر في التصاميم الصناعية للهواتف الذكية

عدد التصاميم الصناعية المسجلة لدى مكتب الولايات المتحدة حسب الشركة والنوع

سامسونج للإلكترونيات	أبل
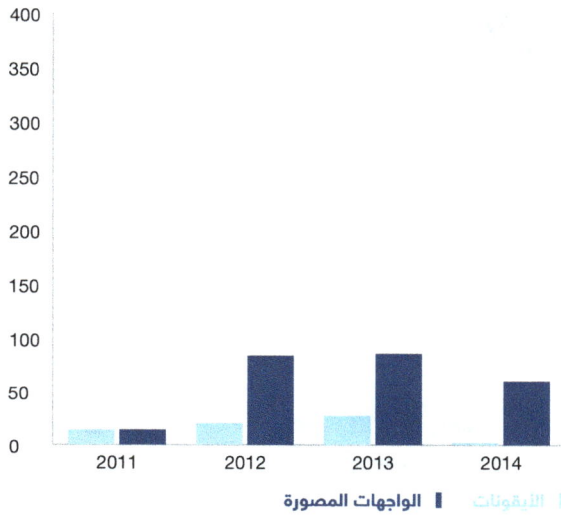	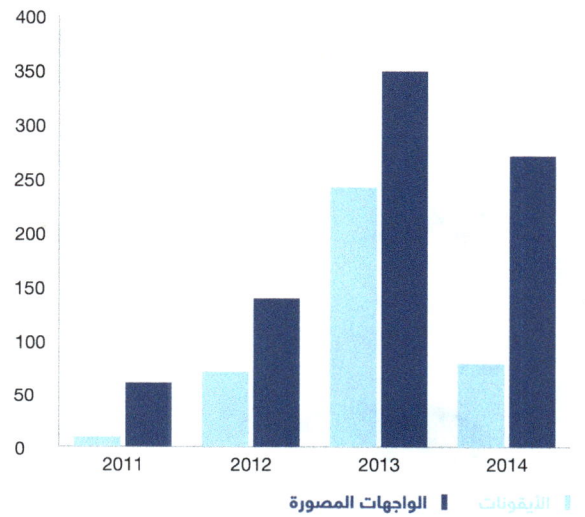

عدد التصاميم الصناعية المسجلة لدى المكتب الأوروبي حسب الشركة والنوع

سامسونج للإلكترونيات	أبل
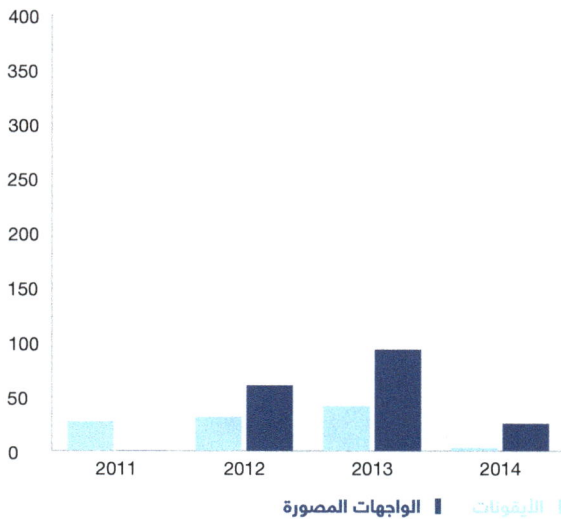	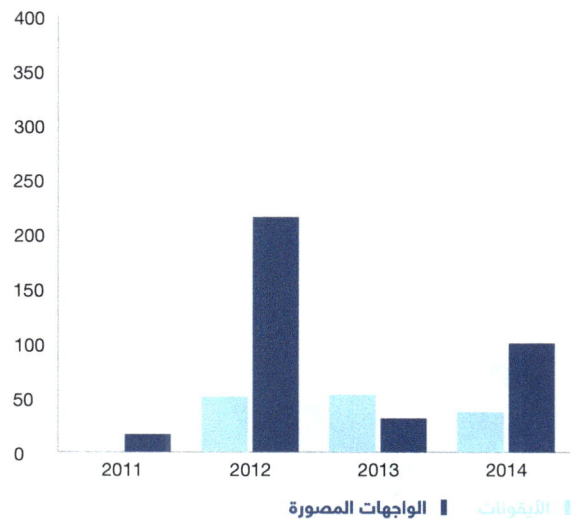

المصدر: الويبو استناداً إلى قواعد بيانات مكتب الولايات المتحدة للبراءات والعلامات التجارية والمكتب الأوروبي للبراءات؛ انظر الملاحظات التقنية.

الشكل 13.4 (تابع)

حصة التصاميم الصناعية ("براءات التصاميم") التي سجلتها شركات مختارة لدى مكتب الولايات المتحدة للبراءات والعلامات التجارية من أجل شتى عناصر الهواتف الذكية، 2015-2007

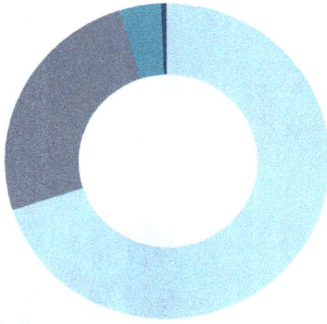

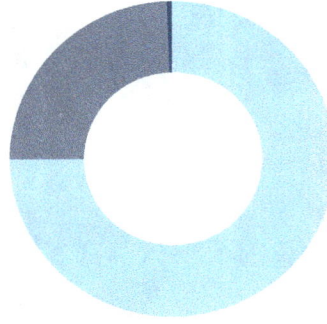

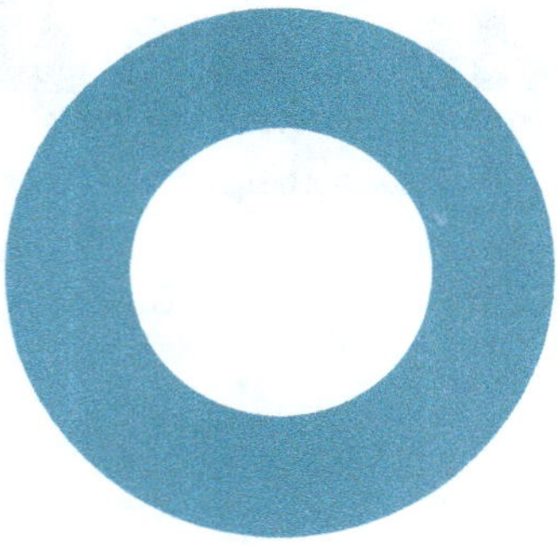

75.2%
الواجهات المصورة
24.4%
الأيقونات
0.4%
شاشات العرض وغيرها

أبل

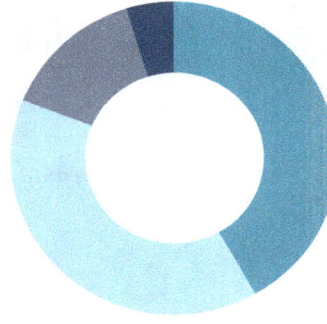

41.9%
الهواتف الذكية
39.5%
الواجهات المصورة
14.0%
الأيقونات
4.7%
شاشات العرض وغيرها

هواوي

43.7%
الواجهات المصورة
30.9%
الهواتف الذكية
20.9%
الأيقونات
4.5%
شاشات العرض وغيرها

سامسونج للإلكترونيات

حصة التصاميم الصناعية التي سجلتها شركات مختارة لدى مكتب الاتحاد الأوروبي للملكية الفكرية من أجل شتى عناصر الهواتف الذكية، 2015-2007

70.1%
الواجهات المصورة
25.5%
الأيقونات
4.0%
لهواتف الذكية
0.5%
شاشات العرض وغيرها

أبل

100%
الهواتف الذكية

هواوي

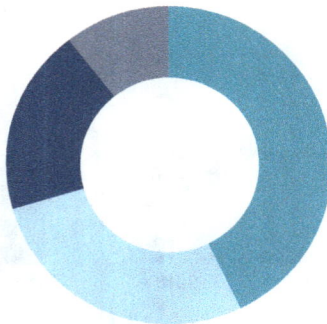

42.9%
الهواتف الذكية
27.8%
الواجهات المصورة
19.0%
شاشات العرض وغيرها
10.3%
الأيقونات

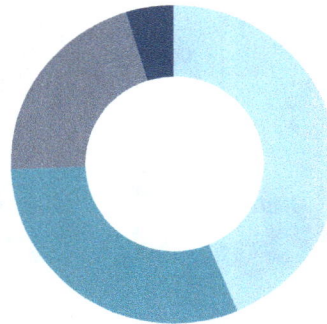

سامسونج للإلكترونيات

المصدر: الويبو، استناداً إلى قاعدة بيانات مكتب الولايات المتحدة للبراءات والعلامات التجارية وقاعدة بيانات مكتب الاتحاد الأوروبي للملكية الفكرية

3.3.4 - القيمة العالية للأسماء التجارية من وراء الهواتف الذكية الرائدة

أشار *التقرير العالمي للملكية الفكرية* لعام 2013 إلى أهمية أدوات التوسيم – والعلامات التجارية – بوصفها أصولاً غير ملموسة، ودافعاً للقدرة على المطالبة بأسعار أعلى، بما في ذلك في قطاع الهواتف الذكية.[71] وأوضح التقرير أيضاً أن أدوات التوسيم تؤدي دوراً مهماً في تفسير حصول الشركات الرائدة على غالبية الأرباح على طول الطريق.

وتنفق أبل وسامسونج، ومؤخراً هواوي، أموالاً طائلة على الدعاية (انظر الشكل 14.4). وتأكيداً للعلاقة المتبادلة بين التوسيم والابتكار، وضعت الشركات الثلاث التسويق على قدم المساواة مع البحث والتطوير من أجل استحداث منتجات مبتكرة. وزادت أبل من إنفاقها على التسويق فبلغ ما أنفقته 1.8 مليار دولار أمريكي في عام 2015 (أرقام عام 2016 غير متوفرة)، في حين أنفقت سامسونج 3.8 مليار دولار أمريكي في عام 2016 – منافسةً بذلك الشركات التي لديها أكبر ميزانيات إعلانية في جميع أنحاء العالم مثل كوكا كولا، بعد قرار متواصل اعتباراً من عام 2012 بزيادة إنفاقها السنوي على الإعلان زيادةً كبيرةً، وذلك في المقام الأول من أجل ترويج اسمها التجاري غالاكسي.[72] ولا تتوفر البيانات الرسمية الخاصة بإعلانات شركة هواوي، إلا أن الحملات التسويقية العالمية الدائمة التي تدور حول الشركة وهواتفها الذكية من الفئة "بي" تُظهر عزم الشركة على الخروج من شريحة الهامش المنخفض من خلال بناء اسم تجاري ممتاز.[73]

وتحديد قيمة الأسماء التجارية لشركة الهاتف الذكي عموماً، أو لأنواع معينة من الهواتف الذكية على وجه الخصوص، أمرٌ صعبٌ. فمعظم قيمة الاسم التجاري ترجع إلى سمعة وصورة الشركة الرائدة، مثل أبل أو سامسونج أو هواوي، وقيمة هذا الاسم التجاري، على وجه الدقة، كبيرة للغاية، إذ تأتي شركتا أبل وسامسونج على قمة ترتيبات الأسماء التجارية، وتحتل شركة أبل المركز الأول في اثنين من هذه الترتيبات الثلاثة (انظر الجدول 9.4 في هذا التقرير، بالإضافة إلى الجدول 1-1 والإطار 1-6 في "الويبو 2013"، للاطلاع على تحليل نقدي تقني لقيم هذه الأسماء التجارية). ورغم انخفاض قيمة هواوي كاسم تجاري، فإنها تسعى إلى اللحاق بالركب. أما شركات الهواتف الذكية الصينية الحديثة العهد، فلا تزال بعيدة.

وتتّبع الشركات الثلاث استراتيجيات متشابهة بشأن التوسيم والعلامات التجارية. ووفقاً للتقديرات التي أُعدّت من أجل هذا التقرير، شرعت شركة أبل في تسجيل علامات تجارية تتعلق بجهاز آيفون لدى مكتب الولايات المتحدة للبراءات والعلامات التجارية في عام 2006، بما في ذلك علامة تجارية لاسم "آيفون".[74] وحفاظاً على ميزة السبق، بلغ مجموع ما سجلته الشركة حينئذ 15 علامة تجارية في عام 2007، وهو العام الذي طُرح فيه آيفون. ولم تشرع شركتا سامسونج وهواوي في تسجيل علامات تجارية تتعلق بهواتف ذكية إلا في عامي 2009 و2011، ويبدو أن شركة سامسونج كانت تودع عدداً كبيراً نسبياً من العلامات التجارية دون استخدامها بالضرورة في السوق فيما بعد.

ومع أن شركة هواوي سجّلت عدداً قليلاً من العلامات التجارية – 10 علامات فقط خلال الفترة بأكملها – بدأت سامسونج على الفور في تسجيل عدد كبير من العلامات التجارية، فقد سجّلت ما مجموعه 300 علامة خلال هذه الفترة. وتزامن تسجيل سامسونج لعدد كبير من العلامات التجارية في عام 2012 مع ما ذُكر آنفاً من تزايد الدعاية في ذلك العام (انظر الشكل 15.4).

الشكل 14.4

سامسونج وغيرها من شركات تصنيع الهواتف الذكية من أكبر المُعلِنين على مستوى العالم

النفقات الإعلانية العالمية (مليار دولار أمريكي)

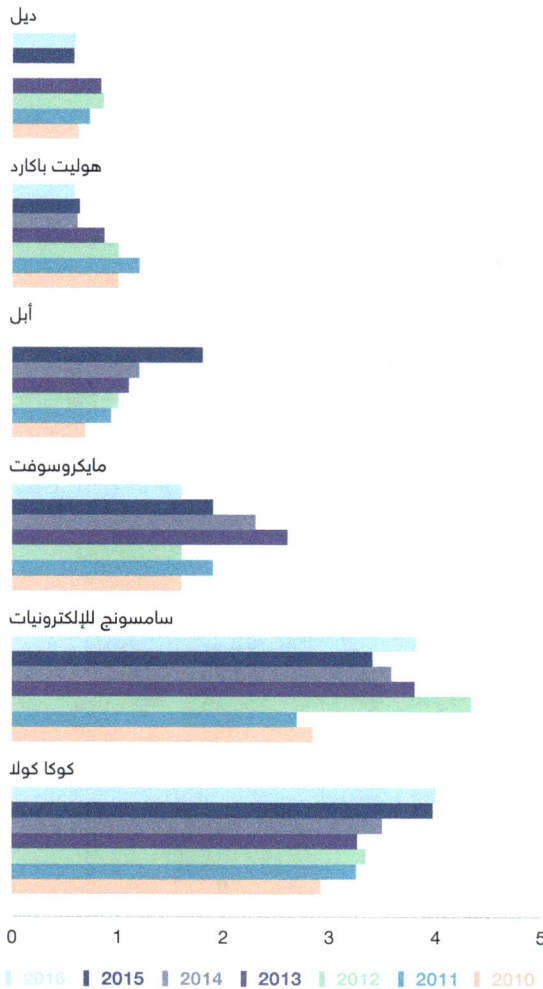

ديل
هوليت باكارد
أبل
مايكروسوفت
سامسونج للإلكترونيات
كوكا كولا
0
1
2
3
4
5
2016
2015
2014
2013
2012
2011
2010

ملاحظات: بيانات شركة ديل لعام 2014 غير متوفرة. وبيانات شركة أبل لعام 2016 غير متوفرة. وبيانات شركتي ميكروسوفت وأبل متوافقة مع السنوات المالية.

المصدر: المؤلفون استناداً إلى التقارير السنوية للشركات.

الجدول 9.4

قيم الأسماء التجارية للشركات الرائدة في تصنيع الهواتف الذكية، 2016

الشركة	إنتربراند المرتبة والقيمة	كنسبة مئوية من رأس المال السوقي	براندز المرتبة والقيمة	كنسبة مئوية من رأس المال السوقي	فوربس المرتبة والقيمة	كنسبة مئوية من رأس المال السوقي
أبل	المرتبة 1 178 مليار دولار أمريكي	23	المرتبة 2 22 مليار دولار أمريكي	30	المرتبة 1 154 مليار دولار أمريكي	20
سامسونج	المرتبة 7 52 مليار دولار أمريكي	20	المرتبة 48 19 مليار دولار أمريكي	7.2	المرتبة 11 36 مليار دولار أمريكي	13
هواوي	المرتبة 72 6 مليارات دولار أمريكي	0.4	المرتبة 50 19 مليار دولار أمريكي	1.3	–	n.a.

المصادر: ديدريك وكريمر (2017) استناداً إلى الويبو (2013) وبيانات من إنتربراند (2016)، وميلوارد براون (2016)، وفوربس (2016).

ويبدو أن عدداً قليلاً من العلامات التجارية يرتبط على وجه التحديد بطراز هاتف ذكي معين، مما يؤكد الاستنتاج القائل بأن قيمة الاسم التجاري تعتمد في المقام الأول على العلامة التجارية العمومية للشركة. على سبيل المثال، لم تحم شركة أبل مصطلح "آيفون 7" عبر علامة تجارية. وأودعت شركة سامسونج علامة تجارية من أجل "S7" أو "S7Edge" لكنها تخلت عنها في مكتب الولايات المتحدة للبراءات والعلامات التجارية، على الرغم من أنها محمية في مكتب الاتحاد الأوروبي للملكية الفكرية. وشركة هواوي هي الشركة الوحيدة التي تتّبع استراتيجية علامات تجارية تحمي الاسم التجاري المعروض على الجهاز، واسم سلسلة المنتجات، واسم المنتج المحدد، مثل "هواوي بي9" في مكتب الولايات المتحدة. ومع ذلك، سعت الشركات الرائدة الثالث جميعها إلى حماية سلسلة المنتجات، مثل "آيفون" و"غالاكسي" و"هواوي بي".

وبالإضافة إلى ذلك، تُسجَّل علامات تجارية بشأن ابتكارات العتاد المادي الأساسي أو البرمجيات الأساسية التي تصبح سمات مميزة للمُنتَج. ومن الأمثلة على ذلك "شاشة رتينا" (أبل)، و"شاشة إنفينتي" (سامسونج)، و – في ذخيرة أبل – تقنية "AssistiveTouch" و"AirPort Time Capsule" و"A10 fusion chips".

ويوضح الشكل 16.4 العلامات التجارية للهواتف الذكية الخاصة بشركة أبل وشركة هواوي وشركة سامسونج للإلكترونيات حسب فئة تصنيف نيس – وهو تصنيف دولي للسلع والخدمات يُطبّق لأغراض تسجيل العلامات – مع مرور الوقت.[75] والفئة المناسبة للهواتف الذكية هي الفئة 9، وتُقدِّم الشركات الثلاث أكبر عدد من إيداعاتها في هذه الفئة، فبلغ عدد إيداعات أبل 68 في الفترة 2007-2016، وكانت إيداعات سامسونج نحو 300، وإيداعات هواوي نحو 10. والجانب الأكثر إثارة للاهتمام في هذا الرسم البياني هو التوزيع حسب الفئات، لأن الشركات لا تُودع في الفئة 9 دون غيرها، بل تُوزِّع علاماتها التجارية على الفئات، لا سيما الخدمات.

وهذا أمر مهم لسببين: "1" لأنه يساعدها على تكوين قيمة الاسم التجاري واستخدام اسم التجاري من أجل طائفة أكبر من فئات المنتجات والخدمات وعدم الاقتصار على المنتجات الإلكترونية "التقليدية"، "2" ولأن احتلال أكبر مساحة ممكنة في حدود المعقول عبر شتى الفئات يعني أن الشركات في وضع أفضل يُمكِّنها من تجنب قيام المنافسين والشركات الأخرى (والمغتصبين) بالاستحواذ على قيمة الاسم التجاري، ولكن مع مراعاة أن العلامة لكي تحظى بالحماية، يجب استخدامها للفئة المناسبة. ويُبيّن الرسم البياني أيضاً أن هواوي بدأت تغير نهجها عن طريق الإيداع في مزيد من الفئات.

الشكل 15.4

كانت شركة أبل أول من يودع علامات تجارية للهواتف الذكية

عدد العلامات التجارية المتعلقة بالهواتف الذكية التي سجلتها أبل وهواوي وسامسونج سنوياً لدى مكتب الولايات المتحدة للبراءات والعلامات التجارية، من 2007 إلى 2015

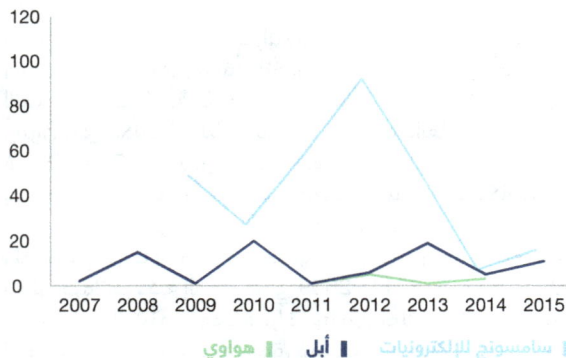

المصدر: الويبو استناداً إلى قاعدة بيانات مكتب الولايات المتحدة للبراءات والعلامات التجارية

الشكل 16.4

يزداد يوماً بعد يوم إيداع علامات تجارية لهواتف ذكية في فئات تتعلق بالخدمات

تسجيلات العلامات التجارية ذات الصلة بالهواتف الذكية التي تُودعها شركة أبل وهواوي وسامسونج سنوياً لدى مكتب الولايات المتحدة للبراءات والعلامات التجارية، حسب فئة تصنيف نيس، 2006-2016

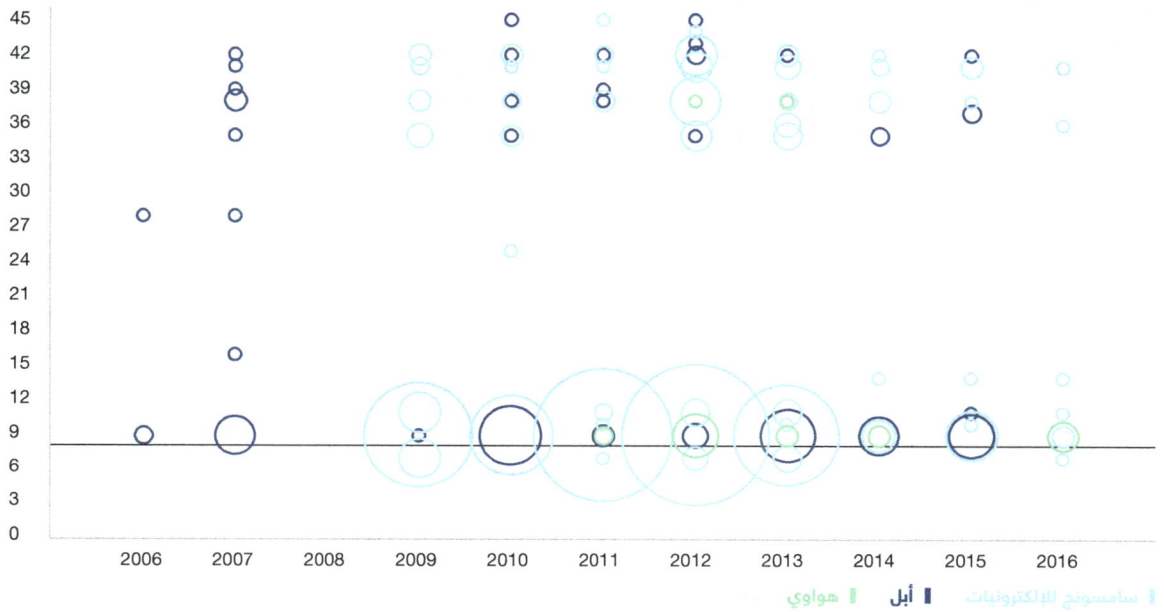

ملاحظة: يشير حجم الفقاعة إلى عدد إيداعات العلامات التجارية للفئة ذات الصلة من فئات تصنيف نيس.

المصدر: الويبو استناداً إلى مكتب الولايات المتحدة للبراءات والعلامات التجارية؛ انظر أيضاً الملاحظات التقنية.

أودعت شركة هواوي في الفئة 9 دون غيرها، ولكن أبل وسامسونج أودعتا علامات تجارية تتعلق بالهواتف الذكية في عدد من الفئات الأخرى أيضاً، بما في ذلك تلك الفئات المتعلقة بالخدمات. على سبيل المثال، أول علامة تجارية لهاتف آيفون في عام 2006 أُودِعت أيضاً في الفئة 28، التي تضم الألعاب والدمى، باعتباره "آلة محمولة باليد تُستخدم لتشغيل ألعاب إلكترونية". والفئة الخدمية الأكثر شيوعاً هي الفئة 38، التي تشمل خدمات الاتصالات السلكية واللاسلكية، ولكن يوجد أيضاً عدد من الإيداعات في الفئة 42، التي تشمل تصميم برمجيات الحاسوب وتطويرها إلى جانب أمور أخرى.

وتملك شركة أبل، كما أشرنا سابقاً، ثلاث علامات تجارية بشأن تصميم آيفون (مظهره التجاري). وحاولت شركة سامسونج أيضاً الحصول على هذه الحماية للملكية الفكرية في كلٍّ من مكتب الولايات المتحدة للبراءات والعلامات التجارية ومكتب الاتحاد الأوروبي للملكية الفكرية، ولكنها فشلت في ذلك. والحقوق المتعلقة بالتغليف مثيرة للاهتمام أيضاً. فلشركة أبل علامة تجارية ولها كذلك الحق في تصميم على شكل صندوق آيفون.

وبالإضافة إلى ذلك، يملك أيضاً بعض مُورِّدي المكونات علامات تجارية خاصة بهم تستخدمها شركات أجهزة الهواتف عند تسويق هواتفها، مثل علامة زجاج الغوريلا الخاصة بشركة كورنينغ، أو استخدام شركة هواوي لعلامة شركة لايكا من أجل تسويق كاميرا هاتفها الذكي الجديد.

كما يشير صانعو أجهزة الهواتف ومُوردو المكونات إلى علامات تجارية بشأن معايير وتكنولوجيات مملوكة للغير وضرورية لتمكين الهاتف من الاتصال الشبكي مثل تكنولوجيا "التطور الطويل الأمد (LTE)" وتقنية "واي-في" و"بلوتوث"، ويحصلون على تراخيص لاستخدام هذه المعايير والتكنولوجيات. وعادة ما تكون هذه العلامات مملوكة لمنظمات وضع المعايير أو لتحالفات الصناعات، وليس لمُورّدي مكونات فردية.[76]

وأخيراً، تُحمى أيضاً بعلامات تجارية العناصر التي تتعلق ببرمجيات الهواتف الذكية ومحتواها وخدماتها مثل تطبيق "Siri" لشركة أبل أو تطبيق "Bixby" لشركة سامسونج أو "iTunes" أو "Apple Pay".[77] وبعضها مملوك لجهات أخرى مثل "Android".

وتُودَع أيضاً علامات تجارية لواجهات المستخدم المصورة والأيقونات المتعلقة بتطبيقات الهواتف الذكية وملحقاتها. فتحرص شركتا أبل وسامسونج حرصاً شديداً على إيداع علامات تجارية وتصاميم صناعية لحماية واجهات المستخدم المصورة، مما يؤكد أن واجهات المستخدم المصورة تحدد هوية المنتجات بشكل مميز.

4.4 - وجهات نظر بشأن التعلم التكنولوجي والأصول غير الملموسة

كيف حدث التعلم التكنولوجي في سلسلة القيمة العالمية للهواتف الذكية؟ وهل تحصيل القيمة يتعرض للتغيير؟ وما الدور الذي يمكن أن تؤديه الملكية الفكرية في هذه العملية؟

ويستحيل، أيضاً، تقديم إجابة بسيطة عن هذه الأسئلة؛ فالعوامل التي تؤثر في ذلك متشعّبة للغاية. ولكن من المفيد التذكير بالإطار الزمني لابتكار الهواتف الذكية، والشركات القليلة والمواقع المعنية.

فأما من حيث الاختراعات المطلوبة للهواتف الذكية، فيرجع تاريخ تطوير الهواتف الجوالة والتكنولوجيات الأساسية إلى عدة عقود خلت. فقد طرحت شركة موتورولا أول هاتف محمول في عام 1973.[78] وتعتمد الهواتف الجوالة أيضاً على مجموعة متنوعة من التكنولوجيات الأخرى، منها المُعالِجات، التي لها تاريخها الطويل.[79] فعلى سبيل المثال، تعود أول براءة حاسمة للاتصالات اللاسلكية إلى عام 1974.

وأما من حيث اختراق السوق، فقد حققت شركة يابانية تسمى "إنّ تي تي دوكومو" اختراقا كبيراً نسبياً في اليابان بهواتفها الذكية الأولى، التي طُرحت في عام 1999. بيد أن هاتف آيفون الخاص بشركة أبل حقق في عام 2007 انطلاقة مهمة. وجاءت بعد شركة أبل شركة سامسونج في عام 2009، وفي وقت لاحق نوعاً ما لحقت بهما شركة هواوي.[80] فحدّدت شركة أبل التصميم السائد للهاتف الذكي. وفي مؤلفات الابتكار، يُعد تحديد التصميم السائد مَعلماً مهماً، حيث إن المنافسة التي تلي ذلك تحدث في إطار معايير هذا التصميم.

وإلى يومنا هذا، لا يزال التعلم التكنولوجي أيضاً مُركَّزاً نسبيّاً فيما بين عدد قليل من الشركات والبلدان الأساسية. وقد حدث تحول في القدرات من أوروبا واليابان والولايات المتحدة في البداية إلى شركات مُحدَّدة في جمهورية كوريا (شركة سامسونج وشركة إل جي)، ومقاطعة تايوان الصينية، والصين (شركة هواوي وشركة زد تي إي). وكما هو حال التكنولوجيات المتقدمة الأخرى، لا تعكس المشاركة في هذه التكنولوجيات وجود فجوة بين البلدان المتقدمة والبلدان النامية؛ فأوروبا، على سبيل المثال، لم تعد مُنافِساً خطيراً، في حين أن الصين أصبحت منافساً مهماً.

وتوجد اختلافات مهمة بين البلدان المستجدة. فقد بنت جمهورية كوريا قدرتها داخلياً إلى حد كبير، مدعومة بسياسات الحكومة وقوة شركاتها المحلية الضخمة ذات الأنشطة المختلفة. وتشكَّل التعلم التكنولوجي الصيني بالمشاركة الواسعة النطاق مع كيانات أجنبية، لا سيما من خلال تقديم خدمات التجميع للكيانات الأجنبية والاستثمار الأجنبي المباشر في الصين.

وكان يوجد بالفعل مساران أو ثلاثة من مسارات التعلم في الصين، أحدها ينطوي على شركات من مقاطعة تايوان الصينية تقوم بالإنتاج لصالح شركات متعددة الجنسيات في الصين (على سبيل المثال، تقوم شركة فوكسكون بتجميع المنتجات لصالح شركة أبل وغيرها). وأنطوى مسار آخر على قيام شركات صينية مثل "هواوي" و"زد تي إي" و"لينوفو" كانت قد أنشأت خطوط إنتاج (معدات الشبكات والحواسيب الشخصية) بدخول سوق الهواتف الذكية بعد ذلك. ويوجد مسار ثالث محتمل يتمثل في قيام مجموعة من الشركات الصينية الجديدة ببيع هواتف رخيصة الثمن للسوق المحلية الصينية دون الاعتماد في البداية على اختراعات تكنولوجية قوية نابعة من الداخل. وبذلك يكون للصين دور رئيسي في صناعة الهواتف الذكية، ولكن دون أن يكون للشركات الصينية بالضرورة حضور كبير في سلاسل القيمة العالمية للشركات المتعددة الجنسيات مثل شركة أبل وشركة سامسونج.

وبصرف النظر عن هذه الشركات والبلدان، ولكل منها سماته المميزة، لم يكد يوجد نقل لأصول غير ملموسة أو إيجاد إما لمنافسين جدد أو لمشاركين جدد في سلسلة القيمة العالمية للهواتف الذكية (انظر القسم 4-2-1 أعلاه). أما التحولات الجغرافية التي لم تحدث إلا مؤخراً في المشاركة في سلسلة القيمة العالمية، فيمكن أن نجدها في النقل المحدود لأنشطة التجميع إلى بلدان خارج شرق آسيا.

وفيما بين الشركات الرائدة، ما القواسم المشتركة بين أبل وسامسونج وهواوي من حيث تنمية قدرتها الابتكارية ودور الأصول غير الملموسة؟

أولاً، قبل دخول سوق الهواتف الذكية، كانت لجميع الشركات الثلاث خلفيات وقدرة ابتكارية في مجالات تكنولوجية ذات صلة.

- تاريخ شركة أبل لا يخفى على أحد، فقد بدأت في أواخر سبعينيات القرن العشرين مع التركيز على تكنولوجيا الحاسوب، وكونت أيضاً دراية فنية أساسية في مجال محركات الأقراص، والطابعات، وأجهزة الإدخال، وشاشات العرض، وتكنولوجيات الشبكات على مدى العقود الأربعة. واستغرقت شركة أبل بعض الوقت لتنتقل من مُشغِّلها الصوتي، آيبود، الذي طُرح في عام 2001، عن طريق ابتكار متعلق بالبرمجيات مثل آي تيونز، إلى الطرح المتزامن لجهازي آيفون وآيبود. وقدرتها على تطوير المكونات الداخلية أضعف من قدرة هواوي أو سامسونج – باستثناء المكونات الأغلى والاستراتيجية مثل المعالجات، ومؤخراً، وحدات معالجة الرسوم.[81] وبالإضافة إلى ذلك، تتمتع شركة أبل بقدرة كبيرة في تصميم المنتجات وتكاملها وبرمجياتها.

- وكانت شركة سامسونج للإلكترونيات دائماً جزءاً من تكتل أكبر للشركات، حيث دخلت في البداية كمُورِّد مكونات (خاصة أجهزة الاتصالات السلكية واللاسلكية والهواتف) إلى شركات أخرى، بدءاً من ثمانينيات القرن العشرين. وقامت شركة سامسونج للإلكترونيات في البداية بتصنيع إلكترونيات رخيصة ومقلدة لصالح شركات أخرى. كما أنتجت سامسونج كثيراً من المنتجات التي تحمل علامتها التجارية الخاصة بها لصالح جمهورية كوريا. وفي ذلك الوقت، أنشئ بالفعل كثير من مصانعها في الخارج، ويُقال إن ذلك كان بغرض الاستفادة من أصحاب المهارات والعمال الأجانب. ولكن في عام 1996، حدث تحول كبير نحو تنمية قدرات التصميم الداخلية وبناء اسمها التجاري الخاص.[82] واليوم، لا تزال شركة سامسونج فريدةً من نوعها في الاعتماد على النقل الداخلي للتكنولوجيا والإنتاج وقدرات تصميم المنتجات.

- بدأت شركة هواوي بعد ذلك بوقت طويل وبقدرات متكاملة أقل، ولكنها أصبحت شركة رائدة عالمياً في مجال شبكات الاتصالات السلكية واللاسلكية بحلول عام 2012.[83] وعلى النقيض من غيرها من الشركات الموجودة في الصين أو مقاطعة تايوان الصينية، لم تكن شركة هواوي تعمل كمُصنِّع متُعاقِد لصالح كيانات غربية. بل ركزت دائماً على الابتكار المتعلق بالاتصالات وبناء علاقاتها الواسعة مع المُشغِّلين في جميع أنحاء العالم. وفي عام 2003، شرعت شركة هواوي في إنتاج هواتف، وكان معظمها من أنواع رخيصة لشركات الاتصالات الصينية. ولكن منذ عام 2011، طورت أجهزةً فاخرة عالية المستوى. وبدلاً من الاعتماد على المشروعات المشتركة لضمان انتقال التكنولوجيا من شركات أجنبية، ركزت هواوي على البحث والتطوير المحلي وعلى التعلم عن طريق الهندسة العكسية للتكنولوجيات الأجنبية (تشونغ 2013). واليوم، تُعدّ في الواقع أنشطة البحث والتطوير في شركة هواوي أكثف منها في شركتي أبل أو سامسونج (انظر الجدول 3.4)، وتحافظ هواوي على هذا الاستثمار الكبير في البحث والتطوير على الرغم من انخفاض الإيرادات وهوامش الأرباح.[84] وتُبيِّن الدراسات الأكاديمية أن تقدُّم شركة هواوي السريع يرجع إلى قدراتها التكنولوجية وليس مزايا التكلفة وحدها – من خلال خلق مسار تكنولوجي خاص بها بدلاً من أن تظل تابعاً تكنولوجياً. ونمت شركة هواوي بسرعة من خلال تطوير تكنولوجيات تختلف عن تكنولوجيات شركة إريكسون، أحد منافسيها الرئيسيين، حيث تعتمد هواوي على المعرفة العلمية الحديثة في استراتيجيات الابتكار التي تتبعها.[85] وفي الآونة الأخيرة، تطلعت هواوي إلى الارتقاء في المستوى، فأقامت عدداً من الشراكات أو المشروعات المشتركة مع شركات مثل "آي بي إم" و"سيمنز" و"ثري كوم" و"سيمانتيك"، بالإضافة إلى شراكات البحث والتطوير مع موتورولا وشركات اتصالات أخرى، كما تعلمت هواوي الممارسات الإدارية من الشركات الغربية.

ورغم أن كل شركة قد اتخذت مساراً إنمائياً مختلفاً، فقد شاركت الشركات الثلاث مشاركةً كبيرةً في خلق قدرة ابتكارية وما يتصل بها من أصول غير ملموسة، بما في ذلك الأسماء التجارية. وتتميز هذه الشركات الثلاث جميعها بالكثافة الشديدة لأنشطة البحث والتطوير بهدف صريح يتمثل في زيادة إنتاجها الداخلي من المكونات المتطورة تكنولوجياً ذات الهامش الربحي الكبير مثل الرقائق الإلكترونية. كما تعلمت الشركات الثلاث جميعها استخدام الملكية الفكرية بشكل مكثف، وتدير الآن محافظ ملكية فكرية ضخمة، ولديها خبرة كبيرة في التقاضي بشأن الملكية الفكرية. وعلاوة على ذلك، تشارك سامسونج وهواوي في تكنولوجيات وضع المعايير ذات الصلة والملكية الفكرية.

ثانياً، تعمل الشركات الثلاث جميعها في شبكات قيمة واسعة النطاق ومع مُورِّدي مكونات (القسم 4-2). ولا يحدث التعلم والارتقاء داخل هذه الشركات الرائدة في مجال الهواتف الذكية فحسب، بل يحدث أيضاً في مجالات تكنولوجية ذات صلة. وتؤدي هذه التفاعلات إلى تدفق المعرفة في الاتجاهين في أثناء التصميم المشترك والتصنيع. أما على مستوى المكونات، فإن نموذج الاستعانة بالمسابك لتصنيع الرقائق الإلكترونية الذي اعتمدته كبرى شركات الرقائق الإلكترونية مثل كوالكوم وبرودكوم وأبل ينطوي على تعاون وثيق مع مسابك مثل "شركة تايوان المحدودة لتصنيع أشباه الموصلات" لتصميم رقائق تتوافق مع عمليات تصنيع مُحدَّدة.[86] كما أن الشراكات القائمة بين كوالكوم وهواوي لإنشاء مجموعات رقائق جيل الاتصالات المتنقلة القادم تنطوي على تبادل كبير للمعارف أيضاً.

والمشاركة في سلسلة القيمة العالمية للهواتف الذكية تقتضي التعلم والارتقاء حتى الوصول إلى مستوى التصنيع المُتعاقَد عليه. فحينما تتعاون أبل مع فوكسكون بشأن عمليات مثل قولبة البلاستيك وصنع العُدد والآلات ومراقبة الجودة، ينطوي هذا التعاون على تعلُّم. وبدأت شركات مثل فوكسكون بتقديم مساهمات أبسط، ولكنها في الوقت الحاضر تضيف قيمة إلى آيفون من خلال أصولها غير الملموسة (صنع العُدد والأدوات، ووضع النماذج الأولية بسرعة، والزيادة الكبيرة في الكميات، وإدارة سلسلة التوريد)، وبعضها قد يحدث قريباً في مصنع فوكسكون في الولايات المتحدة.[87]

وحينما تقوم شركة هواوي بالتجميع خارج آسيا، في البرازيل مثلاً، ينشأ عن ذلك نقل للمعرفة.[88] وعلى نفس المنوال، يحدث أيضاً نقل للمعرفة داخل الشركات المتعددة الجنسيات. فشركة سامسونج مثلاً تصنع نصف هواتفها الجوالة في مصانعها الموجودة في فييت نام. ولشركة أبل برمجيات يجري تطويرها في بلدان مختلفة. وتؤدي هذه الأنشطة إلى انتقال المعرفة إلى معاهد البحوث المحلية والموردين والمنافسين، بما في ذلك فهم الأعمال التجارية فضلاً عن المعرفة التكنولوجية. وبوجه عام، يُعتبر قدر كبير من المعرفة في هذه المنظمات معرفةً ضمنيةً – لم تُدوَّن قط ولكنها تتدفق داخل المنظمات وفيما بينها – بينما تُدوَّن المعارف الأخرى لتسهيل التعاون.

ثالثاً، ساعدت عمليات الاستحواذ هذه الشركات على إحراز تقدم. على سبيل المثال، اشترت سامسونج في عامي 2016 و2017 فقط شركات في مجالات متنوعة مثل الخدمات الموسيقية المتنقلة، وتكنولوجيات التعرف على الكلام، وشركات تكنولوجيا النانو التي تقدم حلولاً لشاشات العرض. وينطبق ذلك أيضاً على الشركات الواعدة مثل شركة فوكسكون التي اشترت شركة شارب في عام 2016 وتتنافس حالياً على شراء قطاع الرقائق الإلكترونية في شركة توشيبا.[89]

رابعاً، يؤدي تنقل اليد العاملة دوراً كبيراً. فتوجد شركات مثل شركة سامسونج استفادت من تنقل اليد العاملة عن طريق التعلم من مهندسين يابانيين في تسعينيات القرن العشرين، وعن طريق التعامل مع مهندسين كوريين مُدرَّبين في الولايات المتحدة. ومن المعروف أن هواوي قد استعانت بمهنيين غربيين في مجال التسويق والشؤون العامة، وبخبراء تصميم رئيسيين من أبل أو سامسونج، وأنشأت مراكز تصميم في لندن.[90] كما توظف شركة آبل بانتظام أشخاصاً من شركات أمريكية كبرى مثل كوالكوم أو من جامعات أمريكية.

خامساً، كان، ولا يزال، إسناد التكنولوجيا إلى مصادر داخلية والتبادلات القائمة على الملكية الفكرية مصدراً مهماً لتبادل المعارف أو لقدرة الشركات على العمل. وتتعامل جميع الشركات الثلاث مع براءات معيارية أساسية، بما في ذلك من خلال الترخيص أو الترخيص المتبادل (مثل صفقات الترخيص مع شركة نوكيا).

وأخيراً، يعتبر دور السياسة الحكومية والبيئة الأوسع نطاقاً لممارسة الأعمال التجارية والابتكار أحد العوامل المهمة الأخرى في هذا الأمر. وتعمل الشركات الثلاث جميعها في بلدان بها تركيز واضح على النمو القائم على الابتكار، والتزام قوي من جانب القطاعين العام والخاص بالعلم والبحث والتطوير، وبنية تحتية بحثية ممتازة (أو سريعة التحسن)، ووفرة في المهارات الهندسية والعلمية، واعتراف بقيمة الابتكار التكنولوجي وغير التكنولوجي. وكانت البلدان الثلاثة قد أبدت التزاماً قوياً بتنفيذ سلاسل قيمة عالمية لا تعرف الحدود الجغرافية، وبالمشاركة فيها. وكان لديها أيضاً أطر وسياسات مُطبَّقة للتشجيع على تسجيل الملكية الفكرية وتعزيز معايير الاتصالات؛ ومن الناحية التاريخية، ركبت الصين هذه الموجة أخيراً، لكنها حققت تقدماً كبيراً في وقت قصير.

ومن منظور التجارة الدولية، استفادت الشركات الثلاث جميعها من الأسواق الدولية شديدة الانفتاح في مجال منتجات تكنولوجيا المعلومات، التي كانت نتيجةً لاتفاق تكنولوجيا المعلومات الذي أبرم في عام 1996 في منظمة التجارة العالمية.[91]

وخلاصة القول أن السياسة الحكومية – وأحياناً أيضاً غياب التدخل الواضح للسياسات – كان لها دور في تعزيز صناعة الهواتف الذكية.

ملاحظات

1. يستند هذا الفصل إلى ديدريك وكريمر (2017)، وستيتزينغ (2017).
2. مؤسسة البيانات الدولية (IDC) (2017).
3. كريديت سويس (2017).
4. مؤسسة البيانات الدولية (IDC) (2017).
5. كريديت سويس (2016، 2017).
6. مؤسسة البيانات الدولية (IDC) (2017).
7. iri.jrc.ec.europa.eu/scoreboard.html.
8. كريديت سويس (2017).
9. مجموعة بوسطن الاستشارية (BCG) (2017).
10. كوسكي وكريتسشمر (2007).
11. جاء في جريدة *فايننشال تايمز* بتاريخ 6 يوليو 2017 أن "شركة كوالكوم تطالب بحظر آيفون مع اشتداد قضية براءة أبل".
12. "شركة شاومي الصينية لتصنيع الهواتف الذكية تُصمِّم رقاقتها الأولى"، فاينانشال تايمز، 28 فبراير 2017؛ "شاومي الصينية تواجه شركات الفئة العليا برقاقة هاتف ذكي خاصة بها"، وول ستريت جورنال، 9 فبراير 2017؛ "أبل تُنشئ معالج رسومات خاص بها من أجل آيفون، مُتخلية بذلك عن معالجات شركة إيماجينيشن"، مجلة *بي سي وورلد*، 3 أبريل 2017.
13. انظر ديدريك وآخرون (2010)، وديدريك وكريمر (2017) لمزيد من التفاصيل.
14. آي اتش إس ماركيت (2016).
15. آي اتش إس ماركيت (2016)، سامسونغ غالاكسي إس7.
16. ليست الشركة الرائدة هي التي تدفع الثمن دائماً؛ فربما يدفعه أحياناً مُوَرِّدو المكونات. وينطبق ذلك على شركة أبل التي لا تمتلك ترخيصاً بالملكية الفكرية الخاصة بشركة كوالكوم ولكنها بدلاً من ذلك تعتمد على اتفاقات مُبرمة بين الشركات المُصنعة المتعاقدة معها وشركة كوالكوم.
17. انظر نيوبيج وونش-فنسنت (2017)، وهي دراسة أجريت من أجل هذا التقرير، وتذكر كيف تؤدي المسائل الضريبية إلى اختلالات في قياس معاملات الملكية الفكرية.
18. يرى ديدريك وآخرون (2011) أن شركات النقل تحصل على معظم قيمة، قبل صُنّاع الهواتف.
19. انظر دراسة نيوبيغ ووونش (2017)، التي تناقش أيضاً كيفية قيام الشركات بتحويل محافظ البحث والتطوير والملكية الفكرية، بما في ذلك لأسباب ضريبية (مثل شركة أبل وغيرها من شركات التكنولوجيا المتقدمة في أيرلندا).
20. انظر Ali-Yrkkö et al (2011) للاطلاع على نتائج مشابهة في هذا القطاع.
21. فيما يخص التقدير البالغ 90 في المائة، الذي يتكرر على نطاق واسع في مقالات اقتصادية أخرى، انظر المقال الذي كتبته (شيرا أوفيد) و(دايسوكي واكاباياشي) بعنوان "نصيب أبل من أرباح صناعة الهواتف الذكية يرتفع إلى 92%"، وول ستريت جورنال، 12 يوليو 2015: www.wsj.com/articles/apples-share-of-smartphone-industrys-profits-soars-to-92-1436727458.
22. شابيرو وفاريان (1998)، ومنظمة التعاون والتنمية في الميدان الاقتصادي (OECD) (2005)، وغارسيا-سوارتز وغارسيا-فيسينت (2015). ويثبت كوركاماكي وتاكالو (2013) على نحو مماثل أن شركة أبل – مقارنةً بمنافسيها – تُحصِّل معظم القيمة من مبيعات الهواتف الذكية من حيث التطور الإيجابي لسعر أسهمها.
23. تقرير أبل السنوي لعام 2016.
24. انظر ديدريك وكرامر (2017).
25. ديدريك وكرامر (2017) استناداً إلى بيانات الأسواق على موقع فاينانشال تايمز: markets.ft.com/data.
26. منظمة التعاون والتنمية في الميدان الاقتصادي (OECD) (2011)، وبليند وآخرون (2014)، وسيسير وآخرون (2015).
27. كوركاماكي وتاكالو (2013).
28. تيس (1986).
29. شارما (2016)، والويبو (2011 و2013 و2015).
30. "قضية أبل وسامسونغ تجعل من الهاتف الذكي مغناطيساً قانونياً"، *نيويورك تايمز*، 25 أغسطس 2012: www.nytimes.com/2012/08/26/technology/apple-samsung-case-shows-smartphone-as-lawsuit-magnet.html "250 000 براءة اختراع نشطة تؤثر في الهواتف الذكية؛ أيْ براءة من كل ست براءات نشطة اليوم"، تِكديرت، 18 أكتوبر 2012: www.techdirt.com/articles/20121017/10480520734/there-are-250000-active-patents-that-impact-smartphones-representing-one-six-active-patents-today.shtml. المصدر الأصلي للرقم 250 000 براءة هو ملف قدمته شركة "آر بي إكس كوربوريشن"، وهي إحدى "شركات تجميع البراءات الدفاعية"، إلى لجنة الأوراق المالية والبورصة في الولايات المتحدة، www.sec.gov/Archives/edgar/data/1509432/000119312511240287/ds1.htm، ولم يتم التحقق منه إلى حد كبير.
31. الويبو (2017).
32. الويبو (2016).
33. التصنيف التعاوني للبراءات متاح في العنوان التالي: www.cooperativepatentclassification.org. وأسدى خبراء من شركة كلاريفات، تومسون رويترز سابقاً، المشورة بشأن هذا الاختيار، استناداً أيضاً إلى الرمز اليدوي للهواتف الذكية في فهرس ديروينت للبراءات العالمية.
34. التصنيف الدولي للبراءات متاح في العنوان التالي: www.wipo.int/classifications/ipc.
35. worldwide.espacenet.com والبحث في قاعدة بيانات المكتب الألماني للبراءات والعلامات التجارية (DPMA)، www.dpma.de/patent/recherche/index.html.
36. أسرة البراءات هي مجموعة من طلبات البراءات المترابطة المودعة في بلد واحد أو أكثر أو في ولاية قضائية واحدة أو أكثر لحماية الاختراع نفسه. انظر مسرد المصطلحات الوارد في الويبو (2016).
37. انظر منظمة التعاون والتنمية في الميدان الاقتصادي (2008) للاطلاع على مناقشة لدور الملكية الفكرية في صناعة تكنولوجيا المعلومات والاتصالات.
38. انظر الويبو (2011) بشأن اقتصاديات البراءات، و"بليند وآخرون (2014)" لتطبيق ذلك على صناعة تكنولوجيا المعلومات والاتصالات.
39. إنغستروم (2017).
40. ريدنبرغ وآخرون (2012، 2014).
41. غري (2013).
42. برايس ووتر هاوس كوبرز (PwC) (2017).
43. غري (2013).
44. برايس ووتر هاوس كوبرز (PwC) (2017).
45. يوضح ريدنبرغ وآخرون (2012) أن أغلبية البراءات تتعلق بتكنولوجيا الاتصالات، تليها براءات العتاد المادي والبرمجيات.
46. أودنرود وآخرون (2017) وباورن وآخرون (2016).
47. كومار وباسين (2017).
48. انظر فان (2006) بشأن "هواوي" و"زد تي إي"؛ وانظر إيليتيكس (2016) وثوم وغابيسون (2016) بشأن الدور المتزايد لكيانات إعمال البراءات وزيادة الدعاوى القضائية المتعلقة بالبراءات المعيارية الأساسية.
49. إيليتيكس (2016) وريدنبرغ وآخرون (2015).
50. على سبيل المثال، اشترت شركة غوغل شركة ألبنتال تكنولوجيز في عام 2014.

51. سوليفان وكروموبل (2013)، وأرمسترونغ وآخرون (2014)، وماليسون (2015).

52. يشير غاليتوفيتش وآخرون (2016) إلى أن إتاوات البراءات المعيارية الأساسية للهواتف الذكية تبلغ 14.3 مليار دولار أمريكي، أيْ ما يعادل 3.4 في المائة من قيمة الهواتف الذكية. ويُقدِّر سيداك (2016) أن مدفوعات إتاوات البراءات المعيارية الأساسية تتراوح بين 4 و5 في المائة من الإيرادات باستخدام معايير الجيل الثالث والرابع في عامي 2013 و2014.

53. تقرير نوكيا السنوي لعام 2016: www.nokia.com/en_int/investors؛ ونشرة نوكيا الإخبارية، 2 فبراير 2017: www.nokia.com/en_int/news/releases/2017/02/02/nokia-corporation-report-for-q4-2016-and-full-year-2016؛ وتقرير إريكسون السنوي لعام 2016: www.ericsson.com/assets/local/investors/documents/2016/ericsson-annual-report-2016-en.pdf؛ وبيان صحفي لشركة إريكسون، 26 يناير 2017: www.ericsson.com/en/press-releases/2017/1/ericsson-reports-fourth-quarter-and-full-year-results-2016؛ ومقال بعنوان "كبرى الشركات المانحة للتراخيص إريكسون ومايكروسوفت ونوكيا تشهد جميعها انخفاضاً في الإيرادات السنوية للبراءات"، *آي ايه إم ماركيت*، 9 فبراير 2017.

54. شيمبي (2013).

55. انظر إنغستروم (2017)، وكومار وبهاسين (2017)، ومقال بعنوان "رسوم الإتاوات يمكن أن تصل إلى 120 دولار لكل هاتف ذكي سعره 400 دولار"، زد دي نت، 31 مايو 2014: www.zdnet.com/article/patent-insanity-royalty-fees-could-reach-120-on-a-400-smartphone/ للاطلاع على عمليات مماثلة.

56. تومسون رويترز (2012).

57. "آي أو إس مقابل أندرويد. وأبل آب ستور مقابل غوغل بلاي"، زد دي نت، 16 يناير 2015؛ "آب ستور 2.0"، ذا فيرج، 8 يونيو 2016؛ وانظر كامبل-كيلي وآخرون (2015) للاطلاع على استعراض لمنصتي الهواتف الجوالة الخاصتين بغوغل وأبل ونماذج الأعمال المُطبّقة ذات الصلة.

58. "بيرنشتاين: غوغل تدفع إلى أبل مليارات سنوياً لتظل موجودة على آيفون"، سي إن بي سي، 14 أغسطس 2017. تشير تقديرات ترتكز على وثائق قضائية وعلى اجتماع هاتفي مالي لشركة أبل في النصف الأول من عام 2017 إلى أن إيرادات خدمات أبل سوف تساوي 7.3 مليار دولار أمريكي في الربع الأول من عام 2017، مع نمو بنسبة 22 في المائة عن العام السابق.

59. انظر الملف غير السري المؤرخ 3 أكتوبر 2014 في قضية *ميكروسوفت ضد سامسونغ* بشأن إتاوة البراءة في محكمة أمريكية محلية المُقدَّم في أوائل أغسطس 2014. "وثيقة تسلط الضوء على مدفوعات سامسونغ إلى ميكروسوفت بخصوص أندرويد"، سي نت، 4 أكتوبر 2014؛ "سامسونغ دفعت إلى مايكروسوفت مليار دولار في العام الماضي كإتاوة نظير أندرويد، حسبما جاء في أحد الملفات" وول ستريت جورنال، 3 أكتوبر 2014؛ و"مايكروسوفت وسامسونغ ينهيان نزاع إتاوات أندرويد"، ذا فيرج، 9 فبراير 2015.

60. انظر ليو ويو (2017)، ليو وليانغ (2014) والاستقصاءات ذات الصلة التي أجرتها وكالات وشركات مثل الوكالة الكورية للإنترنت والأمان (KISA) (2014) وسامسونغ، "أهم ميزة في جهاز الجوال"، 29 سبتمبر 2015: www.samsung.com/ae/discover/your-feed/the-most-important-feature-in-a-mobile-device، وقضية أبل ضد سامسونغ رقم C-11-01846-LHK (N.D. Cal. 2012).

61. ريدنبرغ وآخرون (2012).

62. جونسون وسكوكروفت (2016).

63. قضية أبل ضد سامسونغ، C-11-01846-LHK (N.D. Cal. 2012).

64. انظر أيضاً غولينوكس وهيوز (2015)، وبرايس ووتر هاوس كوبرز (PwC) (2017) للاطلاع على إشارة إلى هذا التوجه أو التأثير أو كليهما.

65. تقرير براءات التصاميم الصادر عن مكتب الولايات المتحدة للبراءات والعلامات التجارية، 1 يناير 1991-31 ديسمبر 2015، الذي نُشر في مارس 2016: www.uspto.gov/web/offices/ac/ido/oeip/taf/design.pdf؛ و وآخرون (2014).

66. The discussion here draws on a collaboration between the WIPO Economics and Statistics Division and contributions by Christian Helmers, notably "Smartphone Trademark and Design Mapping", unpublished background report to the *World Intellectual Property Report 2017*, June 16, 2017.

67. لجنة الويبو الدائمة المعنية بقانون العلامات التجارية والرسوم والنماذج الصناعية والبيانات الجغرافية، اقتراح من وفود إسرائيل واليابان والولايات المتحدة الأمريكية، "التصميم الصناعي والتقنيات الناشئة: أوجه التشابه والاختلاف في حماية التصاميم التكنولوجية الجديدة"، 12 سبتمبر 2016، SCT/35/6 Rev. 2.

68. لجنة الويبو الدائمة المعنية بقانون العلامات التجارية والرسوم والنماذج الصناعية والبيانات الجغرافية، "تجميع لردود استبيان بشأن تصاميم واجهات المستخدم المصورة والأيقونات والمحارف/الخطوط"، 17-19 أكتوبر 2016، SCT/36/2 Rev. 2؛ ولجنة الويبو الدائمة المعنية بقانون العلامات التجارية والرسوم والنماذج الصناعية والمؤشرات الجغرافية، "تحليل لردود الاستبيان بشأن تصاميم واجهات المستخدم المصورة والأيقونات والمحارف/الخطوط"، 27-30 مارس 2017، SCT/37/2 Rev.

69. آيفون (2007)، آيفون 3جي (2008)، آيفون ثري جي إس (2009)، آيفون 4 (2010)، آيفون 4إس (2011)، آيفون 5 (2012)، آيفون 5سي (2013)، آيفون 5إس (2013)، آيفون 6 (2014)، آيفون 6بلس (2014)، آيفون 6إس (2015)، آيفون إس إي (2016)، آيفون 7 (2016)، آيفون 7إس (2017)، آيفون 8 (2017).

70. انظر www.uspto.gov/web/offices/pac/mpep/s1512.html.

71. الويبو (2013).

72. لكن لاحظ أن محفظة سامسونغ إلكترونيكس أكبر بكثير من محفظة أبل. ومن ثمّ فإن هذه الأرقام لا ترتبط ارتباطاً مباشراً بدعاية الهواتف الذكية فقط ولا يمكن مقارنتها بسهولة. وفيما يتعلق بتقديرات الفترة 2012-2015، انظر "تكلفة بيع هواتف غالاكسي"، أسيمكو، 29 نوفمبر 2012؛ تصنيف آدبراندس للنفقات الإعلانية العالمية، ديسمبر 2015: www.adbrands.net/top_global_advertisers.htm.

73. تقرير هواوي السنوي لعام 2016: www.huawei.com/en/about-huawei/annual-report/2016.

74. See note 66 and technical notes.

75. انظر www.wipo.int/classifications/nice.

76. انظر على سبيل المثال www.wi-fi.org/who-we-are/our-brands، www.3gpp.org/about-3gpp/19-lte-logo-use و www.bluetooth.com/membership-working-groups/membership-types-levels.

77. www.apple.com/legal/intellectual-property/trademark/appletmlist.html.

78. ثيودور باراسكيفاكوس، براءة الاختراع الأمريكية رقم 3,812,296/5-21-1974.

79. انظر الويبو (2015) للاطلاع على الحالة التاريخية لأشباه الموصلات والعمل الأساسي الذي قام به البروفسور توماس هورن.

80. كانت شركة سامسونغ قد أجرت تجارب على نموذج هواتف ذكية في وقت سابق مثل SPH-I300 في أكتوبر 2001 وSGH-i607 في عام 2006.

81. "أبل تنظر إلى المدى البعيد بتطوير وحدات معالجة الرسومات"، فاينَنشال تايمز، 4 أبريل 2017؛ "أبل تُنشئ معالج رسومات خاص بها من أجل آيفون، مُتخلية بذلك عن معالجات شركة إيماجينيشن"، مجلة بي *سي وورلد*، 3 أبريل 2017.

82. يو وكيم (2015)، وسونغ وآخرون (2016).

83. بوتلييه وآخرون (2000)، وتشانغ وتشو (2015)، وكانغ (2015).

84. تقرير هواوي السنوي لعام 2016. "أرقام هواوي في عام 2016 تكشف عن مدى التحدي الذي تواجهه "إريكسون" و"نوكيا" و"زد تي إي""، *Telecoms.com*، 31 مارس 2017.

85. جو وآخرون (2016).

86. براون وليندن (2009). ينطوي نموذج الاستعانة بالمسابك لتصنيع الرقائق الإلكترونية (Fabless) على تصميم رقائق أشباه الموصلات وبيعها مع إسناد مهمة إنتاج الرقائق إلى مسبك متخصص في تصنيع أشباه الموصلات.

87. انظر وونش-فينسينت وآخرون (2015) للاطلاع على محفظة براءات تنمو تناظرياً مملوكة لشركة فوكسكون القابضة.

88. تمتلك شركتا هواوي وشاومي بالفعل مرافق تجميع في أماكن مثل الصين وفييت نام والهند والبرازيل وإندونيسيا استجابةً لهذه القوى. وكان قرار أبل الأخير بإنشاء مرفق إنتاج في الهند استجابةً لطلب سوقي وحوافز حكومية (Phadnis, 2016).

89. "صراع في توشيبا: بعض أعضاء مجلس الإدارة يريدون التعامل مع فوكسكون"، وول ستريت جورنال، 6 سبتمبر 2017.

90. "هواوي تُوظِّف مدير تصميم كان يعمل مديراً إبداعياً سابقاً في شركة أبل"، وول ستريت جورنال، 29 أكتوبر 2015.

91. لمزيد من التفاصيل، انظر www.wto.org/english/tratop_e/inftec_e/inftec_e.htm.

المراجع

Ali-Yrkkö, J., P. Rouvinen, T. Seppälä and P. Ylä-Anttila (2011). Who captures value in global supply chains? Case Nokia N95 smartphone. *Journal of Industry, Competition and Trade*, 11(3), 263278-.

Armstrong, A.K., J.J. Mueller and T. Syrett (2014). The Smartphone Royalty Stack: Surveying Royalty Demands for the Components Within Modern Smartphones. SSRN, May 29, 2014: ssrn. com/abstract=2443848.

Audenrode, M.V., J. Royer, R. Stitzing and P. Sääskilahti (2017). Over-Declaration of Standard-Essential Patents and Determinants of Essentiality. SSRN, April 12, 2017. papers.ssrn.com/sol3/papers. cfm?abstract_id=2951617.

Baron, J., K. Gupta and B. Roberts (2016). Unpacking 3GPP Standards. Unpublished working paper, available at: pdfs. semanticscholar.org/bb7a/902cdedbc5fb9 7b039372d0c7541c696e539.pdf.

Blind, K., T. Pohlmann, F. Ramel and S. Wunsch-Vincent (2014). The Egyptian IT Sector and the Role of IP. *WIPO Economic Research Working Paper No. 18*. Geneva: WIPO.

Boston Consulting Group (BCG) (2017). *The Most Innovative Companies 2016*. Boston, MA: Boston Consulting Group.

Boutellier, R., O. Gassmann and M. von Zedtwitz (2000). Huawei: Globalizing through innovation – case study, Part IV.7. In *Managing Global Innovation – Uncovering the Secrets of Future Competitiveness*. Berlin: Springer Verlag, 507523-.

Brown, C. and G. Linden (2009). *Chips and Change: How Crisis Reshapes the Semiconductor Industry*. Cambridge, MA: MIT Press.

Campbell-Kelly, M., D. Garcia-Swartz, R. Lam and Y. Yang (2015). Economic and business perspectives on smartphones as multi-sided platforms. *Telecommunications Policy*, 39(8), 717734-.

Cecere, G., N. Corrocher and R.D. Battaglia (2015). Innovation and competition in the smartphone industry: is there a dominant design? *Telecommunications Policy*, 39(3), 162175-.

Chen, W., R. Gouma, B. Los and M. Timmer (2017). Measuring the Income to Intangibles in Goods Production: A Global Value Chain Approach. *WIPO Economic Research Working Paper No. 36*. Geneva: WIPO.

Chong, G. (2013). *Chinese Telecommunications Giant Huawei: Strategies to Success*. Singapore: Nanyang Technopreneurship Center, Nanyang Technological University.

Credit Suisse (2016). *The Wireless View 2016: Smartphones – The Wireless Slowdown*. Global (Americas, Europe and Taiwan) Equity Research.

Credit Suisse (2017). *The Wireless View 2017: Smartphones – A Slight Pickup in Growth Ahead*. Global (Americas & Europe) Equity Research.

Dedrick, J. and K.L. Kraemer (2008). Globalization of innovation: the personal computing industry. In Macher, J.T. and D.C. Mowrey (eds), *Running Faster to Stay Ahead? Globalization of Innovation in High-Technology Industries*. Washington DC: National Academies Press, 2157-.

Dedrick, J. and K.L. Kraemer (2017). Intangible Assets and Value Capture in Global Value Chains: The Smartphone Industry. *WIPO Economic Research Working Paper No. 41*. Geneva: WIPO.

Dedrick, J., K.L. Kraemer and G. Linden (2010). Who profits from innovation in global value chains? A study of the iPod and notebook PCs. *Industrial and Corporate Change*, 19(1), 81116-.

Dedrick, J., K.L. Kraemer and G. Linden (2011). The distribution of value in the mobile phone supply chain. *Telecommunications Policy*, 35(6), 505521-.

Engstrom, E. (2017). So how many patents are in a smartphone? Blog, January 19, 2017. San Francisco: Engine. www.engine.is/news/category/so-how-many-patents-are-in-a-smartphone.

Fan, P. (2006). Catching up through developing innovation capability: evidence from China's telecom-equipment industry. *Technovation*, 26(3), 359368-.

Forbes (2016). The World's Most Valuable Brands. www.forbes.com/powerful-brands/list/3/#tab:rank.

Galetovic. A., S.H. Haber and L. Zaretzki (2016). A New Dataset on Mobile Phone Patent License Royalties. *Working Paper Series No. 16011*. Stanford, CA: Hoover Institution, Stanford University.

Garcia-Swartz, D.D. and F. Garcia-Vicente (2015). Network effects on the iPhone platform: an empirical examination. *Telecommunications Policy*, 39(10), 877895-.

Golinveaux, J.A. and D.L. Hughes (2015). Developing trends in design patent enforcement. *World Trademark Review*, issue 54.

Graham, S.J.H., G. Hancock, A.C. Marco and A.F. Myers (2013). The USPTO trademark case files dataset: descriptions, lessons, and insights. *Journal of Economics & Management Strategy*, 22, 669–705.

Graham, S.J.H., G. Hancock, A.C. Marco and A.F. Myers (2015) Monetizing Marks: Insights from the USPTO Trademark Assignment Dataset. SSRN, April 1, 2015: ssrn.com/abstract=2430962 or dx.doi. org/10.2139/ssrn.2430962.

Gurry, F. (2013). Rethinking the role of intellectual property: a speech at Melbourne Law School: law.unimelb. edu.au/alumni/mls-news/issue-10-december-2013/rethinking-the-role-of-intellectual-property.

IHS Markit (2016). Teardown reports and spreadsheets for the Apple iPhone 7. Samsung Galaxy S7 and Huawei P9. Englewood, U.S.A.: technology.ihs.com/Categories/450461/teardowns-cost-benchmarking.

Interbrand (2016). Best Global Brands 2016 Rankings. interbrand.com/best-brands/best-global-brands/2016/ranking/#?sortBy=rank&sortAscending=desc.

International Data Corporation (IDC) (2017). Data Tracker Database on the Smartphone Industry, 20052017-. Boston. MA: International Data Corporation.

Johnson, D.K.N. and S. Scowcroft (2016). The Importance of Being Steve: an econometric analysis of the contribution of Steve Jobs's patents to Apple's market valuation. *International Journal of Financial Research*, 7(2), 2016.

Joo, S.H., C. Oh and K. Lee (2016). Catch-up strategy of an emerging firm in an emerging country: analysing the case of Huawei vs. Ericsson with patent data. *International Journal of Technology Management*, 72(142-19 ,(3-.

Kang, B. (2015). The innovation process of Huawei and ZTE: patent data analysis. *China Economic Review*, 36, 378393-.

Korea Internet and Security Agency (KISA) (2014). Final Report of Research on Actual Status of Mobile Internet Usage. 24 February, 2014.

Korkeamäki, T. and T. Takalo (2013). Valuation of innovation and intellectual property: the case of iPhone. *European Management Review*, 10(4), 197210-.

Koski, H. and T. Kretschmer (2007). Innovation and dominant design in mobile telephony. *Industry and Innovation*, 14(3), 305324-.

Kumar. A. and B.S. Bhasin (2017). Innovation and survival: lessons from the smartphone wars. In *Intellectual Asset Management Yearbook 2017*.

Liu, C.-J. and H.-Y. Liang (2014). The deep impression of smartphone brand on the customers' decision making. *Procedia – Social and Behavioral Sciences*, 109, 338343-.

Liu, N. and R. Yu (2017). Identifying design feature factors critical to acceptance and usage behavior of smartphones. *Computers in Human Behavior*, 70, 131-142.

Mallinson, K. (2014). Smartphone royalty stack. *IP Finance*, September 19, 2014: www.wiseharbor.com/pdfs/Mallinson%20on%20Intel's%20Smartphone%20Royalty%20Stack%2019Sept2014.pdf.

Mallinson, K. (2015). Busting smartphone patent licensing myths. Policy Brief, September 2015. Arlington, VA: Center for the Protection of Intellectual Property, George Mason School of Law. sls.gmu.edu/cpip/wp-content/uploads/sites/3110/2015//Mallinson-Busting-Smartphone-Patent-Licensing-Myths.pdf.

Millward Brown (2016). *BrandZ Top 100 Global Brands*: www.millwardbrown.com/brandz/top-global-brands/2016.

Neubig. T.S. and S. Wunsch-Vincent (2017). A Missing Link in the Analysis of Global Value Chains: Cross-Border Flows of Intangible Assets, Taxation and Related Measurement Implications. *WIPO Economic Research Working Paper No. 37*. Geneva: WIPO.

Organisation for Economic Co-Operation and Development (OECD) (2005). Digital Broadband Content: Music. DSTI/ICCP/IE(2004)12/FINAL: www.oecd.org/internet/ieconomy/34995041.pdf.

OECD (2008). ICT research and development and innovation. In *OECD Information Technology Outlook 2008*. Paris: OECD, Chapter 4.
OECD (2011). Global Value Chains: Preliminary Evidence and Policy Issues. DSTI/IND(2011)3. Paris: OECD.

Phadnis, S. (2016). Apple plans to make iPhones in Bengaluru from April. *The Times of India*, December 30, 2016.

Pohlmann, T. and K. Blind (2016). Landscaping Study on Standard-Essential Patents (SEPs). Berlin: IPlytics GmbH. Commissioned by the European Commission.

PricewaterhouseCoopers (PwC) (2017). *2017 Patent Litigation Study – Change on the Horizon*? and earlier editions: www.pwc.com/us/en/forensic-services/publications/assets/2017-patent-litigation-study.pdf.

Reidenberg, J.R., D. Stanley, N. Waxberg, J. Debelak, D. Gross and E. Mindrup (2012). The Impact of the Acquisition and Use of Patents on the Smartphone Industry. *WIPO Working Paper. IP and Competition Division*. Geneva: WIPO: www.wipo.int/export/sites/www/ip-competition/en/studies/clip_study.pdf.

Reidenberg, J.R., N.C. Russell, M. Price and A. Mohan (2014). Patents and Small Participants in the Smartphone Industry. *WIPO Working Paper, IP and Competition Division*. Geneva: WIPO. ssrn.com/abstract=2674467.

Shapiro, C. and H.R. Varian (1998). *Information Rules: A Strategic Guide to the Network Economy*. Boston, MA: Harvard Business School Press.

Sharma, C. (2016). Mobile Patents Landscape 2016: An In-Depth Quantitative Analysis, and previous editions of this report. Chetan Sharma Consulting: www.chetansharma.com/publications/mobile-patents-landscape-2016.

Shimpi, A.L. (2013). The ARM diaries, part 1: How ARM's business model works. *AnandTech*, June 28, 2013: www.anandtech.com/show/7112/the-arm-diaries-part-1-how-arms-business-model-works.

Sidak, J.G. (2016). What aggregate royalty do manufacturers of mobile phones pay to license standard-essential patents? *Criterion*, 1, 701719-.

Song, J., K. Lee and T. Khanna (2016). Dynamic capabilities at Samsung: optimizing internal co-opetition. *California Management Review*, 58(4), 118140-.

Stitzing, R. (2017). World IP Report – Smartphone Case Study – Presentation at the workshop for the World Intellectual Property Report. Geneva, March 16 and 17, 2017.

Sullivan & Cromwell (2013). Royalty rates for standard-essential patents. April 30. New York: Sullivan & Cromwell LLP: www.sullcrom.com/siteFiles/Publications/SC_Publication_Royalty_Rates_for_Standard_Essential_Patents_414F.pdf.

Teece, D.J. (1986). Profiting from technological innovation: implications for integration, collaboration, licensing and public policy. *Research Policy*, 15, 285305-.

Thomson Reuters (2012). Inside the iPhone Patent Portfolio. Thomson Reuters IP Market Reports.

Thumm. N. and G. Gabison (2016). *Patent Assertion Entities in Europe*. European Economics for the Joint Research Centre. European Commission.

World Intellectual Property Organization (WIPO) (2011). The economics of IP – Old insights and new evidence. In *World Intellectual Property Report: The Changing Face of Innovation*. Geneva: WIPO, Chapter 2, 75107-.

WIPO (2013). Branding in the global economy. In *World Intellectual Property Report: Reputation and Image in the Global Marketplace*. Geneva: WIPO, Chapter 1, 2179-.

WIPO (2015). Historical breakthrough innovations. In *World Intellectual Property Report: Breakthrough Innovation and Economic Growth*. Geneva: WIPO, Chapter 2, 4993-.

WIPO (2016). *World Intellectual Property Indicators 2016*. Geneva: WIPO.

WIPO (2017). *PCT Yearly Review 2017*. Geneva: WIPO.

Wunsch-Vincent, S., M. Kashcheeva and H. Zhou (2015). International patenting by Chinese residents: constructing a database of Chinese foreign-oriented patent families. *China Economic Review*, 36, 198219-.

Yoo, Y. and K. Kim (2015). How Samsung became a design powerhouse. *Harvard Business Review*, September, 7278-.

Zhang, Y. and Y. Zhou (2015). *The Source of Innovation in China: Highly Innovative Systems*. London: Palgrave, Appendix 2.2.

المختصرات

ASP	average selling price	**PBR**	plant breeders' right
bn	billion	**PCT**	Patent Cooperation Treaty
BNEF	Bloomberg New Energy Finance	**PPA**	power purchase agreement
COE	Cup of Excellence	**PQC**	Premium Quality Consulting
COGS	cost of goods sold	**PV**	photovoltaic
CPC	Cooperative Patent Classification	**R&D**	research and development
EIPO	Ethiopian Intellectual Property Office	**SCA**	Specialty Coffee Association
		SEP	standard-essential patent
EPO	European Patent Office	**SG&A**	selling, general and administrative expenses
EUIPO	European Union Intellectual Property Office	
EUR	euro	**SIPO**	State Intellectual Property Office of the People's Republic of China
FAO	Food and Agriculture Organization of the United Nations	**TSMC**	Taiwan Semiconductor Manufacturing Company
FBR	fluidized bed reactor	**U.K.**	United Kingdom
FDI	foreign direct investment	**UMTS**	Universal Mobile Telecommunications System
FITs	feed-in tariffs	
FNC	Colombian Coffee Growers Federation	**UPOV**	International Union for the Protection of New Varieties of Plants
FOB	free on board	**U.S.**	United States
FT	*Financial Times*	**USD**	United States dollar
GDP	gross domestic product	**USPC**	United States Patent Classification
GI	geographical indication	**USPTO**	United States Patent and Trademark Office
GPU	graphics processing units	
GSM	Global System for Mobile Communications	**VSS**	voluntary sustainability standards
		WIOT	world input-output table
GUI	graphical user interface	**WIPO**	World Intellectual Property Organization
GVC	global value chain	
ICA	International Coffee Agreement	**WSJ**	*Wall Street Journal*
ICO	International Coffee Organization	
ICT	information and communication technology	
IDC	International Data Corporation	
IEA	International Energy Agency	
IP	intellectual property	
IPC	International Patent Classification	
JPO	Japan Patent Office	
JV	joint venture	
KIPO	Korean Intellectual Property Office	
KISA	Korea Internet & Security Agency	
LTE	Long-Term Evolution	
MNC	multinational company	
NCAUSA	National Coffee Association U.S.A.	
NGO	non-governmental organization	
NREL	National Renewable Energy Laboratory	
NYT	*New York Times*	
OECD	Organisation for Economic Co-operation and Development	
PAE	patent assertion entity	
PATSTAT	Worldwide Patent Statistical Database	

ملاحظات تقنية

فئات الدخل القطري

يستخدم هذا التقرير تصنيف البنك الدولي للدخل للإشارة إلى فئات قطرية معينة. ويستند التصنيف إلى نصيب الفرد من الدخل القومي الإجمالي في عام 2016، ويحدد الفئات الأربع التالية: اقتصادات ذات دخل منخفض (005 1 دولارات أمريكية أو أقل)، واقتصادات ذات دخل أقل من المتوسط (من 006 1 دولارات أمريكية إلى 955 3 دولاراً أمريكياً)، واقتصادات ذات دخل أعلى من المتوسط (من 956 3 دولاراً أمريكياً إلى 235 12 دولاراً أمريكياً)، واقتصادات ذات دخل مرتفع (236 12 دولاراً أمريكياً أو أكثر).

ويوجد مزيد من المعلومات عن هذا التصنيف في الموقع التالي: http://data.worldbank.org/about/country-classifications.

رسم خرائط الملكية الفكرية

تعتمد الدراسات الإفرادية الواردة في الفصول 2 و3 و4 على خرائط البراءات والعلامات التجارية التي أُعِدّت من أجل هذا التقرير. وبيانات البراءات المستخدمة في هذه الخرائط تأتي في المقام الأول من قاعدة بيانات إحصاءات الويبو، وقاعدة البيانات الإحصائية العالمية للبراءات الخاصة بالمكتب الأوروبي للبراءات (PATSTAT، أبريل 2017)، ومجموعات بيانات ملفات تسجيل العلامات التجارية والتنازل عنها الخاصة بمكتب الولايات المتحدة للبراءات والعلامات التجارية (2016). وتشمل العناصر المنهجية الرئيسية التي تقوم عليها عملية رسم الخرائط ما يلي.

وحدة التحليل

وحدة التحليل الرئيسية في بيانات البراءات هي الإيداع الأول لاختراع ما. وتشمل الخرائط بيانات عن نماذج المنفعة متى توفرت. والتاريخ المرجعي لأعداد البراءات هو تاريخ الإيداع الأول. ويُنسَب منشأ الاختراع إلى مُقدِّم الطلب الأول في الإيداع الأول، وكلما كانت هذه المعلومات مفقودة، طُبِّقت استراتيجية إسناد، على النحو المُوضَّح أدناه.

ولا يحدث خروج عن هذا النهج إلا عند تحليل حصة أسر البراءات الطالبة للحماية في كل مكتب من مكاتب البراءات (انظر، على سبيل المثال، الشكل 8.2 أو 12.3). وفي هذه الحالة، استُخدم تعريف لأسرة البراءات الموسعة – يُعرَف باسم أسرة براءات المركز الدولي لوثائق البراءات (INPADOC) – بدلاً من التعريف الذي يعتمد على الإيداعات الأولى. وبالإضافة إلى ذلك، لم يُنظر من أجل هذا التحليل إلا في أسر البراءات التي لها طلب مقبول واحد على الأقل، والتاريخ المرجعي هو الإيداع الأسبق داخل الأسرة الموسعة نفسها. والأساس المنطقي الرئيسي لاستخدام تعريف أسرة البراءات الموسعة واشتراط وجود براءة ممنوحة واحدة على الأقل داخل الأسرة هو التخفيف من أي بَخْسٍ للقيمة ينشأ عن الهياكل المعقدة للإيداع اللاحق، مثل حالات الاستمرار والتقسيم، وعن أسر البراءات الصغيرة ذات الجودة الأقل مثل تلك المودعة في بلد واحد فقط ورُفضت بعد الفحص أو سُحبت قبل الفحص.

ووحدة التحليل في بيانات العلامات التجارية هي أي إيداع بغرض حماية العلامة التجارية لدى أي من المصادر المستخدمة – ألا وهي مكتب الولايات المتحدة للبراءات والعلامات التجارية، ونظام مدريد، والمكاتب الوطنية المدرجة في قاعدة بيانات الويبو العالمية للعلامات التجارية. ويشمل هذا التعريف العلامات التجارية لكلّ من المنتجات والخدمات. ويشمل أيضاً تجديدات العلامات التجارية القائمة والعلامات التجارية التي تطالب بالأولوية استناداً إلى علامات تجارية قائمة.

إسناد بلد المنشأ

اعتُمد التسلسل التالي في حالة عدم وجود معلومات عن بلد إقامة مُقدِّم الطلب الوارد اسمه على رأس القائمة في أول إيداع للبراءة: "1" استخلاص معلومات البلد من عنوان مُقدِّم الطلب، "2" واستخلاص معلومات البلد من اسم مُقدِّم الطلب، "3" والاستفادة من المعلومات المأخوذة من شركات متطابقة (على النحو المُوضَّح أدناه)، "4" والاعتماد على بلد إقامة المُودِع الأول الأكثر تكراراً داخل أسرة البراءة نفسها (باستخدام تعريف أسرة البراءات الموسعة)، "5" والاعتماد على بلد إقامة المخترع الأول الأكثر تكراراً داخل أسرة البراءات نفسها (أيضاً باستخدام تعريف أسرة البراءات الموسعة)، "6" واعتبار مكتب الملكية الفكرية للإيداع الأول بديلاً للمنشأ في حالة بعض السجلات التاريخية المتبقية.

استراتيجيات رسم الخرائط

تستند استراتيجية رسم خرائط البراءات لكل قطاع من القطاعات الثلاثة إلى الأدلة القائمة واقتراحات الخبراء. واختُبرت كل استراتيجية بناء على المصادر البديلة الحالية كلما أمكن ذلك.

ويستند رسم خرائط براءات البن إلى التوليفة التالية من الرموز والكلمات الدالة للتصنيف التعاوني للبراءات والتصنيف الدولي للبراءات المطلوبة في العناوين والملخصات.

رموز التصنيف الدولي للبراءات/التصنيف التعاوني للبراءات: A01D46/06، وA23C11/00، وA23F5*، وA23L27/00، وA23L27/10، وA23L27/28، وA23N12/06، وA23N12/08، وA47G19/14، وA47G19/145، وA47G19/20، وA47J42*، وA47J31*، وC07D473/12.

الكلمات الدالة المشمولة: *coffe*; caffe*; espresso; cappuccino; robusta; arabica; fertilizer* AND coffe*; fertilizer* AND robusta; fertilizer* AND arabica; coffe* AND (arabica OR robusta).*

الكلمات الدالة المستثناة: *coffee table; cleaning system for a coffee machine; coffee cream; coffee pot holder; coffee stirrer; coffee maker pod holder; coffee latte printer; coffer*; method and structure for increasing work flow; not a product selected from coffee; cosmetic*; cleaning agent; washing agent; smart* *home; dietary fiber; repellent; residues; grevillea; food; malus; eucalyptus; hypsipyla robusta moore; health; wine; leaf; cannot place coffee cup; coffee stain; coffee car*; coffee by-products; coffee shop 510; extract; coffee owner board.*

وتُصنَّف هذه البراءات وفقاً لخمسة أقسام من سلسلة إمدادات البن على النحو التالي:

زراعة البن: A01B; A01C1/00; A01C11/00; A01C13/00; A01C14/00; A01C15/00; A01C17/00; A01C19/00; A01C21/00; A01C5/00; A01C7/00; A01G11/00; A01G7/00; A01G9/00; A01H1/00; A01H3/00; A01H4/00; A01H5/00; A01M1/14; A01N25/00; A01N27/00; A01N29/00; A01N31/00; A01N33/00; A01N35/00; A01N37/00; A01N39/00; A01N41/00; A01N43/00; A01N45/00; A01N47/00; A01N49/00; A01N51/00; A01N53/00; A01N55/00; A01N57/00; A01N59/00; A01N61/00; A01N63/00; A01N65/00; C12N15/00.

حصاد البن وما بعد الحصاد: A01D46/06; A01D46/30; A47J42/00; B02B1/02; B02B1/04; C02F1/00; C02F3/00; C02F5/00; C02F7/00; C02F9/00; F26B11/04; F26B21/10; F26B23/10; F26B9/08; G01N7/22; G06K9/46; G06T7/40.

تخزين المواد الخام ونقلها: A01F25/00; A23F5/00; A23N12/02; B03B5/66; B65B1/00; B65B3/00; B65B35/00; B65B7/00; B65G65/00; C02F1/00; C02F3/00; C02F5/00; C02F7/00; C02F9/00; E04H7/00; G01G1/00; G01G11/00; G01G13/00; G01G15/00; G01G19/00; G01G21/00; G01G23/00; G01G3/00; G01G5/00; G01G7/00; G01G9/00; G01N.

تجهيز الحبوب: A01D46/06; A01D46/30; A23F3/36; A23F5/00; A23F5/02; A23F5/04; A23F5/08; A23F5/10; A23F5/12; A23F5/14; A23F5/18; A23F5/20; A23F5/22; A23F5/24; A23F5/26; A23F5/28; A23F5/30; A23F5/32; A23F5/36; A23F5/46; A23F5/48; A23L3/44; A23N12/10; A23N12/12; A47J31/42; A47J37/06; A47J42/00; A47J42/20; A47J42/52; B07B4/02; B07C7/00; B07C7/04; G01N27/62; G01N30/06; G01N33/14; G06K9/46; G06T7/40.

التوزيع النهائي: A23F3/00; A23L1/234; A23L2/38; A23P10/28; A47J27/21; A47J31/00; A47J31/02; A47J31/047; A47J31/06; A47J31/10; A47J31/18; A47J31/20; A47J31/26; A47J31/34; A47J31/36; A47J31/38; A47J31/40; A47J31/42; A47J31/44; A47J31/46; A47J31/54; B01D29/35; B01D29/56; B65B1/00; B65B3/00; B65B31/02; B65B31/04; B65B35/00; B65B7/00; B65D33/01; B65D33/16; B65D85/804; B67D1/00; G06Q10/00; G06Q50/00.

وتستند استراتيجية رسم خرائط العلامات التجارية لصناعة القهوة في الفصل 2 إلى الكلمات الدالة التالية المطلوبة في أوصاف بيانات العلامات التجارية: *coffe*; caffe*; kaffe*; cafe*; kopi; espresso; cappuccino; robusta; arabica.*

ويستند رسم خرائط الخلايا الكهروضوئية إلى التوليفة التالية من رموز التصنيف التعاوني للبراءات والتصنيف الدولي للبراءات المتعلقة بأقسام محددة من سلسلة إمدادات الخلايا الكهروضوئية.

سيليكون: C01B33/02*; C01B33/03*.

سبائك/رقائق: C30B29/06.

الخلايا البلورية: H01L31/036*; H01L31/037*; H01L31/038*; H01L31/039*; Y02E10/541; Y02E10/545; Y02E10/546; Y02E10/547; Y02E10/548.

خلايا جوهرية جديدة: H01L31/0687*; H01L31/073*; H01G9/20*; Y02E10/542; Y02E10/543; Y02E10/544; Y02E10/549; H01G9/200*; H01G9/201*; H01G9/202*; H01G9/203*; H01G9/204*; H01G9/205*; H01G9/2063; H01G9/209*.

خلايا أخرى: H01L31/052*; H01L31/053*; H01L31/054*; H01L31/055*; H01L31/056*; H01L31/058*; H01L31/06* (excl.H01L31/0687*); H01L31/07; H01L31/072*; H01L31/074*; H01L31/075*; H01L31/076*; H01L31/077*; H01L31/078*; H02N6/*.

وحدات (مُركِّزات): Y02E10/52*.

وحدات (تحويل): Y02E10/56*; Y02E10/58.

وحدات (أخرى): H02S*; H01L31/042*; H01L31/043*; H01L31/044*; H01L31/045*;H01L31/046*; H01L31/047*; H01L31/048*; H01L31/049*; H01L31/05; H01L31/050*; H01L31/051*; H01G9/2068; H01G9/207*; H01G9/208*.

معدات الإنتاج: (H01L31/1876*; H01L31/188*; H01L31/206*) OR ((C23C14*; C23C16*; C23C22*; C23C24*; B32B17*; B32B27*; B32B37*; B32B38*; H01L21/67*) AND (H02S*; H01L31*; C01B33/02*; C01B33/03*; C30B29/06; H01G9/20*; H02N6/*; Y02E10/5*)).

وتستند استراتيجية رسم خرائط العلامات التجارية لصناعة الخلايا الكهروضوئية في الفصل 3 إلى الكلمات الدالة التالية المطلوبة في أوصاف بيانات العلامات التجارية: *solar panel**; *photovoltaic**; **polysilicon**; *fotovoltaic**; *solar module*; *solarmodul**.

وتتّبع استراتيجية رسم خرائط البراءات لصناعة الهواتف الذكية في الفصل 4 تعريفاً ضيقاً وآخر واسعاً يستندان إلى التوليفتين التاليتين لرموز التصنيف التعاوني للبراءات والتصنيف الدولي، على التوالي:

رموز التصنيف الدولي للبراءات/التصنيف التعاوني للبراءات في التعريف الضيق: H04M1/247; H04M1/2471; H04M1/2477; H04M1/72519; H04M1/72522; H04M1/72525; H04M1/72527; H04M1/7253; H04M1/72533; H04M1/72536; H04M1/72538; H04M1/72541; H04M1/72544; H04M1/72547; H04M1/7255; H04M1/72552; H04M1/72555; H04M1/72558; H04M1/72561; H04M1/72563; H04M1/72566; H04M1/72569; H04M1/72572; H04M1/72575; H04M1/72577; H04M1/7258; H04M1/72583; H04M1/72586; H04M1/72588; H04M1/72591; H04M1/72594; H04M1/72597.

رموز التصنيف الدولي للبراءات/التصنيف التعاوني للبراءات في التعريف الواسع: F01L1*; F02P17*; F03G5*; F04C25*; F04D27*; F16C17*; F16H61*; F16K7*; F16M11*,13*; F21S2*; F21V23*,33*; F24B1*; F24F11*; F25B21*-23*; F28D15*; G01B7*; G01B11*; G01C1*,5*,17*-22*; G01D18*; G01G19*,23*; G01J1*,3*,5*; G01K1*,7*; G01L1*,7*,17*; G01M11*,15*-17*; G01N15*, 21*,27*,29*,33*; G01P15*&21*; G01R19*-22*,27*,31*-33*; G01S1*-5*,11*-15*&19*; G01T7*; G01V3*; G01W1*; G02B1*-9*,13*,15*,21*,26*-27*; G02C7*; G02F1*; G03B5*,13*-17*,21*,35*; G03F7*; G03H1*; G04B19*,47*;G04F3*; G05B1*,11*-15*,19*-21*,24*; G05D1*-3*,7*,23*; G05F1*,5*;G06F*; G06K5*-9*,15*-19*; G06N5*,99*; G06Q10*-50*,99*; G06T*; G07B15*; G07C1*,5*,9*,13*; G07F1*,7*,17*,19*; G08B1*-6*,13*,17*,21*-25*,29*; G08C17*,19*; G08G1*; G09B5*-9*,19*,21*,29*; G09C*; G09F3*,9*,15*,19*,27*; G09G3*,5*; G10G1*,7*; G10H1*,7*; G10K11*,15*; G10L13*-25*; G11B19*,20*,27*; G11C7*-13*,16*,29*; G21C17*; H01B1*,5*,7*,11*; H01C10*; H01F17*,27*,38*; H01G4*,5*; H01H11*,13*,25*; H01L21*-33*,43*,45*,49*,51*; H01M2*,4*,10*,12*; H01P3*; H01Q1*,5*-9*,19*,21*; H01R12*,13*,24*,31*,33*,43*; H01S5*; H02B1*,7*; H02H3*,7*; H02J1*,5*,7*,17*,50*; H02M1*,3*,7*; H02N2*; H03B5*; H03C7*; H03F1*,3*; H03G3*,7*; H03H9*,11*,21*; H03J7*; H03K3*,5*,17*; H03L7*; H03M1*,3*,11*,13*; H04B1*-13*,15*,17*; H04H20*,60*; H04J1*,3*,11*,13*; H04K1*,3*; H04L1*-12*,23*-29*; H04M1*,3*,7*-11*,15*-19*; H04N1*,5*-9*,13*,17*-21*; H04Q1*-9*; H04R1*-5*,9*,17*,25*,29*; H04S7*; H04W4*-92*; H05B33*,37*; H05K.

وتعتمد استراتيجية رسم خرائط العلامات التجارية والتصاميم الصناعية لفصل الهواتف الذكية على تقرير معلومات أساسية غير منشور من إعداد كريستيان هيلمرس، بتاريخ 16 يونيو 2017. وقد وضعت خرائط التصاميم الصناعية والعلامات التجارية لشركات أبل وسامسونغ إلكترونيكس وهواوي باستخدام بيانات مكتب الولايات المتحدة للبراءات والعلامات التجارية والمكتب الأوروبي للملكية الفكرية. وكانت الفئة دال14 من نظام الولايات المتحدة لتصنيف البراءات نقطة الانطلاق في بيانات التصاميم الصناعية لمكتب الولايات المتحدة، وكذلك كانت الفئتان 14-03 و14-04 في بيانات المكتب الأوروبي. وصُنِّفت البيانات الناتجة إلى أربع فئات – هي الهواتف الجوالة، وواجهات المستخدم المصورة، وشاشات العرض، والأيقونات – باستخدام عناوين التصاميم الصناعية. ثم أُجري فحص يدوي لكل براءة تصميم حيثما كان من غير الواضح ما إذا كان تصميماً لهاتف ذكي أم لا. وتم الإبقاء على التصاميم الصناعية التي لم يقتصر استخدامها على الهواتف الذكية.

وتستند استراتيجية رسم خرائط العلامات التجارية للهواتف الذكية في الفصل 4 إلى الكلمات الدالة المطلوبة في أوصاف بيانات العلامات التجارية، مثل: *smartphone* و*handheld mobile* *digital electronic device*. وطُبِّقت تصفية إضافية عن طريق التحقق يدوياً من الإيداعات الفردية للتأكد مما إذا كانت تتعلق بالفعل بهواتف ذكية أم لا. وكانت العلامات التجارية تقتصر على تلك المخصصة لشركة أبل أو سامسونج إلكترونيكس أو هواوي.

الأسماء التجارية

تستند استراتيجية رسم خرائط الأسماء التجارية لصناعة البن في الفصل 2 على بيانات شركة Premium Quality Consulting™ (www.pqc.coffee)). وتُحدد هذه البيانات أكثر الأسماء التجارية قيمةً في صناعة البن الأمريكية والموجة التي تتعلق بها. وقد ارتبطت الأسماء التجارية ببيانات العلامات التجارية الخاصة بمكتب الولايات المتحدة للبراءات والعلامات التجارية بناءً على اسم مُودعي الطلبات أو نص العلامة.

أصحاب المصلحة

تستند استراتيجية رسم خرائط أصحاب المصلحة لصناعة البن في الفصل 2 إلى *دليل أوكرز العالمي للشاي والقهوة ودليل المشترين* (www.teaandcoffee. net/ukers-directory). وتحدد هذه البيانات الشركات الرئيسية وأصحاب المصلحة الآخرين في صناعة البن. ويُعاد تصنيف فئات الدليل لتتناسب مع الأقسام الخمسة لسلسلة إمدادات البن، ألا وهي زراعة البن، والحصاد وما بعد الحصاد، وتخزين المواد الخام ونقلها، وتجهيز الحبوب، والتوزيع النهائي.